Dr CHALLAN DE BELVAL

CARNET DE CAMPAGNE D'UN AIDE-MAJOR

15 juillet 1870 au 1er mars 1871

PARIS

LIBRAIRIE PLON

PLON-NOURRIT ET Cie, IMPRIMEURS-ÉDITEURS

8, RUE GARANCIÈRE — 6e

1902

CARNET

DE CAMPAGNE

D'UN AIDE-MAJOR

1870-1871

PARIS. TYP. PLON-NOURRIT ET Cie, 8, RUE GARANCIÈRE. — 3104.

Dʳ CHALLAN DE BELVAL

CARNET
DE CAMPAGNE
D'UN AIDE-MAJOR

15 juillet 1870 au 1ᵉʳ mars 1871

PARIS

LIBRAIRIE PLON

PLON-NOURRIT ET Cⁱᵉ, IMPRIMEURS-ÉDITEURS

8, RUE GARANCIÈRE — 6ᵉ

1902

A MES ENFANTS

Souvenez-vous, et Préparez-vous !

1870-1871

CARNET DE CAMPAGNE

D'UN AIDE-MAJOR

CHAPITRE PREMIER

DU 15 JUILLET AU 20 AOUT. — ARMÉE DU RHIN.
5ᵉ CORPS.

Déclaration de guerre. — Lyon. — Strasbourg. — Bitche. — Attaque d'un avant-poste. — Reischoffen. — Retraite de Phalsbourg. — Le camp de Châlons.

La guerre est déclarée ! Le 13 juillet, notre ambassadeur à Berlin, le comte Benedetti, a été insulté par le roi Guillaume de Prusse, qui a refusé de le recevoir en audience, et le baron de Werther a dû quitter Paris. Non seulement nous avons à venger l'insulte d'aujourd'hui, mais encore et surtout à réparer ce que nous avons laissé s'accomplir dans un mécontentement résigné : l'invasion du Danemark, Sadowa, la destruction de la confédération des États germaniques au seul profit de la Prusse, la violation du récent traité de Prague. Évidemment, cette candidature réservée d'un Hohenzollern au trône d'Espagne n'est qu'un prétexte. Notre ministre des affaires étrangères, le duc de Gramont, n'a pas obtenu complète satisfaction. C'est la goutte d'eau qui fait déborder le vase.

En guerre donc, puisqu'il le faut pour l'honneur de la patrie ! Nous sommes les descendants des soldats d'Iéna ! Le Sénat, le Corps législatif affirment leur confiance. Notre ministre de la guerre, le maréchal Lebœuf, déclare que nous sommes prêts. « Il ne nous manque pas un bouton de guêtre », a-t-il dit. La victoire est assurée, si réelles que soient la valeur et la supériorité numérique de cette armée allemande qui a si vaillamment combattu pendant ces dernières années. Les puissances européennes, l'Autriche, le Danemark et peut-être l'Italie, si elles ne se déclarent pas immédiatement nos alliées, font ouvertement, disent les journaux, des vœux pour le succès de nos armes.

Et cependant M. Thiers proteste :

— L'intérêt de la France est sauf, dit-il, et nos armements sont insuffisants !

Il y a quelques mois à peine, il refusait au gou-

vernement les crédits nécessaires! Sans doute,
M. Thiers est un patriote, mais il déteste l'Empire
et se croit seul infaillible. C'est le motif de son
agressive opposition.

18 *juillet*. — Mon régiment, le 27ᵉ d'infanterie,
doit partir aujourd'hui même pour se rendre à
Bitche, sur la frontière. A force de démarches,
en l'absence de mon chef le médecin-major Thomas, encore en congé, j'ai réussi à me procurer
les cantines médicales réglementaires. Mais les
brancards et moyens de transport manquent absolument. L'intendance, prise au dépourvu, n'a rien
pu donner. On se débrouillera plus tard!

A Lyon, la population paraît indifférente. Heureusement mon frère Henri, prévenu par dépêche,
arrive assez tôt pour écarter de mon esprit la
pénible impression. Il m'apporte les énergiques recommandations de mon père, puis la bénédiction
résignée de ma mère, dont il me remet la pieuse
médaille. Oui, mon père, je demande à Dieu de
demeurer digne de toi, de me donner assez de
courage, assez d'intelligence pour être toujours à
la hauteur de ma mission. Oui, ma mère chérie,
tes prières me protégeront, j'irai sans défaillance;
et bientôt je reviendrai te dire la gloire de notre
armée!

Trois heures et demie : nous montons en wagon
en gare de Vaise. Vive la France! On s'embrasse,

on se serre la main. Et chacun s'en va, sinon sans inquiétude comme sans forfanterie, du moins sans peur !

19 *juillet*. — Quel accueil sur notre passage ! Partout, les populations attendent les arrêts du train pour distribuer à nos soldats des vivres, du tabac, des cigares. Ah ! les braves gens que mes Comtois, et comme cela réchauffe ! A Montbéliard, mon camarade d'école le docteur Tuefferd préside lui-même les distributions. C'est un ancien médecin militaire. Il sait les exigences de la discipline ; il met de l'eau dans le vin. C'est bien nécessaire déjà !

Hier encore les ouvriers de Mulhouse étaient en grève. Aujourd'hui, dit-on, l'accord est complet avec les patrons. A Colmar, où nous rejoint le médecin-major Thomas, l'enthousiasme déborde. A Bischwiller, comment résister ? Ce sont de charmantes jeunes femmes qui remplissent nos wagons de fins cigares et de bouteilles cachetées. Officiers et soldats battent des mains. On s'échauffe facilement chez nous !

Enfin, voici Strasbourg. Il est cinq heures du soir. Le général Ducrot nous attend à la gare d'Austerlitz, d'où nous repartons immédiatement pour le polygone, sur la route de Kehl, où nous devons camper.

20 *juillet*. — Pendant la nuit, plusieurs régi-

ments sont arrivés. Voici le 30e, avec lequel nous formons brigade, sous les ordres du général Abbatucci; puis des zouaves, des troupes d'administration. Strasbourg est une véritable fourmilière; mais la population est inquiète. Nous ne sommes pas prêts, me disent Hème, le perruquier de l'école du service de santé, et Hecht, le directeur du manège où j'ai dû conduire, pour l'habituer au cavalier, le cheval de labour hâtivement mis à ma disposition au moment du départ.

21 juillet. — Déjà commence la guerre, ou du moins cette succession d'alertes destinées sans doute à tenir les troupes en garde, mais qui, trop souvent renouvelées, usent la saine émotion du danger à venir. Deux fois, dans la nuit, mon régiment a dû prendre les armes, des fausses alertes. A vrai dire, certains journaux racontent que la Prusse a tout prévu pour une offensive immédiate, qu'elle a même poussé l'outrecuidance jusqu'à désigner déjà les fonctionnaires qui devront administrer nos départements après l'occupation. On assure, en outre, que certains banquiers juifs, parmi lesquels Hirsch et Oppenheim, font passer beaucoup d'or en Prusse.

C'est pendant une de ces alertes qu'étant obligé d'assurer l'enlèvement des cantines d'ambulance, et n'ayant aucun moyen de transport spécial, j'ai dû les confier aux voitures à bagages. Chaque

bataillon a chargé deux cantines. Seul, le commandant L... a refusé, rejetant en plein champ la
cantine qui déjà se trouvait chargée sur sa voiture.
Il y eut, à ce sujet, une vive altercation ; et il fallut
l'intervention du colonel lui-même pour calmer
les esprits. Le commandant L..., du reste, ne jouit
pas au régiment d'une bien vive sympathie, et souvent déjà la verve satirique de quelques officiers a
flagellé sa sottise.

22 juillet. — En route dès l'aube ! Nous devons,
ce soir, coucher à Haguenau. Pour la première
fois nous formons popote, le commandant Didier
de mon bataillon, le capitaine adjudant-major
Verchère-Carré et moi. Et j'ai la responsabilité de
la cuisine. Heureusement, nous sommes affamés
quand nous arrivons à l'étape. Puis j'ai découvert,
à mi-côte de notre campement, dans les vignes,
un fort agréable couvert, où nous pourrons rêver
de gloire.

23 juillet. — Nous sommes réveillés par une
formidable détonation. Les Prussiens, dit-on, ont
fait sauter le pont de Kehl, sur le Rhin. On saura
s'en passer !

Dans la journée, notre brigadier, le général
Abbatucci, passe la revue du régiment. Il nous
adresse une chaude allocution, accueillie aux cris
de : Vive la France ! Vive l'empereur ! et s'em-

brouille dans une théorie pour combattre les Prussiens ! L'héroïsme de son oncle Charles, tué en 1796 devant Huningue, est une garantie qu'il saura mieux agir que discourir.

Le propriétaire de notre cottage vient, après la revue, nous rendre visite. C'est un vieillard.

— Deux fois, dit-il, j'ai vu les Allemands là où vous êtes ; ils n'y reviendront plus, n'est-ce pas ?

24 juillet. — Dès quatre heures du matin, la brigade se remet en route. Bientôt la chaleur devient pénible. Et j'ai grand mal à empêcher les imprudents de se gorger d'eau froide, les fainéants de s'endormir à l'ombre. Pour comble, voici que plusieurs hommes tombent frappés d'insolation. Quelques affusions froides, quelques gouttes d'éther suffisent généralement. Un jeune soldat, cependant, me donne grande inquiétude. Il faut recourir à la saignée. Seulement alors il revient à lui. On le place sur une voiture, bien abrité du soleil par des branchages. Et chacun se remet en route, mon pauvre cheval chargé de sacs et traînant cinq ou six éclopés. Métier d'aide-major !

A Niederbronn, où nous arrivons vers midi, on doit se contenter d'une heure de repos. L'ordre est formel. Nous devons ce soir même arriver à Bitche. Il s'agit de devancer l'ennemi. Dix-sept kilomètres encore. La musique joue *la Marseillaise.* La route est pittoresque, semée de sources bien appétissantes, d'ombrages bien tentants. On marche! Vers quatre heures, demi-heure de repos pour le café. Plusieurs de nos pauvres soldats n'ont encore mangé qu'un peu de biscuit. Le café est acclamé, on chante, on rit, et les traînards re-joignent. Encore un coup de collier! Mon cheval traîne les plus fatigués; et j'aboie, à l'arrière de la colonne! Chien de métier et métier de chien!

Enfin, nous y voici. Les fournisseurs apportent la viande jusqu'au campement; mais il faut aller au pain, et la distribution se fait au fort, à un kilo-mètre plus loin. L'intendance eût dérogé à ses respectables habitudes en faisant apporter le pain jusqu'au camp. Deux compagnies grimpent au fort. Il est trop tard, les distributions de la journée sont faites; elles reviennent les mains vides. Oh! l'administration! Cependant les tentes sont mon-tées, la soupe est cuite, et, si dure que soit la terre nue, le sommeil fait oublier les misères de la journée.

25 juillet. — Nous avons, hier, doublé l'étape, sous un soleil féroce. Ce matin, quelques traî-nards manquent à l'appel. C'est un fâcheux exemple, au début d'une campagne!

Bitche, où nous séjournons aujourd'hui, est une petite ville à l'entrée des Vosges. Elle est dominée par une citadelle creusée dans le roc, inabordable et bien abritée de l'artillerie. La famine seule pourrait en avoir raison. Peu de villes, en France, ont donné à l'armée plus de braves soldats. C'est une garantie pour l'avenir.

26 *juillet*. — Quelques officiers badois, accompagnés de uhlans, viennent d'être surpris près de Niederbronn, cherchant à couper le télégraphe. Ils ont été faits prisonniers. L'un d'eux, Anglais d'origine, paraît-il, a été tué. Cette chère Angleterre devait donc, la première, verser son sang pour le roi de Prusse. Notre bonne amie l'Angleterre! Nous avons malheureusement perdu, dans ce guet-apens, un de nos meilleurs sous-officiers de chasseurs, le maréchal des logis Pagnier, tué, à bout portant, d'un coup de revolver.

27 *juillet*. — Le bataillon que j'accompagne reçoit l'ordre d'occuper, sur l'extrême frontière, les villages de Neinhoffen et Soultzelbronn pour protéger la route Wissembourg-Bitche et la ligne du chemin de fer. La moitié du bataillon, avec le commandant Baudouin, doit se rendre à Neinhoffen; la seconde, sous les ordres des capitaines Renard et Coste, à Soultzelbronn. Cela ne se fait pas sans discussions. Les renseignements sont insuffisants. Cependant, on se décide. Et pendant que le capitaine Renard se rend à Soultzelbronn, nous parcourons, de notre côté, la route de Niederbronn jusqu'à la station de Philippsbourg, où nous arrivons vers deux heures du matin pour nous reposer, pendant quelques heures, autour d'un grand feu de bivouac. Dès l'aube, notre petite colonne s'engage à travers bois, sous la conduite des gardes forestiers de M. de Dietrich, jusqu'à la hauteur de Neinhoffen, où elle prend position. Ces braves gens se chargent, disent-ils, de faire notre police de surveillance. Mais voici que le commandant Baudouin reçoit la visite de plusieurs braconniers qui viennent le mettre en garde. « La famille Dietrich, disent-ils, a tous ses intérêts en Allemagne : il faut se méfier. »

De son côté, vers Soultzelbronn, le capitaine Renard reçoit des avertissements analogues, et se croit obligé de faire arrêter un garde principal, le sieur Frentz, un Allemand d'origine, dit-on, qui sert d'espion aux Prussiens, puis également un second garde, ancien sous-officier français, que ses protestations de dévouement ne rendent pas moins suspect. Le sergent-fourrier Eck, un intelligent Alsacien, est chargé de l'instruction. Plusieurs gardes sont arrêtés, désarmés et gardés à vue. L'ennemi a été prévenu, disent quelques rôdeurs; il faut veiller. Et, de fait, le bataillon se forme en sections de combat et passe la nuit le fusil entre les jambes dans les champs qui avoisinent le camp, pendant que je demeure moi-même, avec quelques hommes, chargé de la garde des prisonniers.

Inutile précaution, du reste. La frontière, tout près de nous, demeure muette. Et dès le matin M. de Dietrich vient lui-même nous convaincre de dédaigner les mensongères accusations de quelques braconniers qui, dit-il, n'ont voulu que se venger d'anciens procès-verbaux pour délits de chasse ou autres.

M. de Dietrich, maire de Niederbronn, est un descendant du maire de Strasbourg chez lequel Rouget de Lisle composa la *Marseillaise*. C'est une garantie de patriotisme.

29 juillet. — Une dépêche nous apprend ce soir, que l'empereur, arrivé à Metz, a pris le commandement de l'armée. Et voici qu'un odieux journal ose écrire : « La France court en ce moment deux dangers ; le plus sérieux est le danger de la victoire ! »

30-31 juillet. — Calme absolu. Notre popote (le commandant Baudouin, le capitaine Pallière, le lieutenant de Verneuil et moi) est approvisionnée des meilleurs morceaux. Cuissots de chevreuil, écrevisses monstrueuses, superbes truites. Les gardes chassent et pêchent pour nous. Et seulement quelques éclopés, que soignent les bonnes sœurs du village, deux Alsaciennes qui ont servi déjà, l'une avec nous en Crimée, la seconde à Sadowa avec les Allemands. J'ai peine à me faire comprendre d'elles. Elles ne parlent qu'allemand ; mais elles soignent si bien nos malades !

A Soultzelbronn, où je me rends chaque jour escorté d'un chasseur d'Afrique, il n'y a pas non plus de malades. Les capitaines Renard et Valentin surveillent tous les débouchés. Nous pouvons, disent-ils, dormir sur les deux oreilles. On prétend, du reste, que les Prussiens ont évacué la première ligne frontière, pour se masser entre Mayence et Coblentz !

1ᵉʳ août. — Courte illusion ! Vers midi, pendant que nous fumions nonchalamment notre cigarette, nous arrive au galop de son cheval le jeune Dietrich (1), un petit boiteux qui n'a pas froid aux yeux. « Aux armes ! crie-t-il, vous êtes attaqués vers Soultzelbronn. » Et cependant le capitaine Renard n'a rien fait dire encore.

Je suis, avec le commandant, le seul officier monté du bataillon ; j'ai deux motifs pour me rendre vers le lieu présumé du combat : soigner les blessés et rapporter bien vite des nouvelles. J'obtiens facilement l'autorisation nécessaire. Et mon laboureur, comprenant mon impatience, galope, saute haies et fossés comme un pur sang, laissant loin derrière lui le chasseur d'Afrique qui m'accompagne.

A quelques mètres du village, le lieutenant

(1) Ce brave jeune homme a été plus tard fusillé par les Prussiens, martyr de son ardent patriotisme !

Ramonborde me rassure. — C'est fini, me dit-il ; une simple escarmouche. Cinquante à soixante uhlans ont attaqué à l'improviste un détachement allant aux vivres, à Bitche. La compagnie Cazenave s'est immédiatement portée à son secours ; les uhlans ont été mis en fuite, entraînant plusieurs blessés, parmi lesquels un officier dont nous avons pris le cheval. De notre côté, seul, le sous-lieutenant Lametz a été légèrement atteint.

Trente minutes après, j'étais moi-même de retour et rendais compte au commandant, fier de mon rôle, de mes aptitudes équestres et de mon cheval. De fait, mon chasseur d'escorte rentre seulement une demi heure après moi, déclarant qu'il n'a pu me suivre. Les camarades me félicitent et boivent à ma santé.

Cette attaque donne du moins à réfléchir. Et le commandant décide d'abriter notre campement derrière un petit bois de sapins qui nous dérobe à la vue. C'est un délicieux abri, mais pas pour longtemps.

Ce soir, en promenade de reconnaissance, le commandant, M. de Dietrich, son garde et moi, à travers bois, jusqu'au poste d'Iegerthal, occupé par un peloton de zouaves sous les ordres d'un de mes bons camarades d'Algérie. Pauvre garçon, nous nous serrons la main nous disant au revoir. Et demain il sera tué !

3 *août*. — Hier, nous dit le commandant, l'armée a franchi la frontière, enlevé les hauteurs de Sarrebrück et vivement canonné l'ennemi, qui s'est enfui en désordre. Le général Frossard occupe la ville. L'empereur et le prince impérial ont pris part au combat. La prise de Sarrebrück nous met en possession du riche bassin houiller de la Sarre dont les produits alimentent nos chemins de fer de l'Est. C'est une première victoire!

Un des gardes de M. de Dietrich, chargé d'explorer le pays, rend compte qu'à trois ou quatre kilomètres de la frontière il a seulement rencontré, disséminés çà et là, des postes nombreux de trente-cinq à quarante hommes avec plusieurs officiers; mais qu'au delà de ces postes avancés, à dix ou douze kilomètres, l'armée allemande se masse et se prépare à avancer.

Je reçois l'ordre de me rendre à Niederbronn pour y voir quelques malades. Sous bois, en compagnie d'un garde et de mon habituel chasseur. Quel beau pays! Des gorges profondes, puis, parfois, de superbes échappées sur de vieux donjons, parmi lesquels le célèbre château de Falkenstein. Et si près de la frontière! Quelque ennemi, peut-être, est caché là, derrière ces immenses sapins. Involontairement, je me trouve la main sur mon revolver. Et voici Niederbronn, où m'attendent mes anciens camarades du 45ᵉ, le colonel Bertrand, le docteur Hervé, mes amis Mattiot, Leprieur de Lacombe, Leclerc, de Cugnon d'Alincourt, Germain.

A peine quelques minutes ensemble. Quand nous reverrons-nous? Il se fait tard, bien vite il faut rentrer. Et nous filons une allure d'enfer, le jeune Dietrich et moi, à travers chemins perdus.

Je retrouve le bataillon sous les armes. Une vieille femme prétend que des uhlans pillent un village à quelques kilomètres de nous. Mais inutilement une compagnie fouille le pays. Elle ne voit rien, n'entend rien, et bientôt le lieutenant Delcous qui la commande nous convainc que la vieille a perdu la tête, ce qui nous permet de dîner sans souci, sous le magnifique gourbi de feuillage que nous ont construit nos artistes.

4 août. — Même calme apparent. Au grand attendrissement des bonnes sœurs, j'ai pu pendant une heure, à l'église du village, réveiller un orgue enfoui sous la poussière et silencieux depuis plus de dix ans, disent-elles.

Adieu, cher village! c'est fini. La compagnie de zouaves qui gardait le défilé d'Iegerthal a été rappelée, et le bataillon doit lui-même rentrer immédiatement à Bitche, où nous arrivons vers quatre heures du matin, pour y apprendre une mauvaise nouvelle.

Trois régiments de la division Douay et une brigade de cavalerie ont été attaqués, près de Wissembourg, par des forces considérables massées à l'abri des bois qui bordent la Lauter. Nos troupes ont vaillamment résisté pendant plusieurs heures et occupé les hauteurs du Geissberg. Mais le général Douay a été tué, et nos soldats, écrasés sous le nombre, ont dû se replier sur le col du Pigeonnier. Nous avons perdu un canon, et l'armée a repassé la Sauer.

5 août. — Le Luxembourg et le Danemark manifestent en notre faveur. Mais les troupes allemandes, dit la rumeur, se massent en formidable demi-cercle prêt à se refermer sur nous. Le maréchal Mac-Mahon concentre ses forces autour de Bitche et occupe fortement les hauteurs de la rive droite de la Sauer. Le général de Failly est à Bitche, avec le 5e corps. La brigade Abbatucci compte à la 3e division, commandée par le général Guyot de Lesparre.

6 août. — Ma division reçoit l'ordre de se porter en avant, dans la direction de Niederbronn. Le 2e bataillon du 27e, commandant Didier, part en avant-garde. Il est six heures du matin. Vers neuf heures, dans le lointain, à l'est, on entend le canon ; les détonations distinctes sont espacées. Cependant la colonne n'avance pas, se contentant de détacher quelques éclaireurs dans les bois sur nos côtés. On fait de longues pauses. Enfin vers une heure après midi le colonel de Barolet, envoyé aux renseignements, annonce une victoire.

— Quinze mille prisonniers! dit-il. Vive l'empereur!

Au galop de mon cheval, je propage à mon tour la bonne nouvelle.

Hélas! quelle désillusion! Voilà que deux officiers d'état-major, les yeux hagards, arrivent jusqu'à nous.

— Tout est perdu! crient-ils. En bataille, et place à l'artillerie!

Et l'artillerie passe au galop devant nous, tandis que l'infanterie se range hâtivement en bataille dans les champs avoisinants. On échange quelques coups de canon. Des zouaves, des turcos arrivent en désordre jusque dans nos rangs.

— Du calme, messieurs, du calme! dit notre officier d'état-major.

Mais sa voix tremble, et son cheval l'emporte, inconscient, semble-t-il, de son cavalier. Voici toute une compagnie du 45e, capitaine Simon et lieutenant Mattiot. Elle se replie en bon ordre.

— Nous avons été vainqueurs jusqu'à midi, disent-ils; mais les Prussiens ont alors amené des renforts considérables, et nous sommes demeurés seuls, sans le moindre secours; nous avons été écrasés.

Il est cinq heures; mon bataillon se porte jusqu'à hauteur de Niederbronn, et l'artillerie modère la poursuite de l'ennemi. Puis la nuit vient. Sept ou huit locomotives en plein feu sortent de Niederbronn et se dirigent vers Bitche. Derrière elles, des hommes font sauter les rails. Et nous recevons, à notre tour, l'ordre de nous replier. En route, de nombreux blessés, portés sur des caissons d'artillerie, et qu'il faut panser sans s'arrêter. On traverse de nouveau la ligne ferrée pour gagner le village d'Egelshardt, où se trouvent de grandes usines, propriétés de la famille Dietrich, immédiatement transformées en ambulances. La nuit est profonde. Sur notre route, des paysans allument des torches pour indiquer la route à suivre. Puis tous nous suivent, abandonnant les habitations, entraînant femmes et enfants et emportant à peine de quoi se protéger contre le froid. Pas un mot; la colonne, morne et silencieuse, gravit des pentes rapides de chemins ruraux et touche à La Petite Pierre. Mais il faut marcher, encore, toujours. Nos soldats, épuisés de faim et de fatigue, s'arrêtent partout. C'est le désordre. Heureusement, disent les paysans, l'ennemi paraît avoir perdu notre trace. Ils ont été trompés par les habitants et s'en sont vengés en incendiant leurs fermes. Pauvres gens! ils se privent de tout ce qu'ils ont pour donner à nos soldats et n'échappent cependant pas aux pillards, ces brigands de l'armée que la faiblesse de nos généraux paraît autoriser à l'indiscipline la plus éhontée. C'est ainsi qu'un turco peut impunément tirer sur un officier de gendarmerie. On l'arrête,

mais son repentir paraît suffisant au général
Guyot de Lesparre pour permettre de le relâcher.
A peine quelques instants de repos vers midi ; il
n'y a rien à manger, on se remet en route. Mais
la colonne diminue à vue d'œil ; on compte à peine
trente présents par compagnie, les autres sont en
arrière, tombés d'épuisement dans les fermes.
Nos chevaux eux-mêmes ne tiennent plus debout ;
ils n'ont vécu, depuis quarante heures, que de
fourrages sur pied rencontrés à travers champs.

Enfin, vers neuf heures du soir, nous touchons
à Phalsbourg. Mais personne pour nous indiquer
un campement, et pendant plus d'une heure,
l'arme au pied, il faut attendre un ordre. Les
quelques braves qui, fidèles au drapeau, sont arrivés jusqu'ici mériteraient plus d'égards. Ils ont
parcouru cent vingt kilomètres, marchant pendant
quarante heures, sans repos et sans vivres. On les
compte ; ils sont à peine vingt-cinq par compagnie.

Vers dix heures du soir arrive enfin l'ordre
attendu. C'est à exaspérer les plus soumis. Il faut
se remettre encore en route pour venir bivouaquer
à deux kilomètres de là, dans un champ défoncé
encore empuanti des immondices de la ville. On
s'installe cependant. Et nous profitons d'un instant de répit, le commandant Didier, le capitaine
Verchère et moi, pour pénétrer en ville. Dieu,
quelle cohue, quel désordre ! Et rien à manger.
Impossible d'obtenir seulement un morceau de

pain; il faut se contenter d'un verre de bière et
bien vite retourner au camp, où nous tombons
épuisés, autant au moral qu'au physique. Et
quelle nuit! des alertes continuelles. Un cheval
qui s'échappe, un homme qui rêve, il n'en faut
pas davantage pour faire prendre les armes.

8 août. — Dès l'aube, il faut se remettre en
route. Nos officiers d'état-major cherchent à
mettre un peu d'ordre. Cela demande du temps,
dont je profite bien vite pour entrer chez un
pharmacien, M. Reeb, y écrire quelques mots à
mes parents, et, grâce à l'obligeance de sa jeune
femme, trouver chez un pâtissier quelques vieux
biscuits oubliés, dont je suis immédiatement débarrassé par mes camarades affamés.

Pauvre Phalsbourg! noble patrie du général
Lobau, toute remplie de glorieux souvenirs! Le
livre d'Erckmann-Chatrian me revient à la
mémoire. Pauvre ville qu'il faut abandonner après
l'avoir mise à sac, et que les Prussiens vont maintenant bombarder!

L'intendance avait annoncé pour ce matin des
distributions de viande et de pain. Promesse illusoire; le temps presse, il faut fuir, et l'intendance
est tenue de suivre. Et nos malheureux soldats ne
mangent pas encore aujourd'hui. Le découragement s'empare des plus faibles. Voici qu'un
homme du 30ᵉ vient de se suicider à la porte

d'une ferme, et l'exemple est contagieux. On m'appelle pour un second. Il faut se contraindre, paraître féroce.

— Qu'on l'abandonne aux ordures! dis-je; ce doit être la sépulture des lâches.

Et nous passons. Que c'est triste, mon Dieu!

A tour de rôle, chacun des officiers de mon bataillon se repose un instant sur mon cheval. Heureusement l'étape est courte, j'ai bon pied encore, et nous voici bientôt à Sarrebourg, à proximité de notre bivouac dans les champs qui longent la route vers Lorquin.

Hélas! à peine étions-nous installés que des paysans affolés nous annoncent l'ennemi. On prend les armes, on gagne les hauteurs voisines, puis quelques pelotons de cavalerie partent en reconnaissance. Ils reviennent bien vite, n'ayant rien constaté de suspect. Nos paysans avaient été trompés par l'arrivée d'une brigade de cavalerie. Tous les coteaux sont, du reste, garnis de troupes, débris de l'armée de Mac-Mahon. Le commandant Didier est maintenant en grand'garde, à hauteur de la forêt, et le régiment reprend son premier emplacement.

En ville, une fourmilière d'officiers et de soldats assiège les hôtels et les magasins pour y découvrir, sans succès du reste, quelques vivres et attendre les distributions promises par l'intendance.

Une proclamation très simple, très digne, de

l'impératrice régente couvre les murs de la ville. Elle dit la défaite de Mac-Mahon, celle de Frossard à Forbach, et fait un énergique appel à la France. Que faut-il attendre? De l'avis d'un grand nombre, c'est à l'inertie du général de Failly qu'est due la défaite de Reischoffen. Qu'espérer, du reste, d'un officier général qui, privé de renseignements, refuse systématiquement toutes informations et dédaigne tous moyens de s'éclairer?

« Un employé supérieur allemand m'a fait cadeau, il y a quelque temps, me raconte un prétendu fournisseur de l'armée qui veut bien nous donner place à sa table, d'une belle carte sur toile, toute récente et très détaillée, de la frontière. Pensant qu'elle pouvait lui être utile, j'eus l'idée de l'offrir au général de Failly. « Elle est fort belle, en effet, « me dit-il, mais elle m'est inutile, ne sachant où « la mettre. » Le fait est-il exact? J'en doute, et je tiens l'individu pour suspect.

De fait, les cartes sont bien rares, sans doute, puisque nos officiers, même ceux d'état-major, paraissent obligés, pour nous diriger, d'acheter çà et là les cartes coloriées dont se servent les élèves des écoles primaires.

Dans la précipitation de notre fuite après Freschwiller, nous avons, dit la rumeur, sans même songer à détruire le tunnel de Saverne, abandonné plusieurs positions qu'il eût été facile de défendre. Les Allemands sont demeurés vingt-quatre heures devant des forêts vides, n'osant pas s'y aventurer. Et nous leur avons livré des passages que quelques régiments bien entraînés eussent rendus infranchissables.

Par ordre du général, et sur leur demande, je renvoie au dépôt du régiment notre chef de musique, M. Maugé, et quelques hommes impuissants à continuer la campagne.

9 août. — Il fait un temps affreux, une pluie froide et pénétrante. L'étape est courte, heureusement. Nous campons à Cirey-les-Forges, sur la lisière d'un bois de sapins. A l'hôtel de la ville, où nous espérons pouvoir dîner, la table est occupée par une noce. Les mariés et leurs familles se lèvent à notre arrivée et nous offrent cordialement la place. Braves gens ! Nous étions tristes, éreintés et affamés. Cela nous rend quelque gaieté. Chacun dit son mot à la gracieuse épousée, voire même au jeune époux, qui, dit-il, sera soldat demain. Puis on dîne, on s'échauffe, et chacun retourne au camp, où la pluie se charge de nous rafraîchir, tant au physique qu'au moral.

10 août. — De Cirey à Baccarat, la route se poursuit sous une pluie battante.

— Ah ! me dit mon chef, le médecin-major Thomas, mon Alsace, ma chère Alsace est perdue pour la France ! De tous nos généraux, un seul pourrait peut-être encore la sauver. Mais je le connais, j'ai fait la campagne du Mexique ; c'est un misérable égoïste, il nous abandonnera.

Et comme je protestais, indigné :

— Vous êtes jeune, mon ami, rappelez-vous ce que je vous dis ici ; les hommes ne changent pas, et Bazaine, au Mexique, fut un bien grand coupable !

Et la pluie continuait, et je m'en allais, la tête basse, irrité contre mon chef et protestant contre sa sombre prédiction. Hélas !

Nous campons dans les champs, en aval de la ville. Dans l'après-midi, en compagnie de mon ami le capitaine Verchère-Carré, nous avons le temps de visiter la cristallerie. Mais le travail, faute d'ouvriers, a presque complètement cessé. Et puis on s'attend à l'arrivée des Prussiens, qui nous suivent, paraît-il, à courte distance. Qu'allons-nous faire ? Défendre les défilés des Vosges, rejoindre Bazaine ? Les habitants nous entourent, avides de renseignements. Un confrère, le Dr Megre, mon camarade d'études à Strasbourg, m'entraine dans sa famille et m'y retient à diner.

— Qu'est-ce donc, dit-il, que ce général de Failly dont chacun accuse la désastreuse inertie, et sur qui pèse toute la responsabilité de Freschwiller ? Demeurer immobile alors que le canon gronde à portée, que trente-cinq mille Français luttent héroïquement contre cent mille Allemands et que toute une division de cavalerie se fait glorieusement massacrer pour gagner du temps !

Et je ne sais rien répondre.

Vers dix heures du soir, il faut rentrer au camp. Et la pluie tombe sans un instant de répit. J'ai dû cependant passer la nuit seulement enveloppé de ma couverture et à peine abrité par un arbre. Je suis mouillé jusqu'aux os, et mon pauvre cheval grelotte de tous ses membres. Impossible d'obtenir du feu.

11 *août*. — On se remet en route dès le matin. La pluie continue plus froide que jamais. Je m'en vais la tête basse, évitant de faire un mouvement sur ma selle. On gagne Rambervillers, puis Moyemont. La route des Vosges où nous ferons face à l'ennemi, dit la rumeur. Cela réchauffe un peu. Nos généraux ont eu l'idée de grands feux à cinq cents mètres de la ville, où nous devons camper. Mais les feux s'éteignent ; nos soldats n'ont rien reçu, pas même un biscuit, et malgré l'interdiction chacun s'en va vers la ville, pour y chercher un gîte. C'est à peine si quelques hommes demeurent à la garde du drapeau. Il faut payer de sa personne. Avec le commandant Didier et le capitaine Verchère demeurent la plupart des officiers de mon bataillon. Enfin, vers une heure, la malheureuse consigne est levée. Et la petite ville où les habitants nous attendent impatients est bientôt envahie. J'ai oublié le nom du boulanger qui nous abrita, mes camarades et moi. Ce que je n'ai pas oublié, c'est que des blouses nous

furent offertes pour nous permettre de faire
sécher nos effets dans le four et de nous réchauf-
fer nous-mêmes. Ce qu'aucun de nous n'a oublié,
c'est l'accueil qui fut fait à tous et dans toutes
les maisons. Nous espérions y passer au moins la
nuit, les habitants offraient un large cantonnement. Hélas! il fallut y renoncer. Seulement quelques heures de repos, puis on se remet en route.
Mais vainement le bruit court que l'ennemi
arrive sur nos talons, vainement retentit l'appel
des clairons; la pluie persiste, et nos soldats refusent décidément de se montrer. Le capitaine
Verchère-Carré et moi, nous faisons d'inutiles
efforts pour les entraîner. A peine quelques-uns
se décident à nous suivre. Et pour comble, pendant qu'on se remet péniblement en marche,
l'administration commence une distribution de
vivres. Si triste que soit l'indiscipline, il faut
cependant parfois savoir l'excuser. Et les beaux
exemples d'énergie méritent alors d'être conser-
vés. Le commandant Didier, de mon bataillon,
atteint d'une bronchite chronique, exténué de
fatigue et grelottant la fièvre, devait prendre
quelques précautions; malgré mes instances, il
fut inflexible.

— Je rougirais, dit-il, de demeurer en telle
compagnie!

Et de même le capitaine Verchère-Carré, le devoir personnifié.

Enfin, nous arrivons à Moyemont, à quelques kilomètres seulement de Rambervillers. Les habitants nous offrent granges et maisons pour le cantonnement. Impossible de résister. On dut se contenter d'assurer le service des grand'gardes. Le camp est abandonné, et chacun trouve un abri chez ces braves gens, qui non seulement offrent de grand cœur la paille de leurs granges, mais encore des vivres et des vêtements.

12 *août.* — De Moyemont à Charmes, une jolie petite ville, consternée, disent les habitants, de l'ordre qu'ils viennent de recevoir de faire sauter, après notre passage, un superbe pont sur la Moselle. Est-ce utile? Ils ne l'admettent pas, assurant qu'il y a à cent mètres en aval un gué très abordable que traversent actuellement toutes les voitures régimentaires. .

Pauvre pays, si hospitalier, que nous abandonnons misérablement à l'invasion, entraînés, semble-t-il, dans une panique générale! J'y rencontre un compatriote, M. Clerc, et sa femme, auxquels je suis redevable d'une toute cordiale hospitalité.

13 *août.* — Même désordre. Mon régiment est réduit d'un quart au moins. A six heures du matin, on se remet péniblement en route pour gagner Mirecourt, où nous arrivons vers midi, mais seulement pour y demeurer quelques heures. J'en profite pour me réapprovisionner auprès des

bonnes sœurs de l'hospice de quelques médicaments et linges indispensables qui me manquent
absolument, nos cantines étant décidément perdues. De leur côté, les officiers assiègent les librai-
ries pour se procurer des cartes du pays. En
France! cela est navrant. Et voici qu'une superbe
compagnie de francs-tireurs vosgiens s'en va,
sérieuse et digne, occuper les défilés que nous
abandonnons. Braves jeunes gens, ils donnent
exemple de patriotisme et s'efforcent de réparer
nos fautes!

De Mirecourt à Roserote, un tout petit village,
où nous arrivons vers neuf heures du soir, n'ayant
d'autre ressource pour notre popote qu'un modeste
gigot dont chacun fait hâtivement griller une
tranche au feu du bivouac. Heureusement le soleil
a reparu et a quelque peu séché la terre sur laquelle nous reposons. Mais, décidément, tous nos
effets sont perdus. Dans son empressement, au départ de Bitche, notre général a complètement
oublié le convoi, tombé probablement au pouvoir
de l'ennemi.

14 août. — Où donc allons-nous, par Lamar-
che paraissant nous éloigner des Vosges? C'est la
question de chacun. On nous apprend que Strasbourg est complètement investie. L'anxiété nous
prend à la gorge. La ville est-elle en état de défense? Il est permis d'en douter.

— Strasbourg, a dit le général Uhrich, chargé de la garder, tiendra autant qu'il y aura un homme, un biscuit, une cartouche.

Pourrons-nous la dégager assez tôt?

Et voici, d'autre part, que le maréchal Lebœuf et le général Lebrun, les chefs de notre état-major général, ont résigné leurs fonctions. Que signifie cela? Sans doute, ils ont commis de graves erreurs. Mais un soldat ne se retire pas devant l'ennemi. Et puis sont-ils les seuls coupables? Et pouvons-nous oublier que le maréchal Niel, alors qu'il voulut réorganiser l'armée, en 1868, a dû subir l'opposition absolue du Corps législatif, qui lui a accordé cinq millions alors qu'il en demandait soixante-quinze pour créer la garde mobile?

Un journal du pays reproduit aujourd'hui le texte d'un ordre trouvé, dit-il, sur un espion. Ce texte mérite d'être connu, car il paraît être la règle de conduite de l'ennemi :

Ordre n° 24. — Les bois forment un couvert précieux, le long de la lisière desquels de nombreux tirailleurs et des pièces à mitraille agiront efficacement sur le terrain situé en avant. Pour se défendre des attaques de l'ennemi, il faudra abattre des arbres, de manière à former des saillants et des rentrants..... A Sadowa, la défense du bois de Maslower a été superbe. Quatorze bataillons prussiens y ont tenu tête à cinquante et un bataillons autrichiens appuyés par une nombreuse artil-

lerie. Le général Francesky dut ce succès à l'emploi
incessant de petites réserves disséminées aux environs
et qu'il sut toujours employer à propos. Il faut éclairer
un bois vingt-quatre heures avant de l'occuper.

N'est-ce point cependant l'application de ce
principe qui a retardé la poursuite de notre
armée, après Freschwiller?

Ordre n° 40. — Nos cartes et nos plans, ayant été tirés
sur les lieux mêmes, sont absolument exacts.

Et dire que nos officiers, pour nous diriger en
France, en sont réduits à acheter de misérables
cartes chez les boutiquiers du pays parcouru!

Quand vous jugerez qu'un village peut être utile
pour le moment de l'action, coûte que coûte, vous en
occuperez les abords. Les troupes seront placées en tirailleurs, assez loin des maisons pour pouvoir demeurer
postées malgré les incendies occasionnés par les projec-
tiles ennemis. Un village qu'on ne devra pas occuper,
et qui pourrait être utile à l'ennemi, devra être incen-
dié et détruit le plus promptement possible.

Ordre n° 42. — Les habitants serviront de guides. S'ils
refusent, on les emprisonnera; on devra même les fusil-
ler. Si le moment de combattre n'est pas arrivé, si des
éclaireurs ennemis vous sont signalés, tenez-vous hors
de portée, ou cachez-vous dans les bois, sur le versant
des coteaux. Les Français ne savent pas incendier, ne
veulent pas espionner et dédaignent d'éclairer.

Ce texte est-il authentique? je l'ignore. Il semble, du moins, que les Allemands l'observent rigoureusement.

15 *août.* — La division tout entière parait groupée sous Montigny-le-Roi. Et vraiment on n'y songe guère à la fête. La France est en deuil. Une bonne nouvelle cependant nous apporte quelque réconfort. « L'empereur a quitté Metz, se rendant à Verdun, télégraphie le maréchal Bazaine. L'armée a commencé son passage sur la rive gauche de la Moselle. Et nos reconnaissances n'avaient pas rencontré l'ennemi, lorsque dans l'après-midi nos troupes demeurées sur la rive droite furent vivement attaquées par des forces considérables, sous les ordres du général Steinmetz. Après une lutte de quatre heures, l'ennemi a été repoussé, ayant subi de grandes pertes. Et nous avons passé la nuit sur ses positions. J'arrête quelques heures mon mouvement pour remettre mes munitions au grand complet. »

Le maréchal, évidemment, va quitter Metz pour nous rejoindre.

On fait une distribution de vin. Mais déjà l'hospitalité se fait rare. Les éclopés sont nombreux, et nous obtenons difficilement les voitures nécessaires pour le transport des sacs.

16 *août.* — En route pour Chaumont, où nous a devancés déjà toute l'armée de Mac-Mahon.

Les victoires sous Metz nous rendent bon espoir. Joyeusement, on campe sur les promenades de la ville, tellement envahies qu'il est impossible d'y

circuler. Chacun profite du répit pour se procurer
au moins une chemise de rechange.

17 *août.* — Hier, dans la soirée, j'ai fait la
rencontre d'un jeune médecin venu, dit-il, de
Rambervillers pour offrir ses services à l'armée.
Je l'engage à se présenter au général Guyot de
Lesparre, qui, de suite, l'adresse à notre médecin
chef de l'ambulance. Ce dernier l'accueille avec
bonheur, car déjà le personnel médical est très
insuffisant.

— Mais il faut, lui dit-il, un ordre de l'intendant, qui seul peut décider. Remettez-lui vous-
même la demande que je lui en fais.

— Et l'intendant?

— Merci, m'a-t-il répondu. Pour le moment je
n'ai pas besoin de vos services. Dans quelques
jours, peut-être. Revenez alors. Aujourd'hui, c'est
inutile.

Et mon jeune collègue dut se retirer.

Je raconte l'histoire sans commentaires. Elle
suffit pour témoigner de la prévoyance administrative.

A onze heures, le chemin de fer doit nous conduire jusqu'à Vitry-le-François. Il faut se hâter,
disent les pessimistes, car déjà les Prussiens se
sont montrés aux environs. De fait, la ligne est
minutieusement surveillée. A Vitry, où nous
arrivons vers cinq heures, on nous fait camper

dans les prés, que les habitants, dit-on, se préparent à inonder pour empêcher les approches de l'ennemi. En sommes-nous donc là qu'une ville à deux cents kilomètres de la frontière soit déjà sous le coup d'un investissement ennemi? De fait, dans la soirée, ordre nous arrive de lever le camp et de nous porter en grand'garde sur les hauteurs voisines où nous passons la nuit, sans alerte du reste.

19 *août*. — Dès le matin, on se remet en route pour Châlons-sur-Marne, où nous arrivons vers quatre heures de l'après-midi. Nos généraux nous y ont devancés et paraissent très rassurés. Les nouvelles sont bien tristes cependant. Strasbourg complètement investie. Nancy occupé par l'ennemi qui envoie ses éclaireurs jusqu'à Bar-le-Duc. Toul sérieusement menacée. Mais aussi, l'armée de Metz partout victorieuse. A Doncourt, dit l'ordre du jour qui nous est communiqué, le général de Ladmirault, avec le 4e corps, a vaillamment tenu tête à l'ennemi et conservé ses positions. Des charges brillantes de cavalerie, où malheureusement l'héroïque général Legrand a été tué, ont repoussé toute la cavalerie allemande entraînée par le prince Frédéric-Charles lui-même. De son côté, le général Bourbaki, à Rezonville, est demeuré maître du terrain, et le maréchal Canrobert se maintient à Vionville.

Les généraux prussiens Dœring et Wendel ont été tués, les généraux Gruitter, Van Rauch et le prince Albert de Prusse grièvement blessés. On peut évaluer à cent cinquante mille hommes les forces que l'ennemi nous avait opposées. Nous n'avons pas encore exactement l'état de nos pertes, qui sont grandes. Mais nous demeurons maîtres du terrain.

Ces nouvelles sont satisfaisantes. Et cependant une dépêche de Berlin prétend que les Allemands sont vainqueurs, que l'armée du maréchal, battue à Saint-Privat, a été repoussée sous Metz, renonçant à passer la Moselle; que nous avons perdu plus de vingt mille hommes, deux drapeaux, sept pièces d'artillerie, puis enfin que nous avons tiré sur les ambulances. Mais c'est Bismarck, sans doute, qui rédige les dépêches. Et n'a-t-il pas poussé déjà l'outrecuidance jusqu'à nommer le général de Bonin et le comte de Bismarck-Bohlen aux fonctions de gouverneurs de l'Alsace et de la Lorraine! A-t-il donc oublié, ce fier conquérant, cette parole prophétique de son maître, le grand Frédéric : « Il y a, disait-il, vingt portes pour entrer en France; il n'y en a pas une pour en sortir. »

Aujourd'hui nous sommes encore hésitants. Demain nous reviendrons à la charge, et malheur aux envahisseurs!

20 août. — On va se reformer au camp de Châlons pour bien vite reprendre l'offensive.

Le vent furieux qui, hier déjà, nous a couverts de la blanche poussière des terrains crayeux, continue plus fort que jamais et précède un formidable orage qui éclate au moment même de notre arrivée au camp. Le régiment s'abrite rapidement sous les tentes que viennent de quitter les mobiles rappelés, dit-on, sous Paris. L'empereur est ici depuis quelques jours déjà avec toute l'armée de Mac-Mahon, cent mille hommes au moins. Les camarades se retrouvent; et j'ai, pour mon compte, la bonne fortune de rencontrer non loin de moi mon beau-frère, le capitaine Détieux, faisant partie, avec le 22ᵉ d'infanterie, du 12ᵉ corps d'armée récemment formé sous les ordres du général Lebrun, désigné pour remplacer le général Trochu, rappelé à Paris et nommé gouverneur de la capitale. Auprès de lui se trouvait un médecin-major de la garde, je crois.

— Ah! disait-il, c'est bien triste! Je viens de voir l'empereur, prostré, abattu, pleurant manifestement et répétant sans cesse : « Est-il possible d'avoir été aussi complètement trompé! »

21 août. — On a fait hier des distributions de linge et chaussures. Il en était grand temps, car nos soldats manquent de tout. Et voici que l'ordre

arrive de nous remettre en route. Notre 5ᵉ corps
doit former l'arrière-garde et commence son mouvement vers neuf heures du matin ; la 3ᵉ division ferme la marche, chargée, dit-on, d'incendier avant son départ toutes les tentes et
baraquements du camp. La colonne, péniblement
mise en mouvement, constamment arrêtée dans
sa marche par les convois qui la précèdent, s'engage sur la route de Reims. Derrière elle, l'incendie dévore le camp. Dure nécessité de la
guerre qui anéantit en quelques heures les créa-
tions de plusieurs années ! Mais où donc allons-
nous ? et pourquoi, disent quelques-uns, ne pas
attendre l'ennemi ici même et lui barrer la route
de Paris, où déjà, paraît-il, se montrent ses éclaireurs ? Chacun commente l'indécision du maréchal, impuissant, dit-on, à prendre un parti et à
imposer sa volonté. Évidemment, il a dû plusieurs
fois modifier son plan de campagne. On devait,
disent les uns, se rencontrer sous Paris, ou bien,
disent les autres, se porter à la rencontre de
Bazaine par Sainte-Menehould et Verdun. Et
voici que nous sommes à Reims, où nous arrivons
seulement à minuit, pour y attendre pendant plus
d'une heure que l'état-major se décide enfin à
nous désigner un campement. La pluie n'a pas
cessé de toute la journée. Sur la route les fermes
sont demeurées closes. Seuls, quelques marchands
de vin attendent çà et là et exploitent les besoins

de nos soldats. J'ai grand'peine à rallier les traînards et n'arrive moi-même au gîte qu'à deux
heures du matin, heureux d'y retrouver mes
camarades le commandant Didier et le capitaine
Verchère, lesquels m'ont réservé, à côté d'eux,
bonne place au feu et à la pitance.

22 *août*. — Toute cette journée à Reims. On
en profite pour distribuer aux hommes quelques
tentes et des couvertures. D'immenses sacs de
lettres sont accumulés à la poste ; mais le dépouillement n'est pas fait, il faut attendre. C'est
pénible, car je ne sais rien de ma famille depuis
notre départ de Bitche. Nous apprenons cependant que le ministère Ollivier est, depuis quelques
jours déjà, remplacé par un ministère dont le
général comte de Palikao est le président, avec
le portefeuille de la guerre. La situation est difficile, et bien lourde la responsabilité !

Nous profitons de quelques heures de répit, les
capitaines Cazenave, Verchère, Coste et moi, pour
visiter hâtivement la ville, la cathédrale, l'église
et le tombeau de saint Remi. Quelle imposante
manifestation de la foi chrétienne ! Et comme le
cœur s'élève vers le Dieu des armées sous ces nefs
majestueuses ! Patrie ! patrie ! Mon Dieu, gardez-
nous la patrie et protégez nos familles !

23 *août*. — Nous devons ce soir cantonner à

Selles et Pont-Faverger, deux petits centres de mœurs faciles, nous a-t-il paru. A notre arrivée au camp, plusieurs compagnies de perdrix, surprises par nos soldats, nous fournissent un succulent dîner que nous cuisinons dans une ferme dont il a fallu, du reste, grassement payer l'hospitalité.

24 août. — Vers midi seulement la brigade se remet en route, bientôt croisée par le maréchal de Mac-Mahon, suivi de tout son état-major, au milieu duquel j'ai peine à reconnaître le médecin chef de l'armée M. Legouest, le sévère professeur du Val-de-Grâce, amaigri et épuisé au point de se tenir à peine sur son cheval, qui l'emporte au galop.

Cette fois, du moins, l'étape se fait sans à-coups. Par des chemins divers, chaque bataillon arrive à l'heure au point de concentration. Évidemment le terrain a été bien étudié, et des ordres précis ont été donnés. C'est peut-être la première fois depuis Bitche. Vers sept heures du soir, nous sommes devant Rethel pour camper sur un petit mamelon, à cinq cents mètres environ de la rive droite du canal des Ardennes. De tous côtés, en même temps que nous, arrivent différents corps de l'armée de Châlons. Et voici qu'un orage épouvantable nous surprend pendant l'installation. La ville est envahie. Heureusement, mes camarades et moi, nous avons une bonne tente qui suffit à nous abriter.

25 août. — Était-ce la seule présence du maréchal qui, pendant la marche d'hier, a mis de l'ordre dans nos colonnes? De fait, il n'en est plus du tout ainsi. Aujourd'hui, ordre est donné de partir à onze heures. Mais tout le 5e corps a reçu le même ordre. Il en résulte qu'il faut attendre son tour, l'arme au pied, pendant plus de quatre heures, maugréant contre l'insouciance des chefs. Puis, plus de deux heures encore pour traverser, sur l'Aisne, un pont qu'il eût été, parait-il, facile d'éviter par des chemins détournés. Dix kilomètres seulement jusqu'à Amagne, où nous n'arrivons qu'à onze heures du soir, sous une pluie battante. Et nous sommes en route depuis le matin! Il faut pourtant camper, s'occuper des vivres, du bois de chauffage. Et nos pauvres soldats, par l'impéritie ou l'insouciance des chefs, ne jouissent d'aucun repos.

26 août. — Dès quatre heures du matin, en effet, chacun est debout, en route pour le Chêne-Populeux sous une pluie continue que la beauté du pays parcouru fait accepter avec quelque résignation. L'empereur et le maréchal nous suivent à courte distance, dit-on. Mais déjà les habitants se montrent inquiets; plusieurs fermes, paraît-il, ont été visitées par l'ennemi. Une rencontre prochaine est probable, et le pays nous voudrait conserver pour, dit-il, le protéger des uhlans. Et l'orage épouvantable que nous subissons, autant peut-être que les conseils des habitants, font bien des retardataires. Parmi eux, le capitaine Pereira, de mon régiment, atteint, en arrivant à Tourteron, d'une syncope qui doit pour longtemps, paraît-il, l'immobiliser et l'empêcher de nous rejoindre.

Au Chêne, où nous arrivons vers midi, nous tenons, sur le canal des Ardennes, un des passages importants de l'Argonne. Tout le 5ᵉ corps s'y trouve réuni. Une action paraît imminente. Je m'empresse, grâce à la patriotique obligeance d'un pharmacien de la ville, de renouveler mon petit approvisionnement de linges et de médicaments usuels, et de remettre à tous les sous-officiers et caporaux de mon bataillon, en vue des éventualités prochaines, une petite compresse et une bande qui peut-être leur seront bientôt nécessaires. Les uhlans, dit-on, parcourent le pays et signalent tous nos mouvements.

27 *août*. — De fait, et dès trois heures du matin, la division Guyot de Lesparre reçoit l'ordre de se porter en avant vers le sud-est, dans la direction de Busancy, avec mission de fouiller les villages de Belleville-sur-Bar, Boult-aux-Bois et Briquenay, où paraît se trouver l'ennemi qui rayonnerait dans la forêt de Boult. Un régiment de chasseurs à cheval nous précède. Vers midi, à quelques kilomètres de nous, les hauteurs autour de Busancy se couvrent de troupes, et le canon parle. Le général Guyot paraît fort perplexe. Sont-ce des Français ou des Prussiens que nous avons devant nous? Il l'ignore. Les hommes impatientés crient : En avant! Le capitaine Verchère part seul, en éclaireur, et revient bientôt nous annonçant l'ennemi. Des uhlans, en effet, nous arrivent au galop, mais sont immédiatement dispersés par quelques feux de salve. Et nos chasseurs ne tardent pas à nous fixer. « La cavalerie prussienne, nous disent-ils, occupait Busancy, d'où nous l'avons vigoureusement chassée, mais sans pouvoir la poursuivre. » Et le général, ainsi fixé, ayant, paraît-il, atteint le but de sa mission, nous remet en route pour nous faire camper à Châtillon-sur-Bar, où nous arrivons vers huit heures du soir, harassés de fatigue et mourant de faim. Malgré la pluie, autour d'un bon feu, on a bientôt fait une omelette, cuisiné quelques pommes de terre sous la cendre, et le gourbi de feuillage que nous ont construit nos ordonnances nous abrite assez pour un sommeil réparateur.

28 *août*. — Pour quelques heures seulement, du reste, car bien avant l'aurore mon bataillon

reçoit l'ordre de se porter en avant-garde et de laisser nos bagages à l'arrière. On se remet immédiatement en route. Mais, retardé moi-même par un blessé de la veille qu'il faut panser, et aussi par la nécessité de trouver quelques provisions de bouche, j'ai perdu mon régiment et ne le retrouve qu'à neuf heures du matin, rangé en bataille en avant de Boult-aux-Bois, au carrefour des routes de Vouziers, Busancy, Grandpré.

Tout près de nous, l'ambulance divisionnaire et de nombreux régiments se trouvent prêts pour toutes éventualités. Un peu plus loin, dans un bas-fond, on me montre tout le 12e corps; et les hauteurs de la rive droite du Bar sont, dit-on, gardées par le général Félix Douay. Inutilement, du reste, car l'ennemi refuse décidément de se montrer et nous laisse nous morfondre, l'arme au pied, sous une pluie glaciale, jusqu'à cinq heures du soir. Seulement alors on se remet en marche pour venir, par des chemins montueux et de difficile accès, camper sur les collines de Belval, Bois-les-Dames. A peine de temps à autre, sur notre parcours, quelques fermes déjà pillées par l'ennemi. Heureusement, quelques champs de pommes de terre permettent encore une fructueuse récolte, car nous manquons absolument de vivres, et notre sous-intendant a été, parait-il, enlevé par les uhlans.

29 *août*. — Nous n'en avons pas moins joui d'une bonne nuit de repos. Puis une rafale de vent a dispersé les nuages, le soleil a reparu, l'intendance a pu délivrer quelques moutons, et, dit la rumeur, nous avons déjoué les plans de l'ennemi qui s'efforçait d'empêcher notre jonction avec Bazaine actuellement en route vers Stenay. Et l'enthousiasme renaît, pas pour longtemps, du reste, car vers onze heures du matin, au moment même où, ragaillardis par un joyeux déjeuner, nous nous remettions en route, voici qu'une violente fusillade, bientôt suivie du grondement du canon, éclate brusquement vers notre droite. Sans hésitation, le commandant Didier gravit au pas de course les hauteurs avoisinantes, et la bataille se poursuit ardente tout autour de moi. Et voici que déjà plusieurs blessés, parmi lesquels le sergent-major Frechesser, réclament mon assistance. Je les panse rapidement, mais un obus éclate à mes pieds, j'ai peur et je décampe. Le temps de me retourner, du reste, car mon chef le médecin-major Thomas s'en est aperçu. Et me rappelant énergiquement : « Eh bien, me dit-il, un rude baptême, n'est-ce pas, mon petit? Sachez où vous êtes et souvenez-vous ; après l'affaire vous conduirez les blessés au château de Belval, où vous trouverez l'ambulance. »

Il fallait cet appel de mon chef, de mon ami, pour me dominer, pour me défaire de cet inconscient tremblement qu'occasionne la menace immédiate de la mort. « Mon Dieu! » dis-je; puis, reprenant possession de moi-même, je ne m'occupai plus que de panser et d'abriter les blessés.

Le combat, du reste, paraît s'éloigner. Vers quatre heures cependant arrive au galop, jusque sur nous, un fort peloton de uhlans que je suis, je crois, un des premiers à reconnaitre, et que dispersent immédiatement quelques feux de salve. A six heures, c'est fini, et mon régiment gagne rapidement la route de Beaumont.

Personnellement, je suis entouré de vingt-trois blessés, parmi lesquels mon camarade le capitaine Valentin, que je dois immédiatement conduire au château de Belval, où se trouve l'ambulance de la division.

Le château de Belval! Quelle étrange coïncidence! Venir recevoir le baptême du feu vers un coin perdu des Ardennes qui porte mon nom, et dont je ne soupçonnais même pas l'existence! Une double victoire! Nous avons chassé l'ennemi, et j'ai conscience, ayant maîtrisé ma peur, d'avoir accompli mon devoir, heureux, bien heureux d'être demeuré digne de mon père, digne de ce chevalier, mon grand-oncle, que le roi Louis XV décorait de sa propre main pendant le siège de Courtray, en 1744, heureux d'avoir pu donner à nos braves blessés les soins qu'ils étaient en droit d'attendre de moi!

La somptueuse résidence de Belval, propriété de la famille Mathys, avait été depuis la veille mise à la disposition du duc de Fitz-James, délégué de la Société internationale de secours aux blessés, et transformée en ambulance sous la direction d'un médecin principal de l'armée. Déjà, quand j'y arrivai, vers huit heures du soir, les chambres et les superbes galeries du rez-de-chaussée étaient encombrées de blessés, et la rude besogne avait commencé. Il fallut se décider à quelques amputations. Puis, tous nos blessés ayant été pansés, nous pûmes à notre tour prendre quelques heures d'un indispensable repos.

Par une délicate attention, après un sommaire dîner, mes collègues avaient décidé que la chambre du propriétaire, occupée la veille par un général allemand, me serait réservée. Je m'y endormis bientôt d'un profond sommeil, mais pour être réveillé dès quatre heures du matin et me remettre en route en compagnie du duc de Fitz-James, emmenant à Beaumont, dans les voitures de la Croix-Rouge, les blessés susceptibles d'être évacués sans danger.

De Belval à Beaumont, il y a dix kilomètres à peine ; mais la route à travers bois est fort accidentée, et mon régiment, longtemps retardé dans sa marche de nuit, n'y était arrivé que depuis quelques heures seulement. Il était entassé dans un bas-fond à l'entrée de la ville, et malgré l'éclat d'un superbe soleil chacun dormait au coin d'un feu. Sans doute, les bois ont été fouillés et les hauteurs avoisinantes sont gardées. Cependant, on ne rencontre pas de sentinelles avancées, et notre général, paraît-il, s'est abstenu de donner aucun ordre. Et cependant, vers neuf heures du matin, mon muletier Fouilloux, que j'ai laissé quelque peu vagabonder pour se procurer des provisions, me revient pâle et tout essoufflé.

— Les Prussiens sont là, dit-il, dans un village à deux ou trois kilomètres de nous, et je n'ai pu m'échapper que grâce à l'intervention d'une brave femme qui m'a rapidement dirigé.

J'en avise le colonel, qui, me dit-il, ne peut que garder son régiment et donne immédiatement au capitaine Verchère-Carré l'ordre de placer quelques sentinelles. Et cependant le général en chef, installé chez le maire de Beaumont, est lui-même avisé, mais, paraît-il, se refuse à rien entendre.

Voici, en effet, qu'un riche fermier nous raconte qu'il a vu et prévenu lui-même le général de Failly.

— Prenez vos précautions, l'ennemi est là, tout près de vous, occupant la plupart des hauteurs avoisinantes; il ne tardera pas à vous attaquer.

— Eh bien, aurait répondu le général, qu'il se montre, nous l'attendons, et quant à vous, mon brave homme, soyez tranquille et ne vous occupez pas de stratégie.

L'attente, hélas! ne devait pas être de longue durée. Car vers midi, pendant que nous achevions insouciants notre déjeuner, voici qu'une grêle d'obus nous arrive dans le camp même, massacrant horriblement plusieurs soldats tranquillement occupés à nettoyer leurs armes ou leurs effets. Et tout de suite, les crêtes avoisinantes se couvrent d'Allemands qui nous criblent de mitraille. Nos voitures sont dételées, les chevaux de l'artillerie sont à l'abreuvoir, au fourrage; ils reviennent au galop. Et malgré le désordre de la précipitation, en quelques minutes à peine les officiers ont rallié leurs hommes, gagné les collines et vigoureusement organisé la résistance.

— Demeurez ici, me dit mon médecin-major, et rejoignez-nous vers le nord dès que vous le pourrez utilement.

Il y a, en effet, plusieurs blessés autour de moi; mais notre campement, occupé également par une partie du convoi, est devenu intenable. Chacun s'en tire comme il peut. Et quand moi-même, après un long quart d'heure, je cherche à rejoindre mon régiment, je suis suivi de tous les blessés qui peuvent encore marcher. Je n'ai pas long chemin à parcourir, du reste, car le régiment a pris position à quelques mètres au nord de la ville et soutient énergiquement la lutte. Il est

appuyé d'une batterie de montagne, impuissante
à résister longtemps aux canons ennemis.

A quelques mètres, nos mitrailleuses crépitent
et nos feux de salve sèment largement la mort.
« Gardez-moi ça, avait crié le colonel de Barollet,
et tenez ferme. »

On put tenir quelque temps, en effet, mais
sans empêcher l'irruption des masses ennemies
qui débordent de tous les côtés et menacent de
nous envelopper. La situation n'est plus tenable,
il faut battre en retraite, se rapprocher de la
Meuse, vers Mouzon ; et c'est en effet l'ordre qui
nous parvient. Pas pour tous, cependant, car
mon médecin-major, superbe d'énergique dévouement, refuse d'abandonner les blessés, bien nombreux déjà, qu'il a réunis au sommet du coteau,
dans la ferme dite de la Hannoterie. Vainement le
général Abbatucci le rappelle et l'avise du danger
qu'il court. — Je ne puis pas, répond-il, abandonner ces braves gens, qui ont besoin de moi.
Et bravement, s'avançant sous le feu au-devant
des lignes prussiennes, il s'efforce de les écarter.
Cette héroïque abnégation était l'utile sacrifice
de la vie pour le salut des autres. « Brave docteur,
répétait le général Abbatucci, il s'est fait tuer pour
protéger les blessés. » Le médecin-major Thomas
était aimé de tous ; on avait en lui une confiance
très justifiée ; le régiment, bien cruellement
éprouvé, ne pouvait pas faire de perte plus pénible.

Vers trois heures, la retraite est générale; le corps d'armée, chassé de toutes ses positions, se replie rapidement vers la Meuse. Les débris de mon régiment et les blessés qu'il est possible d'entraîner se groupent sous la direction du lieutenant Sudre, bientôt rejoint par le 30ᵉ, pour gagner les bords de la Meuse en avant de Mouzon. Quelques charges de cavalerie nous protègent, mais la mitraille nous poursuit et fait encore de nombreuses victimes, qu'il faut abandonner. J'ai cependant groupé plus de cinquante blessés qui me suivent péniblement, et avec lesquels j'arrive enfin devant le pont de Mouzon, encombré déjà de voitures, de fourgons et de fuyards. On peut encore passer cependant, et mes blessés confiés à l'ambulance, je me hâte moi-même de revenir sur le champ de bataille. Il y a là, devant Mouzon, sur la rive gauche de la Meuse, toute une brigade de cuirassiers, immobile sous le feu et se préparant à résister, par des charges successives, aux efforts de l'ennemi. Hélas! que pourront-ils, malgré leur intrépidité? Ils ont à franchir un terrain marécageux et l'ennemi tient solidement les hauteurs. Ils n'hésitent pas, cependant, et je viens à peine de franchir leurs lignes qu'un véritable ouragan se précipite en avant, sous une grêle de balles. Le sol est jonché de blessés, les balles crépitent sur les cuirasses, des chevaux sans cavaliers galopent éperdus; deux fois la charge se renouvelle furieuse. C'est le carnage !

Et voici le général Abbatucci. « Vite, me dit-il, à cent pas d'ici, allez à votre colonel ; il vient de tomber, grièvement blessé sans doute. »

A peine un temps de trot ; inutilement nous fouillons le terrain, le lieutenant Sudre et moi. Le colonel n'est plus là et voici qu'une grêle de balles siffle à nos oreilles. Mon cheval, déjà blessé d'un éclat d'obus, est atteint de nouveau ; il m'emporte au galop. Et nous voici de nouveau sur les bords de la Meuse, à hauteur d'un moulin, en aval de Mouzon. Plusieurs blessés sont déjà là ; et je réussis, pour la seconde fois, à former un convoi qu'une barque du moulin fait rapidement passer sur la rive gauche. Puis à mon tour, à cheval, je saute à la Meuse, comptant, à l'exemple de plusieurs cavaliers, pouvoir facilement la franchir. Il n'en est rien ; vers le milieu du fleuve ma pauvre bête, épuisée ou peut-être de nouveau blessée, s'affaisse, m'entraînant dans sa chute. Je ne suis pas abandonné, du reste ; un artilleur s'élance vers moi, me dégage et m'emporte jusque sur la rive droite. J'ignore son nom, et cependant je lui dois probablement la vie.

De son côté, mon brave Lancelot, mon ordonnance, ne perd pas la tête. Voyant des blessés se noyer, il organise la chaîne et, sous le feu de l'ennemi, réussit ainsi à faire passer encore une cinquantaine de blessés.

Au-dessus de nous, sur les hauteurs de la rive droite, plusieurs batteries d'artillerie font feu de toutes leurs pièces, pour arrêter l'ennemi et protéger ainsi la retraite. Le général de Wimpffen est là, s'efforçant de rallier les troupes. Et je l'entends répéter :

— Courage, mes enfants! vous avez été surpris, mais dès maintenant je prends le commandement du 5ᵉ corps, vous ne le serez plus.

Et comme les fuyards s'effrayaient du sifflement des obus :

— Du calme, enfants, soyez donc tranquilles! ce sont nos batteries, au-dessus de vous, qui délogent les Prussiens.

Et cela redonnait un peu de cœur au ventre.

Une division du 12ᵉ corps occupe les maisons de Mouzon et protège efficacement la retraite. Mais déjà l'incendie dévore une partie de la ville, et les débris de mon régiment, réunis à ceux du 30ᵉ, se retirent vers Carignan, où nous arrivons vers minuit, pour la plupart mouillés jusqu'aux os et complètement épuisés de forces. Il serait difficile d'aller plus loin ; on s'étend, et la fatigue impose le sommeil réparateur.

31 *août*. — Encore vaincus! et, comme à Frœschwiller, par la faute du général de Failly qui, cette fois, s'est laissé surprendre malgré les plus pressants avertissements. Et l'ennemi nous pour-

suit pas à pas, sans nous laisser aucun répit. Constamment de nouveaux blessés réclament mon impuissante intervention. Il faut marcher, cependant ; en désordre, pêle-mêle avec une partie du 12ᵉ corps, qui, ainsi que nous, longe la rive gauche de la Chiers, dans la direction de Sedan. Encore une fois je rencontre mon beau-frère, le capitaine Détieux, chargé de la conduite du convoi, et suivant péniblement la même route. A peine le temps de lui serrer la main ; une grêle d'obus nous sépare. L'ennemi poursuit son œuvre de destruction. Il paraît avoir franchi la Meuse et cherche sans doute à nous couper notre route. Sans y réussir cependant, car devant nous, vers Bazeilles, l'infanterie de marine, dit-on, l'a partout repoussé. Et voici qu'ayant, je crois, franchi le pont de Douzy, je retrouve ma brigade à peu près complètement ralliée, prenant position au lieu dit le Camp retranché, sur un plateau qui domine le fond de Givonne, à deux kilomètres environ des remparts de Sedan. Il est cinq heures du soir et le canon se tait. Il y a là, pour nous, quelques instants de répit dont nous avons un impérieux besoin. Pas pour longtemps du reste, car vers deux heures du matin le canon gronde de nouveau, impuissant d'ailleurs à nous arracher tous au sommeil. J'ai pu abriter les blessés dans quelques jolies habitations de campagne autour de nous, et me suis moi-même profondément endormi.

1er *septembre*.— Mais, dès six heures du matin, la bataille recommence, ardente surtout vers notre gauche, au nord-est de la ville, vers le plateau d'Illy, m'explique le commandant Didier, et aussi sur notre droite, au sud, vers Bazeilles et la Moncelle, toujours occupées par le 12e corps. Et voici que des batteries formidables crachent déjà la mitraille. Vainement les batteries de ma division prennent part à l'action, plusieurs pièces déjà sont démontées et paraissent hors de service. Vers neuf heures, la bataille est générale; la fusillade, le crépitement des mitrailleuses, les éclats du canon sont terribles. Ma brigade, cependant, demeure immobile, sans avoir encore pris une part active à la lutte.

Et, vers onze heures, voici qu'on nous signale l'empereur. Il passe non loin de nous, dans la courbe qui nous sépare de la ville, suivi d'un nombreux état-major. Il est à pied, les bras ballants, anéanti, semble-t-il, et comme inconscient de son état-major, qui paraît le pousser. Quelques obus semblent le poursuivre ; des hommes sont tués ou blessés à quelques pas de lui. Il se retourne, lève les bras, puis, comme poussé par la destinée, continue sa route et ne tarde pas à disparaître. Pas un cri, l'impression est lugubre! Où donc va-t-il ainsi ?

Et l'ennemi se rapproche sans cesse. Le voici qui débouche en masses profondes des bois en

avant de nous, et notre position du plateau
de Givonne est envahie par des fuyards, par
quelques blessés que poursuit une grêle d'obus.

Mes camarades Donnezan et Mabillat (du 22°)
les suivent.

— Quelles nouvelles? dis-je.

— Mauvaises, bien mauvaises, hélas! Le maréchal tué, dit-on. Le général Lebrun obligé de se
replier, le général Ducrot repoussé et le général
de Wimpffen prenant le commandement.

— Et mon beau-frère?

— Tué probablement, me répond Donnezan.
Je l'ai vu tomber face à terre.

— Horreur! Il faut espérer cependant, quand
même, surtout demeurer calme pour pouvoir être
utile.

Mes courageux porteurs vont chercher les
blessés jusque sous le feu de l'ennemi. L'un d'eux
surtout, le maréchal des logis Lelèze, sans doute
séparé de son régiment, les charge sur son cheval,
se fait assister de ses voisins et les apporte jusqu'à
notre refuge, où nous ne pouvons, hélas! que
parer aux premiers accidents.

Voici, du reste, que ma brigade, jusqu'alors
inactive, reçoit à son tour l'ordre de se porter en
avant et de refouler l'ennemi. Il est deux heures
après midi. Et déjà les obus éclatent tout autour
de nous.

Un de mes brancardiers confectionne un drapeau blanc à croix rouge, le hisse au sommet de notre refuge et cherche à l'abriter ainsi.

Et de leur côté, mes braves camarades entraînent leurs hommes :

— En avant! crient-ils, en avant ! Bazaine arrive. Il faut le rejoindre.

Et ma brigade s'élance avec rage à travers haies et fossés, semant l'espace de morts et de blessés.

Voici même que trois de mes brancardiers de rencontre sont horriblement atteints par un obus pendant qu'ils cherchent à abriter un de nos officiers, le lieutenant Dabat. Ils ont les membres arrachés, le ventre ouvert, la tête broyée. Il faut passer, hélas ! il n'y a plus rien à faire pour eux.

— En avant! en avant !

Et la brigade avance avec une énergie désespérée, faisant reculer l'ennemi.

Hélas ! c'est le dernier effort. Un à-droite, et voici que, sans cesser de combattre, elle est obligée de se replier vers la ville. Il est près de cinq heures. Le feu cesse, et le lamentable exode continue vers Sedan.

Devant moi, en avant des bois de la Garenne, je crois, le sol est jonché de morts et de blessés. Le 3ᵉ bataillon de mon régiment y a été cruellement éprouvé. Il a perdu deux officiers, le capitaine Menard et le lieutenant Dabat, et peut-être la moitié de son effectif. Çà et là, des groupes de Français et de Prussiens, étendus face à face, tiennent encore d'une main crispée l'arme dont ils viennent de se servir. On sent que, dans cet endroit, la lutte a été impitoyable, sans merci. Et quand j'arrive à mon tour, suivi de quelques hommes, impuissant, hélas! à répondre à l'appel désespéré de mes pauvres camarades, je suis moi-même accueilli par une grêle de balles. Ce sont des cavaliers bavarois; et tout en agitant mon mouchoir : *Ich bin Doctor Artz.* Un officier bavarois s'avance. Et des blessés expliquent ma mission et celle des hommes qui me suivent.

— Bien, bien, dit-il.

Et le feu cesse. Mais, trop tard. Seuls mes deux fidèles Lancelot et Fouilloux sont demeurés avec moi.

— Vous êtes blessé, monsieur le major, voulez-vous donc nous faire tous tuer ici ?

Et me prenant par le bras, Lancelot m'entraîne vers la ville.

Il fait nuit, du reste, et j'ai, sur ma route, épuisé tous mes pansements. Et nous voici devant la porte de Balan ! Quel horrible chaos ! Partout des voitures renversées, des chevaux éventrés, des morts abandonnés, des blessés râlant et des fourgons qui veulent passer quand même !

Enfin, cependant, je suis en ville. Tout près de moi, un sous-intendant cherche à organiser un nouveau convoi de brancardiers et de cacolets. Je suis légèrement atteint et puis marcher encore.

— Permettez-moi, dis-je, de vous accompagner. Non loin d'ici, je sais de nombreux blessés qui attendent des secours, je vous conduirai.

Des habitants nous remettent des lanternes. Et criant, suppliant, intercédant pour ces malheureux blessés abandonnés sur le champ de bataille, nous repartons ensemble, précédant un convoi de vingt-cinq à trente mulets et de quelques voitures.

Hélas ! impossible d'aller bien loin. La porte est fermée ! Ordre formel, nous dit un officier, de laisser sortir personne. Sang et mort, il faut se résigner à attendre !

Par quelle étrange aberration me fut-il possible de croire encore, alors, que la bataille n'était pas absolument perdue, que sans doute elle allait recommencer, et que peut-être nous pouvions échapper au cercle de fer? Je ne m'en rends pas compte, et cependant c'est là ce que j'écrivais, le soir même, à mes parents dans un billet qu'ils n'ont du reste jamais reçu.

Hélas! l'incendie nous éclaire de ses lugubres lueurs, une odeur suffocante de poudre et de sang nous prend à la gorge. Partout des hurlements, des cris insensés de malheureux soldats, épuisés par la lutte, ne se rendant pas compte, bien évidemment, de la situation. Quelques-uns assiègent et pillent les maisons; la plupart se contentent d'un abri et cherchent, dans un repos impossible, l'oubli du drame sanglant de la journée.

La surexcitation m'a soutenu jusqu'ici, mais à mon tour, je tombe épuisé, ma blessure me fait souffrir, elle saigne abondamment.

Lancelot m'entraîne et nous pénétrons ensemble dans un modeste magasin d'épicerie, chez Mme Denis Vaucher, je crois. Ma figure, sans doute, traduit ma souffrance, car aussitôt l'excellente femme me donne une chaude tasse de bouillon et m'offre, dans un coin de sa maison, un lit où je m'endors d'un sommeil de plomb. Lancelot en fait autant, étendu sur une paillasse, à côté de moi.

2 *septembre*. — J'ai pu, ce matin, rejoindre mon régiment, groupé près des remparts, à l'extrémité de la rue du Four. Le général Abbatucci l'accompagne.

C'est là que nous devons apprendre l'horreur de la capitulation.

— Soldats ! dit le colonel de Barollet, et sa voix tremble, nous avons été vaincus, écrasés sous le nombre. Nous sommes prisonniers. Nous saurons dignement subir notre sort.

Puis, saisissant le drapeau :

— Il fut à la gloire, il n'a pas mérité la honte. Qu'il meure, lui aussi, et que l'ennemi ne puisse en faire un trophée !

Et, pour la dernière fois, lui présentant les armes, il ordonne de le brûler.

Plusieurs officiers s'en partagèrent les débris. Et l'aigle, arraché par le lieutenant Campi, fut pieusement déposé sur le corps d'un soldat dont la dépouille mortelle, vigilante sentinelle, repose sous un tertre du rempart.

J'ai moi-même ma petite part de ses débris, souvenir vivant de cette journée de deuil, à laquelle paraît s'associer le ciel, gros de nuages noirs, d'où s'échappent des torrents de pluie.

Pauvres soldats ! Presque tous se sont bravement battus. Et voici qu'ils sont obligés de rendre les armes. Je n'oublierai jamais leur tristesse. Plusieurs sanglotent, quelques-uns paraissent anéantis, tous comprennent la plaie faite à la patrie. Honte et désespoir ! certains ont la rage dans le cœur, et, ne pouvant combattre encore, ils brisent leurs armes et jettent leurs cartouches à l'eau.

Les officiers sont résignés à la captivité et se préparent à suivre leurs hommes. Plusieurs cependant, quand ils connaissent les termes de la capitulation, changent complètement d'avis.

Séparés de leurs soldats, que pourraient-ils faire ? Et puis, l'empereur est prisonnier, la guerre finie peut-être. Pourquoi s'en iraient-ils en Allemagne ? Ne seront-ils pas plus utiles à la patrie en aidant à la reconstitution d'une nouvelle armée ? Le colonel, le lieutenant-colonel, deux commandants, plusieurs officiers pensent ainsi. Plusieurs, du reste, parmi lesquels le colonel de

Barollet et le commandant Didier, sont malades ou blessés ; ils ont besoin d'être soignés et, tout naturellement, ils désirent l'être chez eux.

Je les quitte pour me rendre à l'ambulance, où la plupart de mes collègues, sous les ordres du médecin principal Mounier, pratiquent les opérations urgentes. Je retrouve çà et là bien des amis, bien des camarades qui lisent dans mes yeux et attendent quelques paroles réconfortantes.

Parmi eux mon beau-frère, puis son cousin le sergent-major Bourgoin, mortellement atteint d'un éclat d'obus. Et nous pleurons ensemble les larmes qui nous étouffent. Dans l'église, au pied d'un pilier, voici le général Guyot de Lesparre râlant son dernier soupir.

Il a été, me dit-on, mortellement atteint d'un éclat d'obus, hier, vers midi, en sortant de l'hôtel du Lion d'or, où il venait de déjeuner.

Il est mort ; sa temporaire défaillance ou du moins son insuffisance dans l'action ne saurait effacer le souvenir d'une belle vie.

Dans la soirée, le trésor, échappant à la cupidité prussienne, peut payer la solde, et même, sur simples bons, confier des sommes importantes à quelques officiers. La nuit venue, j'accepte l'hospitalité d'un employé de la ville, incapable que j'étais de résister plus longtemps à la fatigue.

3 *septembre*. — Aux termes de la capitulation,

officiers, sous-officiers et soldats, préalablement désarmés, doivent se rendre, en ordre, sur le terrain bordé par la Meuse, près d'Iges, pour s'y constituer prisonniers. C'est là que je vais retrouver mon régiment. La pluie tombe à torrents. Les officiers ont brisé ou caché leurs armes ; les soldats, misérables d'épuisement moral et physique, défilent la rage dans le cœur. Et les Prussiens jouent *la Marseillaise !* Il faut encore dévorer cette cruelle insulte. On se serre la main.

— Que Dieu, dit notre colonel, vous rende bientôt à la patrie !

Puis on se sépare, les larmes dans les yeux. Et c'en est fait : officiers qui ont dignement refusé la capitulation, sous-officiers et soldats s'en vont ensemble attendre dans la boue de la presqu'île d'Iges, le bon plaisir du vainqueur.

Et maintenant il faut, pour pouvoir librement circuler, revêtir le brassard de neutralité de la Croix-Rouge, hier encore sinon à peu près inconnu, du moins dédaigné de la plupart des médecins militaires. C'est ainsi que je puis arracher à la captivité mes deux fidèles brancardiers Lancelot et Fouilloux, et que, par ordre d'un intendant, j'échoue dans ma tentative pour conserver également notre maître armurier et quelques musiciens qui me le demandent. Les Allemands, cependant, ont, dit-on, refusé de reconnaître les intendants comme directeurs du service de santé, et entendent n'avoir de rapports qu'avec le médecin chef, mon digne maître du Val-de-Grâce, le médecin principal de première classe Mounier.

Je suis chargé par lui de visiter les blessés réunis à Gaulier, aux portes de la ville, ainsi que ceux qui ont été conduits dans la presqu'île d'Iges. Presque tous, du reste, ont été pansés déjà. J'obtiens d'abriter à Gaulier, dans la maison de campagne du D' Itasse, ceux d'entre eux, officiers et soldats, qui ont besoin de soins particuliers, constituant ainsi une petite ambulance annexe où du moins ils seront soignés par un ami. Mais, à deux kilomètres de là, au village de Floing, la lutte a été acharnée. La route qui m'y conduit est encore couverte de cadavres de chevaux, de caissons brisés, d'armes, de coiffures et de débris divers. Les habitants ont été requis pour enterrer les morts et creusent de longues tranchées où les corps sont indistinctement déposés. Toutes les maisons sont encombrées de blessés. Dans une toute petite auberge, je rencontre dix officiers et de nombreux soldats. Parmi les officiers, mon compatriote le capitaine Jousserandot est atteint de plaie pénétrante de la poitrine par balle, puis deux de Linage, l'un mourant, le colonel, amputé d'une cuisse; le second, son neveu, atteint de fracture du maxillaire et de la voûte palatine par balle, et ignorant la présence de son oncle dans la même maison que lui. Je puis les rapprocher, leur permettant ainsi de se serrer la main pour la dernière fois, car le vieux colonel succombe avant qu'il soit possible d'obtenir son transfert à Gaulier, ainsi que je le lui avais promis.

Je dois dire, d'ailleurs, que les médecins prussiens avec lesquels je suis en rapport m'ont tous paru aussi dévoués pour nos blessés que pour leurs compatriotes. Sous la haute direction du médecin chef de l'ambulance, le Dr Pfrenger, ils n'oublient personne et ont pour chacun une réconfortante parole de sympathie. Et puis, de quelles superbes ressources ils disposent, comparées aux nôtres ! Ils jouissent, de plus, vis-à-vis du personnel des formations sanitaires, d'une autorité dont nous sommes, en France, sous la direction de l'intendance, absolument privés. J'ai pu visiter avec eux, à Floing, soixante-quinze de nos blessés, parmi lesquels seize officiers et de nombreux sous-officiers et soldats appartenant surtout aux 37e et 85e régiments d'infanterie, aux régiments de chasseurs et à l'artillerie, faciliter ainsi quelques correspondances avec les familles, et m'assurer qu'ils reçoivent tous les soins compatibles avec la situation. Ma mission, forcément limitée, devait s'arrêter là.

Mais, au camp d'Iges, plusieurs, moins gravement atteints, manquent absolument des soins indispensables. Nos malheureux soldats piétinent dans la boue d'un véritable marécage et n'ont reçu encore qu'une ration de biscuits. L'ennemi, disent-ils, n'a pas de vivres pour eux. C'est bien le Camp de la misère, ainsi qu'ils l'appellent.

Parmi les blessés, voici notamment le général de Lartigue, atteint par un éclat d'obus d'une plaie déchirée du bras gauche et de contusions multiples, puis son brigadier, le général de Kerleadec, également atteint d'un éclat d'obus à l'épaule gauche. A côté d'eux, le commandant Parmentier, de l'état-major, atteint d'un éclat d'obus au voisinage de l'articulation du coude, puis le général Bitard des Portes, atteint, sous l'aisselle, d'un double séton par balle, puis encore mon beau-frère et la plupart de ses camarades du 22ᵉ. Presque tous ont besoin de mon assistance, et j'ai à peine les ressources indispensables pour quelques pansements. Je puis du moins, sous le couvert de l'ambulance, leur faire parvenir les maigres vivres et le peu de tabac que j'ai pu me procurer aux environs.

5 *septembre*. — Encore ce matin j'ai pu visiter tous mes blessés de Gaulier et du camp d'Iges. Mais voici qu'en revenant d'Iges je reçois d'un cheval échappé un violent coup de pied qui me réduit à l'impuissance. Ma jambe est énorme, elle refuse décidément de me porter, et mon chef, le médecin principal Mounier, me condamne au

repos. J'obtiens cependant d'être maintenu à Gaulier, où je pourrai, j'espère, assister les quelques officiers blessés que j'ai pu recueillir dans la maison du Dr Itasse. Presque tous, du reste, sont légèrement atteints, et n'ayant rien accepté de l'ennemi, libres par conséquent de tout engagement, ne songent qu'à s'évader. J'espère pouvoir leur en procurer les moyens. Et nous revivons ensemble notre douloureuse épopée, cherchant, dans la succession des événements, à nous expliquer la cause de notre désastre.

Tous, il faut le dire, en accusent surtout la déplorable inertie du général de Failly, déjà responsable de notre défaite de Frœschwiller.

Quelle était, en effet, la situation au moment de la concentration des troupes au camp de Châlons?

L'armée allemande marchait sur Paris. Le maréchal de Mac-Mahon pouvait, ou bien se porter à sa rencontre et lui barrer la route, ou bien aller à Bazaine, se joindre à lui pour écraser le prince Frédéric-Charles et envahir le Luxembourg. Ainsi l'armée allemande en marche sur Paris se fût trouvée dans l'obligation de se replier. Et c'est ce qui fut adopté.

A cet effet, dès le 21, toute l'armée du maréchal, groupée autour de Reims, se dirigea vers Rethel, Amagne, Tourteron et le Chêne-Populeux afin de gagner rapidement la Meuse, passer sur sa rive droite et probablement franchir également la Chiers, pour se porter sur Montmédy, à la rencontre de Bazaine.

Le 26, l'empereur et le maréchal étaient à Tourteron, pendant que le 5ᵉ corps s'avançait jusqu'au Chêne-Populeux.

Le 27 et le 28, pendant qu'une partie de l'armée franchissait la Meuse, les 5ᵉ et 7ᵉ corps paraissaient avoir pour mission de détourner l'attention de l'ennemi.

De fait, après une reconnaissance effectuée la veille par la 5ᵉ division, tout le 5ᵉ corps, dès le 28 au matin, se formait en bataille en avant de Buzancy et venait, dans la soirée, occuper les hauteurs de Belval-Bois-les-Dames, l'ennemi ayant évité de se montrer.

Le 29, bien qu'ayant été surpris et vivement attaqué, vers onze heures du matin, au moment de se mettre en route, il demeurait cependant maître du terrain et pouvait, sans être inquiété, s'avancer jusqu'à Beaumont.

Mais l'ennemi, sous le couvert des bois, le suivait pas à pas. Et le général de Failly se refusait systématiquement à tenir compte des avertissements réitérés et très précis que lui donnaient les habitants. Et son corps d'armée, campé dans les bas-fonds de Beaumont, ayant négligé même d'assurer un service de garde, y fut surpris, en plein désarroi, vers onze heures du matin, brusquement rejeté de la route de Stenay, et acculé à la Meuse, n'ayant d'autre issue que le pont de Mouzon.

L'ennemi demeurait ainsi complètement maître de la rive gauche de la Meuse et de la plupart de ses passages sur la rive droite.

Il sut rapidement en profiter.

Dès le 31 il s'empare, en effet, des passages de Donchery et de Remilly, s'efforce, sans succès du reste, d'enlever Bazeilles, héroïquement défendue par l'infanterie de marine, et réussit à acculer notre armée tout entière au nord et à l'est de Sedan, entre les ruisseaux de Givonne et d'Illy.

A Bazeilles, cependant, le 12ᵉ corps, avec le général Lebrun, gardait encore la route de Montmédy. De leur côté, le 7ᵉ corps, sous les ordres du général Ducrot, et le 5ᵉ, passé de la veille sous l'autorité du général de Wimpffen, occupaient les hauteurs de Givonne, la 3ᵉ division étant en réserve sur l'emplacement dit du camp retranché. Enfin le 1ᵉʳ corps, avec le général Douay, et la cavalerie sous les ordres du général Margueritte, au sud et à l'ouest d'Illy, gardaient la route.

Malheureusement, le maréchal, grièvement blessé, dut alors remettre le commandement au général Ducrot, qui, de suite, prescrivit la retraite vers le plateau d'Illy et la route de Mézières.

Mais survint alors le général de Wimpffen, qui, muni de pleins pouvoirs éventuels, se fit remettre le commandement et prescrivit, coûte que coûte, de reprendre l'offensive vers l'est, puis de se diriger vers Montmédy. Il n'y réussit pas; et, pendant que le 12e corps, écrasé sous le nombre, était obligé de se replier, l'ennemi, d'autre part, malgré les efforts de la cavalerie, s'avançait rapidement vers l'est et le nord, gagnait Saint-Menge, puis le calvaire d'Illy, dominait ainsi complètement notre situation, et nous enfermait progressivement dans un cercle de feu bientôt devenu sans issue. Vainement, à trois reprises différentes, toute une division de cavalerie s'était ruée sur lui pour le rejeter à la Meuse, le général Margueritte avait été tué et le colonel de Galliffet, qui lui avait succédé, n'avait pas été plus heureux. Et bientôt notre malheureuse armée, dominée de tous côtés, écrasée sous une formidable artillerie, fut acculée, complètement impuissante, jusque sous les murs de Sedan. L'empereur crut devoir alors arborer le drapeau blanc. Le général de Wimpffen le fit abattre et voulut, une fois encore, reprendre l'offensive pour gagner la route de Montmédy. Il lui fut impossible de dépasser la Moncelle. Et, vers six heures du soir, l'armée tout entière, acculée vers Sedan, y cherchait un illusoire abri. Quelques heures de bombardement eussent suffi pour l'anéantir. Le général de Wimpffen dut se rendre à l'évidence, et se résigner à la capitulation. La postérité lui tiendra compte autant de ses efforts pour éviter le désastre que de la douleur qui lui fut imposée. Quatre-vingt mille Français avaient lutté contre deux cent cinquante mille Allemands. Tout en reconnaissant leur courage, le vainqueur, avec le général de Moltke et Bismarck, fut impitoyable et leur appliqua le *Væ victis* dans son inexorable brutalité.

L'armée française, dit-il, étant actuellement cernée dans Sedan par des troupes supérieures, est prisonnière de guerre.

Vu la défense valeureuse de cette armée **française**, exception est faite pour tous les généraux, officiers et assimilés qui engageront par écrit leur parole d'honneur de ne pas porter les armes contre l'Allemagne, et de n'agir en aucune manière contre ses intérêts jusqu'à la fin de la guerre actuelle. Les officiers et assimilés qui accepteront ces conditions conserveront les armes et les effets qui leur appartiennent personnellement.

Toutes les armes, ainsi que le matériel de l'armée consistant en drapeaux, canons, armes et munitions seront livrés à Sedan à une commission militaire instituée par le général en chef, pour être remis immédiatement aux commissaires allemands.

La place de Sedan sera livrée dans son état actuel, et au plus tard dans la journée du 3, à la disposition du roi.

Les officiers qui n'auront pas pris l'engagement

mentionné à l'article 2, ainsi que les troupes désar-
mées, seront conduits avec leurs régiments ou corps,
en ordre militaire.

Cette mesure commencera le 2 et sera terminée
le 3. Les détachements seront conduits sur le terrain
bordé par la Meuse, près d'Iges, pour être remis
aux commissaires allemands, par leurs officiers, qui
céderont alors le commandement à leurs sous-officiers.

Les médecins militaires, sans exception, resteront
en arrière pour soigner les blessés.

Fresnoi, le 2 septembre 1870.

Général DE MOLTKE.

Général DE WIMPFFEN.

6 septembre. — Tel est le texte de cette capitulation, véritable fer rouge qui nous a marqués
d'une cicatrice indélébile. La révolution devait
fatalement en être la conséquence,

Voici en effet que les députés de Paris se sont
emparés du pouvoir, ont proclamé la déchéance
de l'Empire, acclamé la République et décidé,
avec la présidence du général Trochu, la constitution d'un gouvernement de défense nationale.

Gambetta, Jules Favre, Crémieux, Picard,
Jules Simon, Jules Ferry, Pelletan, Glais-Bizoin,
Rochefort, ces mêmes hommes qui, il y a quel-
ques années seulement, ont fait échouer le projet

de réorganisation de l'armée, instamment présenté par le maréchal Niel, tel est le gouvernement qui assume le salut de la patrie.

Ah ! toutes antipathies se doivent taire en présence du danger. Dieu, qui a permis l'avènement de tels hommes, voudra leur accorder le bonheur de réparer leurs erreurs par de grandes actions. La patrie est en danger ! Qu'ils soient les bienvenus s'ils viennent véritablement pour la sauver !

La guerre à outrance ! Oui, certes, il faut que chaque Français prenne un fusil.

Que si les jouissances de l'Empire autant que les ignominieuses attaques d'une presse bâtarde et les pénibles déclamations de l'opposition législative ont sûrement amoindri le respect de la discipline militaire, produit des courtisans mieux écoutés que les véritables hommes de guerre, diminué peut-être notre énergie native, il y a bien cependant encore de nombreux soldats, de braves Français, prêts à donner leur vie pour le salut de la patrie.

Que si quelques villes subissent, sans lutte possible, la domination temporaire de l'ennemi, il en est d'autres, Bitche, Strasbourg, Metz, Phalsbourg, Toul et Verdun, qui déjà donnent l'exemple d'une superbe résistance.

A Bazeilles, défendue jusqu'à la dernière extrémité par l'infanterie de marine, les Bavarois se sont conduits en sauvages, exerçant leurs cruautés même vis-à-vis des vieillards, des femmes et des enfants, qu'ils ont parfois attachés ensemble et repoussés à coups de baïonnette dans leurs maisons en flammes. L'histoire dira qu'une victoire ainsi souillée est indigne de soldats. Et la terreur est impuissante en France! L'ennemi veut être féroce; il y aura bientôt, pour lui répondre, un fusil dans chaque buisson. Et les faibles qui redoutent les représailles apprécieront qu'il faut défendre son bien pour le pouvoir conserver. Sans doute, l'Empire a pu démoraliser le pays, mais non pas, cependant, au point de lui enlever la nette conception du droit de la défense, qui est, non pas seulement la sauvegarde de l'honneur, mais bien encore le seul moyen de conserver ce qu'on a. L'empereur l'a oublié peut-être. Il faut en accuser son état de prostration physique. Il y avait encore en lui un peu du sang si fatal et si cher à la France d'un Napoléon, alors que sous une pluie d'obus il s'en allait au petit pas, les yeux à terre, obsédé peut-être du souvenir de ses fautes, et comme poussé par sa destinée.

La bataille était perdue; il crut qu'en remettant son épée au roi de Prusse, il pourrait éviter une effusion inutile du sang dont il était moralement responsable. Son esprit, épuisé par la maladie autant que par le chagrin, lui fut alors un mauvais conseil. La postérité cependant devra lui tenir compte au moins de son abnégation personnelle.

L'ennemi, dit-on, s'avance rapidement vers Paris, dont il compte s'emparer sans grande résistance. Son outrecuidante présomption lui coûtera cher, sans doute. Si abaissée qu'elle soit, il suffit toujours à la France d'un volontaire effort pour se relever invincible. Sans doute, quelques trembleurs peuvent conseiller la soumission ; d'autres, plus misérables encore, veulent exploiter la situation. Ils sont le très petit nombre ; on saura les maintenir.

13 *septembre.* — L'armée allemande a presque complètement quitté Sedan. Elle est déjà, peut-être, sous les murs de Paris. Ce ne sont plus des phrases sonores qu'il faut maintenant lui opposer. Ce sont des canons et des poitrines. Le gouvernement de la Défense nationale le pourra-t-il ? Pourra-t-il surtout assez grouper les divers partis politiques pour les convaincre tous qu'il n'a d'autre but que le salut de la patrie ?

On en pourrait douter s'il est vrai, ainsi que le prétendent certains journaux assurément payés pour semer le découragement, que déjà plusieurs villes se sont soumises sur simple sommation ; que, notamment, la citadelle de Laon a, dès le premier jour, refusé de se défendre, et qu'il a fallu la sauvage énergie d'un vieux soldat du génie qui a fait sauter les poudrières au moment même où le duc de Mecklembourg, accompagné des autorités locales, en prenait possession, pour laver dans le sang la souillure d'une capitulation sans combat.

Le fait est-il exact? Nous le saurons bientôt. Voici, en effet, que des convois de blessés sont chaque jour évacués sur les villes du nord de la France. L'autorité allemande, embarrassée probablement du nombre des prisonniers, veut paraître généreuse. Et je reçois moi-même de mon chef, le médecin principal Mounier, l'ordre de désigner, parmi ceux que j'ai pu soigner avec l'assistance de mon camarade Jossot, tous les blessés susceptibles d'être transportés sans danger. Les médecins allemands, chargés de retenir ceux d'entre eux qui pourraient ultérieurement reprendre du service, se montrent très condescendants. Ils croient la paix prochaine, disent-ils. Il nous est ainsi possible de faciliter le départ de plusieurs officiers libres de tout engagement, et de nombreux soldats qui, légèrement atteints, ont seulement besoin de quelques jours de repos. J'obtiens moi-même l'autorisation de me transporter à Floing, accompagné de la plupart des blessés que j'ai soignés à Gaulier, et d'y rejoindre un convoi que les Allemands mettent immédiatement en route, non sans avoir au préalable donné à chacun une marque de sympathie qui, si elle n'est pas toujours bien sincère, n'en est pas moins, cependant, un délicat allégement à la douleur.

De Floing à Donchery, où notre convoi doit prendre le chemin de fer, le pays est couvert de tombes à peine recouvertes, de débris et de ruines fumantes. A hauteur du faubourg de Torcy, sous les remparts de la ville, toute notre artillerie, trois cents canons peut-être et cent mitrailleuses, sont gardés par quelques factionnaires allemands. Les larmes nous viennent aux yeux, malgré la joie du grand nombre de blessés qui sont libres de tout engagement et bien décidés à reprendre les armes après quelques jours de repos. Un peu plus loin voici, sur un mamelon, le château de Frénois où l'empereur dut remettre son épée, où fut signée l'impitoyable capitulation, puis ce pont de Donchery qui permit à l'armée allemande de remonter la Meuse et de compléter son cercle de fer. A Donchery même, dont plusieurs maisons sont incendiées, des postes prussiens gardent toutes les issues. Enfin, à la gare, un intendant assisté de quelques médecins et d'une section d'infirmiers, procède à l'installation sommaire dans les wagons, pendant que voitures et mulets retournent vers Sedan pour de nouveaux convois, et donne l'ordre du départ. On va ainsi jusqu'à Charleville, où se trouve organisé, par la Société internationale de la Croix-Rouge, assistée de plusieurs médecins

militaires, un service de répartition des blessés
susceptibles de continuer la route, ou dans la nécessité d'être soignés sur place. En raison d'une
nouvelle poussée inflammatoire occasionnée par
un surcroît de fatigue, je suis moi-même maintenu chez les sœurs du Sacré-Cœur, où quelques
jours de repos me sont indispensables. La ville,
du reste, est transformée en hôpital où nos blessés, grâce au dévouement des habitants et à l'intervention de la Croix-Rouge, reçoivent des soins
que les ressources parcimonieusement accordées
à nos médecins militaires par le service de l'intendance eussent été absolument impuissantes à leur
assurer. Quelle différence entre le service de santé
de l'armée allemande admirablement approvisionné et complètement libre de son action,
et celui de notre armée, obligé de quémander
les misérables ressources dont il ne peut disposer qu'avec l'assentiment de l'intendance, à
laquelle il est étroitement soumis !

14 *septembre*. — Charleville ! Enfin, il n'y a
plus de Prussiens ici. Mais la forteresse de Mézières, séparée seulement par un pont sur la
Meuse, n'a été épargnée jusqu'à ce jour qu'en
raison d'un armistice conclu, paraît-il, pour permettre l'évacuation des malades et des blessés.
La garde en est confiée à des mobiles dont
l'instruction et la discipline laissent, dit-on,

beaucoup à désirer. Que sera la résistance ?

Nous avons ici quelques journaux français. Paris, disent-ils, tout à la joie de l'avènement de la République, se prépare énergiquement à la lutte. Mais il n'en est pas de même dans quelques grands centres, notamment à Lyon, où déjà des misérables ont arboré le drapeau rouge, arrêté, en outre du général commandant, plusieurs fonctionnaires suspects d'attachement à l'Empire et hurlé *la Marseillaise*. Et ces gens-là se disent des patriotes!

15 septembre. — Grâce aux bons soins que me prodiguent les sœurs, j'espère pouvoir, demain, me joindre aux derniers convois qui doivent aujourd'hui même quitter Sedan et nous rallier à Charleville. Il le faut pour éviter d'être bloqué ici. Et bien qu'étant encore incapable de mettre pied à terre, il n'y a pas à hésiter.

16 septembre. — En route pour Rouen. Il nous a suffi, à quelques camarades d'ambulance et à moi, de nous présenter à la gare. Mais déjà nous devrons faire un grand détour par Rocroi, Arras et Amiens, les voies directes étant, paraît-il, interceptées. Partout les populations paraissent plus effrayées que disposées à la résistance.

18 septembre. — A Rouen, où nous arrivons dans la soirée, les ambulances se reforment, attendant de nouvelles destinations. La ville, envahie par les débris de l'armée, paraît n'être plus en possession d'elle-même. C'est l'inertie dans le désordre. Et pourtant, on assure que les Prussiens approchent, qu'ils ont l'intention de se ravitailler en Normandie, et que déjà ils ont complètement investi Paris.

Par billet de logement, je suis envoyé à l'hôtel d'Angleterre où, tout de suite, je suis accosté par un jeune officier de mobiles qui, me dit-il, arrive de Paris avec mission d'organiser la défense dans le département. C'est bien étrange ; est-ce donc que déjà nous n'avons plus d'armée? Il dit s'appeler M. de Baillehacher, s'être échappé de Mulhouse occupé, être républicain par nécessité patriotique, et sollicite d'être mis en rapport avec les officiers de ma connaissance. Et voici précisément qu'un vieil officier, M. Arnaud-Rivierre, un des héros de Crimée, vient prendre place à notre table. Il a repris du service, dit-il, dès le commencement des hostilités, a réussi à s'échapper de Sedan avec une trentaine de cavaliers, est libre de tout engagement, et veut organiser la guerre de partisans, qu'il connaît bien pour l'avoir pratiquée déjà. D'apparence très énergique et rempli d'entrain, il explique clairement qu'il faut sans cesse harceler l'ennemi, ne lui laisser aucun répit, courir la campagne à l'affût de toutes occasions, et éviter les villes ou villages qui pourraient avoir à subir des représailles.

Tout de suite, M. de Baillehacher lui demande de l'assister dans la mission que lui a confiée le gouvernement.

— Très volontiers et de tout cœur, répond Rivierre, mais alors seulement que j'aurai parfaite connaissance des pouvoirs qui vous ont été conférés.

Et M. de Baillehacher n'avait aucune lettre de service, le préfet seul, dit-il, ayant été officiellement avisé de sa mission.

La garantie n'était assurément pas suffisante. Et Rivierre jugea nécessaire de se tenir sur une prudente réserve. Qu'advint-il de leur entrevue? Je l'ignore, et j'ai hâte d'échapper aussi bien aux intrigants qu'aux voleurs et aux trembleurs qui pullulent en ville.

19 *septembre.* — Une feuille de route m'envoie, par Le Mans, Tours et Nevers rejoindre, à Bourg, le dépôt de mon régiment. Pendant le parcours, plusieurs officiers blessés ou échappés de l'ennemi rejoignent le convoi. Parmi eux, notamment, le lieutenant de Labédoyère, puis le lieutenant d'Armagnac, arrêté à Vierzon par des affolés qui, le tenant pour un espion, l'avaient garrotté et menaçaient de le pendre. Voici, d'autre part, M. Thiers qui passe à Saincaize, se rendant probablement à Tours. Sa présence, malgré l'heure tardive, fait circuler une bonne nouvelle. Les Prus-

siens ont subi un grave échec devant Paris, où ils ont été pris entre deux feux par les généraux Vinoy et Ducrot, évadés de Sedan.

On crie : Vive Thiers! Il n'y a pas deux mois que l'illustre diplomate, connaissant notre infériorité et s'efforçant d'empêcher la guerre, était honni et bafoué dans toute la France. Et le voici qui, dit-on, s'efforce, tant en Angleterre qu'en Russie, d'obtenir sinon des alliances, du moins l'assistance qui nous est indispensable.

A Saincaize, où nous devons passer la nuit, quelques blessés qui n'ont pas été pansés depuis plusieurs jours réclament mon assistance. Le chef de gare met son cabinet à notre disposition, et j'en profite, avec l'assistance de M. de Labédoyère, dont j'ai moi-même le plus grand besoin.

La gare, où nous devons passer une partie de la nuit, est encombrée de troupes qui paraissent manquer de cohésion. On comprend, cependant, un effort réel ; les trains se succèdent sans interruption. Et j'ai à surveiller mes chevaux et mulets, qu'une erreur facile peut diriger je ne sais où.

A Moulins, où nous subissons un nouvel arrêt de quelques heures, nous nous trouvons, MM. de Labédoyère, d'Armagnac et moi, dans le même wagon que la générale Uhrich, digne compagne de l'énergique défenseur de Strasbourg. Elle voyage depuis quatre jours, se dirigeant, par la Suisse, vers Bâle, où elle espère pouvoir plus facilement entrer en relations avec son mari.

— Strasbourg, nous dit-elle, compte à peine trois ou quatre mille hommes de troupes régulières et peu de munitions. Mais les habitants se sont faits soldats et savent se défendre. La ville tombe maison par maison, la cathédrale elle-même n'est pas épargnée, mais les remparts sont solides et les hommes de fer. Les étudiants médecins militaires sont superbes d'entrainement et d'énergie.

Avec de tels éléments, sous un tel chef, Strasbourg peut résister longtemps, jusqu'à ce qu'il n'y ait plus un homme, plus une cartouche, plus un biscuit, a dit le général Uhrich. Et la France n'est point à bout de ressources; elle compte bien des hommes de cœur; les égoïstes repus devront s'incliner. Notre cause est sainte, elle est maintenant nationale, non plus dynastique. L'Empire s'est montré aussi impuissant qu'incapable. La France républicaine s'est réveillée, elle deviendra terrible comme le lion qui a senti sa blessure. D'ailleurs, le roi Guillaume, cet illuminé qui se dit le doigt de Dieu, impose à la paix des conditions inacceptables. Et la lutte, dans toute sa virile énergie, est devenue l'absolue nécessité.

Tel est le thème de notre conversation. Mme Uhrich se montre, vis-à-vis de nous, remplie de confiance et d'énergie. Née Cabarus, elle est, nous dit sa suivante, alliée à la famille impériale, pour laquelle, cependant, elle n'a pas grande sympathie. Son fils, qui a combattu à Sedan, où il a consenti la libération conditionnelle, reprend sa place en Algérie, à Laghouat, où il était déjà au début des hostilités.

20 *septembre.* — A Lyon, où nous arrivons dans la journée, flotte le drapeau rouge. Quelques gredins, qu'il faut supposer payés par Bismarck, sont les maîtres de la ville. Il a suffi d'une poignée de misérables pour imposer la hideuse souillure à deux cent mille habitants. On tire le canon d'alarme, et c'est assurément une Société internationale qui, sous prétexte que la patrie est en danger, asservit la ville et se livre à tous les excès.

Les officiers, même blessés, qui arrivent de Sedan sont grossièrement insultés par une populace en délire. Nous sommes des capitulards, assez forts cependant pour nous défendre encore, ainsi que j'ai dû le faire moi-même, à l'aide de ma cravache vivement appliquée sur la figure de mon insulteur. Cela aide à surmonter le dégoût.

Voici du reste quelques anciens du régiment. Et par eux, j'ai la joie profonde d'apprendre que mon digne chef, le médecin-major Thomas, miraculeusement échappé avec la plupart de ses blessés, dans la ferme de la Hannoterie, a lui-même rejoint le régiment, et n'a pas été épargné plus que moi lors de son passage au pourtour de la gare. On est un homme cependant quand on a pu sans pâlir non seulement tenir sous une pluie de feu, mais encore se jeter au-devant des baïonnettes pour sauver d'une mort certaine des blessés impuissants à se défendre eux-mêmes. Chacun devrait alors respectueusement s'incliner. Lyon m'a permis cette satisfaction vis-à-vis du médecin-major Thomas. Mais j'y suis péniblement impressionné aussi par la vue du drapeau rouge au sommet de l'hôtel de ville. Et j'ai hâte de m'en échapper pour me retremper aux sources vives de la famille.

22 *septembre*. — Enfin me voici chez mes vieux parents, à Lons-le-Saulnier. Personne ne m'attendait. Et ce sont aujourd'hui des larmes de joie sans faiblesse qui m'accueillent.

— Quelques jours d'un indispensable repos, me disent mon vieux père, dont l'âge n'a point amoindri la virile énergie, ma sainte mère qui sait par devoir patriotique maîtriser les élans d'une craintive affection, et bientôt tu pourras repartir.

— Ton beau-frère est prisonnier. Ton frère Adolphe (mon frère aîné) dirige une ambulance à Senlis. Ton frère Henri, à peine rentré d'Amérique, s'est fait soldat et s'est imposé, autant par

son instruction que par l'aménité de son énergie,
au choix des mobiles de l'Yonne, qui lui ont confié
le commandement d'une compagnie sous les ordres
d'un vieil officier, le colonel de Chanteclair.

Moi-même, j'ai mis à la disposition de la Croix-
Rouge ma vieille expérience médico-chirurgicale.
La France est envahie, elle ne doit plus avoir
d'autre pensée que de chasser l'envahisseur. Les instructeurs sont insuffisants, nos nouveaux soldats
sont mal armés, mal équipés. S'ils ont du cœur, et
ils en auront, ils voudront vaincre quand même.

Quelles réconfortantes paroles, et que cela fait
de bien !

27 septembre. — Quelques jours de repos. C'est
fait, et une nouvelle séparation s'impose.

— Au devoir, mon fils ! me dit mon père. Que
Dieu te garde, ajoute ma sainte mère.

Et nous nous embrassons.

Voici, du reste, qu'une dépêche me rappelle à
Bourg. Mon chef désire, lui aussi, revoir son vieux
père, que les exactions, les atrocités même, com-
mises par les Badois ont chassé de Colmar et
amené aux environs de Besançon. Il n'en a que le
temps.

28 septembre. — La France se réveille. Elle
veut tenir tête au brutal orgueil du vainqueur. A
Bourg, les casernes sont remplies de braves gens,

remplis de bon vouloir sans doute, mais dénués d'instruction et manquant de cet esprit de discipline qui fait la force d'une armée. Voici notamment les mobiles des Pyrénées, vigoureux et énergiques, mais mal armés, mal commandés et plus disposés, me semble-t-il, à s'entraîner dans le chant de *la Marseillaise* qu'à s'instruire sérieusement.

30 septembre. — Strasbourg a dû capituler. Son défenseur, le général Uhrich, abandonné, épuisé de ressources et de munitions, a subi la loi du plus fort. Mon vieux maître le professeur Küss, devenu maire de la ville, et le préfet Valentin ont dû s'incliner. L'héroïsme de la noble cité en a du moins imposé à l'ennemi, qui lui a concédé les honneurs de la guerre.

Est-ce donc que nous serons, pour longtemps encore, impuissants à conjurer le désastre? Cela n'est pas admissible. La France ne sait pas abdiquer; elle se reprendra bientôt! Sans doute, ce régime impérial, fait de bassesses et d'intrigues, a pu développer un féroce égoïsme. Cependant, et si apathique que soit le peuple, la nécessité de la défense lui rendra la vigueur. Nos jeunes soldats peuvent aujourd'hui s'étourdir de chansons grivoises, ils n'en sauront pas moins, demain peut-être, se battre et vaincre ou mourir. Paris et toutes nos villes assiégées, livrées à leurs seules ressources, Bitche, Phalsbourg, Verdun, Mézières et autres donnent l'exemple et permettent d'espérer encore. On assure, du reste, que la Prusse, elle-même épuisée de ressources, ne pourra pas longtemps continuer la lutte. Et cependant on annonce également que déjà des groupes ennemis s'avancent nombreux vers Orléans, et que le général de Polhes a dû se replier vers la Sologne, sur la rive gauche de la Loire.

3 *octobre*. — Les jours passent; l'ennemi poursuit sa marche envahissante; et chez nous, pour agir, on manque d'initiative. Il faut attendre les ordres du gouvernement! Et quand ils arrivent enfin, on les déclare incomplets, inexécutables, mal interprétés. Et les journaux occupent le public de racontars grotesques qui font oublier l'urgente nécessité d'une virile préparation.

On a vu passer sous Toul trois cercueils recouverts de drap d'or; ils contenaient les corps du général de Moltke et de deux puissants personnages tués par des francs-tireurs. Les Allemands sont consternés. Ils n'ont plus rien à nous opposer!

Cela endort l'inquiétude, occupe le peuple. Mais en vérité, l'Europe qui nous observe doit rire de notre crédulité, et probablement s'en réjouir.

Partout on chante *la Marseillaise;* on circule le fusil sur l'épaule, la musique est de toutes les parties. Mais s'agit-il de partir, rien n'est prêt, il n'y a pas de wagons, les munitions et les approvisionnements ne sont pas réunis, il faut attendre !

Vainement mon chef et moi nous avons hiérarchiquement adressé, au général commandant la division, une demande d'un nouveau service. On nous répond, après dix jours, qu'il faut attendre, que l'intendance a seule qualité pour disposer des médecins militaires... N'en finirons-nous donc pas un jour avec cette déplorable prétention qui est la cause première de notre insuffisance !

Sous Paris, les zouaves, dit-on, ont été pris d'une panique et ont fui devant l'ennemi, sans même brûler une cartouche. Dans les régiments de marche, il faut recourir à la création des cours martiales pour obtenir quelque respect de la discipline.

A Lyon, le général Desmasures est retenu prisonnier par ordre, dit-on, du préfet Challemel-Lacour, auquel il a refusé de remettre ses pouvoirs.

Et voici qu'à leur tour mes vieux parents se croient dans l'obligation d'envoyer en Suisse ma sœur et mes nièces, autant pour les soustraire aux dangers de l'invasion qu'aux outrages possibles des bandes de pillards qui parcourent le pays sous prétexte de le soulever et de l'entraîner.

8 *octobre*. — Enfin, mon médecin-major a

obtenu, sur la demande expresse du colonel, sa nomination au 29ᵉ bataillon de marche. Et par la faute d'un inutile personnage, aussi fier de son titre de sous-intendant qu'incapable d'en remplir la charge, je suis séparé de lui, et obligé d'attendre encore. Je vais m'adresser directement au ministre, au risque d'une grave atteinte à la voie hiérarchique. C'est peut-être le meilleur parti à prendre.

Hélas! Rien! Rien autre que des proclamations, des mots à effet, de grandes phrases d'avocat et des rivalités individuelles autant que de partis, l'autorité civile se substituant à l'autorité militaire avec la prétention de la diriger. Puissent-ils mieux réussir, ces turbulents novateurs! Nos officiers qui ont subi la capitulation sollicitent, inutilement, au moins des emplois d'instructeurs, ou bien leur envoi en Afrique, qui leur permettrait de remplacer ceux qui s'y trouvent actuellement encore. On ne les écoute pas. Et cependant ce sont des soldats, les Barollet, Didier, Baudoin, Morisot, Coste, Verchère, Collin et autres! Ils rappellent qu'ils ont dû subir les événements, et qu'ils ne se sont inclinés qu'avec la certitude de pouvoir ainsi rendre encore des services au pays. Mais il n'y a place, dans les nouvelles formations, que pour ceux qui sont libres de tout engagement, pour ceux qu'un accident heureux, voire même une syncope stomacale, ont écarté du champ de bataille! Telle est la justice, sans doute aussi la conséquence d'une nécessité pressante. On fait des officiers sans garantie d'instruction ; qu'en adviendra-t-il ? Le décret spécifie, du reste, qu'ils sont nommés seulement pour la durée de la guerre, et n'auront véritablement droit au grade que s'ils l'ont mérité.

13 *octobre.* — On assure qu'un nouveau succès a été obtenu sous Paris. Mais, on annonce d'autre part une bataille perdue par le général de La Motte-Rouge à Arthenay, et l'occupation d'Orléans par l'ennemi. Telle est, actuellement, la marche des événements : un petit succès présage une grosse défaite ; Paris semble résister, et la France est progressivement envahie.

Le comte de Chambord adresse à la France malheureuse un cordial appel à l'union de tous pour la lutte. De leur côté les princes d'Orléans réclament instamment le droit de servir la patrie. Et nos gouvernants du jour osent le leur refuser ! Si la France, qui espère encore l'idéale république honnête, doit subir, en outre de l'invasion étrangère, la guerre civile que lui prépare déjà la démagogie, alors, peut-être, elle se souviendra et saura trouver, dans l'un des membres de notre antique famille royale, l'homme assez fort pour la garder des misérables du dedans et lui assurer, avec une paix durable, **honorable et réparatrice,** le respect du dehors.

14 octobre. — Une dépêche assure que, dans une vigoureuse sortie, le maréchal Bazaine a balayé tout le terrain autour de lui, et qu'il est libre jusqu'à Thionville. L'armée du maréchal, instruite, disciplinée et bien commandée, pourra sans doute nous rendre la victoire. Mais elle est, avec celle de Paris, notre seule espérance actuelle. Bien certainement, cependant, sous l'énergique impulsion de Gambetta, devenu ministre de la guerre, et de son adjoint M. de Freycinet, un ingénieur des mines, la réorganisation si difficile d'une armée mobile se poursuit activement. Un décret appelle aux armes tous les hommes valides au-dessous de quarante ans. Et partout s'organisent des compagnies de francs-tireurs qui, si elles comprennent la nécessité d'une discipline de fer, peuvent devenir nos meilleurs auxiliaires de résistance. Celle du Rhône, sous les ordres du commandant Vuillez, assisté, parmi ses officiers, de mon compatriote Cloz, m'offre de l'accompagner en qualité de médecin-major. Je voudrais accepter; ils s'en vont calmes et courageux, bien décidés à l'action. Mais le ministre peut seul m'y autoriser, et, j'espère qu'il ne tardera pas à utiliser mon bon vouloir.

15 octobre. — « Je suis, m'écrit de Gien le médecin-major Thomas, à la recherche de mon régiment (le 29ᵉ de marche), que j'espère retrouver dans la forêt d'Orléans. Si je rencontre les Prussiens, je les saluerai poliment; s'ils refusent de me laisser passer, on verra bien. Quel désordre, quel désarroi, mon cher ami ! ce que nous avons vu ensemble était bien triste, ce que je vois ici est plus navrant encore. »

Et les journaux donnent, sur l'occupation d'Orléans par l'ennemi, des détails qui confirment, hélas ! cette douloureuse impression.

Depuis le commencement d'octobre, disent-ils, le général de cavalerie Reyau avait signalé et maintenu l'ennemi dans les environs d'Arthenay. Mais le 10, le général bavarois von der Thann réussit à occuper Toury, faisant face, avec une formidable artillerie, aux troupes françaises qui tenaient la ligne Arthenay-Patay. Et le général de La Motte-Rouge, dont l'armée est en voie d'organisation, dut se replier, laissant à l'ennemi plus de mille prisonniers et dix pièces d'artillerie. Il vint alors se concentrer en avant d'Orléans. Mais von der Thann l'y poursuivit rapidement, s'avançant par Sougy, Boulay, Ormes et Chevilly, d'où nos troupes, grâce à l'énergie de la légion étrangère, ne purent être délogées qu'après une lutte acharnée. Les Allemands, maîtres de la forêt de Cercottes, purent, dès lors, s'emparer du chemin de fer, établir de nombreuses batteries dans les vignobles qui dominent le faubourg Saint-Jean, et commencer le bombardement de la ville. Le général

de La Motte-Rouge, sur les instances de la municipalité, se crut alors dans l'obligation d'abandonner Orléans. Il le fit en bon ordre, se repliant
sur la rive gauche de la Loire, mais laissant
l'ennemi maître de la ville et de tout son parc
d'artillerie. Et la ville de Jeanne d'Arc fut souillée
par l'envahisseur, qui s'y est, une fois de plus,
montré cyniquement sauvage, en brûlant au pied
de la statue équestre toutes les armes dont il avait
réussi à s'emparer chez les habitants, et exigeant
une contribution de deux millions. Le général de
La Motte-Rouge est remplacé dans son commandement par le général d'Aurelle de Paladines.
Son insuffisance est sévèrement jugée. Mais les
bruyantes déclamations des membres du Comité
de la Défense nationale ont une déplorable réper-
cussion sur ces masses d'hommes qui affluent de
toutes part, hurlent *la Marseillaise*, apprennent
l'indiscipline en entrant dans une caserne, et ne
savent plus qu'accuser leurs chefs de trahison.

Je suis pessimiste, sans doute. A Paris, en effet,
dit une dépêche, la garde nationale, disciplinée
autant que patriotique, donne à l'armée le plus
viril exemple. Mais, en dehors de Paris et des
villes de l'est, Verdun, Bitche, Mézières, Neuf-
Brisach, Montmédy, Phalsbourg, qui combattent
avec la dernière énergie, la France paraît se contenter de jouer au soldat, incapable même de
souscrire l'argent nécessaire à l'armement. A

Bourg, qui, dit-on, devait fournir cent mille francs, il a été impossible d'en obtenir plus de dix mille. Et partout, au sud comme dans le centre, il en serait ainsi ! Est-ce vrai? Il faut en douter, car alors le patriotisme et le dévouement à la cause commune ne seraient plus chez nous que des mots sans effet.

17 *octobre.* — Enfin, je reçois une dépêche m'appelant au 7ᵉ bataillon de marche des chasseurs à pied, à l'armée de la Loire. J'ai vingt-neuf ans ; il me tarde de compter, dans mon nouveau poste, les premiers jours de la trentaine. Mes chers camarades du 17ᵉ, Verchère-Carré, Coste, Boyer, Collin, Coutant, Chatelain, Chabert, Franchesquin, le brave commandant Didier et le colonel de Barollet avec quelques officiers de la mobile, ont voulu ce soir, et malgré les tristesses de l'heure présente, se réunir pour me souhaiter bonne chance. Avec eux, quelques blessés, parmi lesquels Moulin, Fauret, Paraut, qui viennent d'être nommés sergents, veulent aussi me remercier. On se serre la main, en se disant au revoir. Et en avant, avec Dieu, pour la patrie !

18 *octobre.* — J'obtiens, à la dernière minute, l'autorisation d'emmener avec moi mon brave Lancelot, dont j'ai pu souvent déjà apprécier le dévouement, et avec lui, à titre de muletier, son

ami Fouilloux, qui a menacé de déserter si on ne lui permettait pas de me suivre. Braves gens au cœur chaud, ils ont bien les qualités de leurs défauts.

19 octobre. — Il semble, en vérité, que nos espérances doivent s'en aller lambeaux par lambeaux, dans la lugubre réalité des faits. L'héroïque résistance de Châteaudun lui a mérité les rigueurs sauvages d'un impitoyable ennemi. La petite ville, située sur une hauteur de la rive gauche du Loir et dominée par son ancien château seigneurial, était défendue seulement par ses habitants et par un bataillon de francs-tireurs sous les ordres d'un officier polonais, le commandant Lipowski, et du capitaine Arronhdson.

La lutte y fut acharnée ; on s'y défendit corps à corps, maison par maison ; et l'ennemi ne put en avoir raison qu'en incendiant chacune de ces maisons remplies de femmes, d'enfants et de blessés. Malgré son écrasante supériorité numérique, il fut impuissant à empêcher le commandant Lipowski et ses soldats de franchir les lignes d'investissement, et de se reformer en se retirant vers Brou. Honneur à ces braves ! Si partout la France était capable d'une pareille énergie, l'Allemand aurait bientôt évacué notre territoire.

20 octobre. — On se retrouve souvent en route.

A Bourges, où j'ai dû m'arrêter aujourd'hui, c'est un capitaine que j'ai pansé sur le champ de bataille de Sedan, puis un officier de cuirassiers, un prisonnier évadé, qui vient à moi la main tendue : « A Mouzon, dit-il, j'ai remarqué un jeune médecin qui, sans souci des balles et des obus qui pleuvaient autour de lui, était à la recherche de son colonel grièvement blessé, s'arrêtant seulement pour panser hâtivement quelque blessé ou demander un renseignement. Sa crânerie faisait plaisir à voir dans la fureur du dernier effort. » A mon tour, je lui serrai vivement la main, très émotionné, je l'avoue, de cet éloge que je ne prévoyais pas et qui, bien certainement, est la meilleure récompense du devoir accompli.

Bien fugitive rencontre, car me voici à Tours, couchant dans un lit de l'ambulance internationale de la gare, et obligé d'y attendre mes ordonnances et mes chevaux, expédiés, paraît-il, par une voie détournée.

J'en profite pour me rendre au ministère de la guerre, où j'apprends, d'un employé du bureau des hôpitaux, que le 7ᵉ bataillon de chasseurs doit se trouver encore aux environs d'Amboise. Il m'engage à voir le délégué à la guerre, M. de Freycinet, avant de chercher à le rejoindre. De fait, il n'est pas bien certain que j'y sois maintenu, car j'ai été désigné aussi, sur la demande du général Bertrand, pour un emploi de médecin-

major dans un régiment d'artillerie de sa division.
Et c'est peut-être par confusion de nom que j'ai
reçu l'ordre de rejoindre le 7° bataillon de
chasseurs.

J'ai grand besoin, du reste, de deux ou trois
jours de repos, car ma blessure s'est ouverte de
nouveau et menace de me rendre impotent.
J'accepte donc, reconnaissant, un gîte au couvent
des Sœurs Blanches, transformé en ambulance, où
j'aurai du moins l'avantage, tout en me reposant,
de constituer un petit approvisionnement de pansements.

23 *octobre.* — Une dépêche de Neufchâteau
confirme les succès du maréchal Bazaine dans sa
sortie du 7 octobre, pendant laquelle il a, paraît-
il, réussi à enlever à l'ennemi 193 fourgons de
vivres et de munitions. Bazaine, disent quelques
journaux, harcèle constamment l'ennemi, qui
serait décimé autant par le feu que par le typhus
et l'excès de fatigue. Mais, d'autres journaux et la
rumeur publique prétendent, au contraire, que
le maréchal, après entente avec l'impératrice,
serait à la veille de conclure avec Bismarck, et
de négocier la paix. Est-ce une calomnie? C'est
probable. On dit cependant que les puissances
européennes ne sont pas éloignées d'intervenir
dans ce sens. Mais le gouvernement qui possède
actuellement les moyens de continuer la lutte est,

tout naturellement, peu disposé à faire aucune concession. Et, du reste, les Allemands, maîtres d'Orléans, rançonnent impitoyablement le pays, s'étendant, paraît-il, jusqu'aux portes de Vendôme.

De même, dans l'est et dans les Vosges, la guerre se poursuit sans répit. A Verdun, mon compatriote le général Marmier, malgré le bombardement, maintient à distance le prince Georges de Saxe, et a réussi déjà plusieurs heureuses sorties. A Rambervillers, dans les Vosges, ce sont les femmes qui donnent l'exemple. Surprises sans troupes organisées, elles se sont levées furieuses, et ont pu repousser tout un escadron de uhlans venus, disaient-ils, en avant-garde d'une armée de vingt mille hommes. Ces rudes paysannes, qui nous ont si cordialement accueillis lorsque, revenant de Frœschwiller, nous allions au camp de Châlons, valent mieux, en vérité, que les citadins de Nancy, inclinés devant les sommations de quatre uhlans.

24 octobre. — M. de Freycinet, que j'ai vu ce matin, m'apprend que le 7ᵉ bataillon de chasseurs est à Blois, et m'invite à le rejoindre dans le plus bref délai. En route donc, et que Dieu protège la France !

ÉTAT NOMINATIF

DES BLESSÉS SOIGNÉS A FLOING

(3 septembre 1870)

MM. Colta, plaie déchirée par éclat d'obus à la cuisse droite.

Rey, sergent, séton à la cuisse gauche.

Boiron, contusions multiples, coups de sabre à la tête.

Blaise, coup de sabre au bras gauche.

Lane, sergent, contusions multiples.

Sappey, soldat, éclat d'obus dans la région lombaire.

Pamatte (Eugène), éclat d'obus à l'épaule.

Hatenon, séton au mollet.

Cabasse, éclat d'obus au mollet gauche.

Rousseau (Jean), éclats d'obus à la hanche droite et au bras.

Bruguières, balle dans le bras droit.

Mercier, fracture de l'humérus droit par éclat d'obus.

Vignat, séton à la cuisse droite.

Raideron, séton à la cuisse gauche.

Fraisse, séton au mollet droit.

Lemaire (A.), plaies déchirées de l'épaule gauche.

Nicolas, balle dans la région scapulaire gauche.

OFFICIERS DU 37ᵉ

MM. Guérard, capitaine, coup de feu, plaie pénétrante
de l'abdomen (balle entrée par la région sous-
pubienne, sortie dans la région anale), rétention
d'urine, coup de baïonnette au côté droit.

Delpoux, commandant, séton à l'épaule droite.

Pretrel, capitaine, séton à la cuisse droite, déchirure du nerf sciatique, paralysie consécu
tive.

ÉTAT-MAJOR

MM. Parmentier, commandant, éclat d'obus dans l'articulation du coude droit.

Le général Bitard-Desportes (7ᵉ corps), séton au
mollet et sous l'aisselle droite.

Le général de Lartigue, éclat d'obus au bras
gauche, plaie déchirée au mollet droit.

Le général de Kerléadec, éclat d'obus à l'épaule
gauche.

ZOUAVES

M. Grébus, lieutenant, séton à l'avant-bras.

47ᵉ D'INFANTERIE

MM. Ledoux, soldat, contusions multiples.

Prandy, balle dans la poitrine, séton au mollet
droit.

45ᵉ D'INFANTERIE

M. Béranger, sergent-major, éclat d'obus dans la fesse
gauche.

4ᵉ RÉGIMENT DE HUSSARDS

MM. Sanson (Al.), hussard, coup de baïonnette à la
   hanche.
   Hugon (Louis), brigadier, séton par balle à
   l'épaule gauche.

2ᵉ RÉGIMENT DE HUSSARDS

M. d'Arthelays, capitaine, séton à la cuisse gauche,
   coup de sabre à l'avant-bras et à la main.

1ᵉʳ RÉGIMENT DE CUIRASSIERS

M. Nainville (Eugène), brigadier, séton à l'épaule
   droite.

19ᵉ RÉGIMENT D'ARTILLERIE

M. Guilbert (Paul), brûlure à l'avant-bras.

RÉGIMENTS DE CHASSEURS A CHEVAL

MM. Peyronet (H.), séton à l'avant-bras droit.
   Tanguy (Armand), éclat d'obus au pli de l'aine,
   balle dans la fesse.
   Laurot (Baptiste), séton à l'épaule gauche.
   Pamatte (Eugène), éclat d'obus à l'épaule.
   Teta, paie déchiree par éclat d'obus à la face.
   Bats (du 1ᵉʳ régiment), seton au mollet droit.
   Boyer, brigadier (3ᵉ régiment), séton au bras
   droit, plaie déchirée par éclat d'obus dans la
   région lombaire.
   Flard (Jean) (1ᵉʳ régiment), séton entre les deux
   épaules.
   Bernardi (4ᵉ régiment), séton au bras gauche.
   Gandet (J.-B.) (5ᵉ régiment), séton à la cuisse droite.
   Saint-Paul (5ᵉ régiment), fracture de la jambe
   gauche par balle.

4ᵉ RÉGIMENT D'ARTILLERIE

MM. Pouey, lieutenant, amputé des deux bras, éclats
d'obus, hémorragie abondante.

Porte (Joseph), éclat d'obus dans la fesse gauche.

Bellanger, amputation de la jambe gauche, éclat
d'obus.

1ᵉʳ CHASSEURS D'AFRIQUE

MM. Ramond, lieutenant-colonel, plaie déchirée par
coup de sabre au poignet droit.

De Groulard, sétons à l'épaule et à la fesse, contusions multiples.

Jousserandot, lieutenant, balle dans la poitrine.

89ᵉ RÉGIMENT D'INFANTERIE

MM. Allemand, capitaine, amputation de la cuisse
gauche, fracture comminutive par éclat d'obus.

De Monrego, fracture du crâne. (Mort.)

Cellarier, coup de feu (balle) au pied gauche.

Charbiliez, lieutenant, fracture comminutive du
fémur par balle.

Duret (Jean), éclat d'obus dans la fesse gauche.

Choupin (Joseph), éclat d'obus dans la cuisse
gauche.

Belin, plaie contuse à l'épaule gauche.

Didier (Charles), éclats d'obus au mollet et au pied.

Collinet (Louis), séton à la cuisse droite.

Durand (Jean), séton au sommet de la cuisse
gauche.

Picholet, capitaine, séton à la cuisse droite.

Catu (L.), séton à la cuisse gauche.

Couderc, éclat d'obus à la cuisse droite.

Zabet (Nicolas), balle dans le genou droit.

MM. Giraud (Nicolas), séton dans la région lombaire.
Durand (Victor), éclat d'obus dans la cuisse.
Schlauser (Ignace), fracture comminutive de la jambe droite par balle (amputation), plaie déchirée à la main.

ARTILLERIE DE MARINE

M. Bartère, maréchal des logis, fracture comminutive du maxillaire par éclat d'obus.

53ᵉ D'INFANTERIE

MM. Baril (François), fracture comminutive du fémur par balle.
Simonin (Marius), amputation de la cuisse droite, séton au mollet gauche.

CHAPITRE II

ARMÉE DE LA LOIRE (16ᵉ CORPS)
GÉNÉRAL D'AURELLE DE PALADINES

Du 24 octobre 1870 au 29 janvier 1871.

Le 7ᵉ bataillon de marche de chasseurs à pied. — La forêt de
Marchenoir. — La capitulation de Metz. — Gambetta et
l'esprit de l'armée. — Combat de Saint-Léonard. — Victoire
de Coulmiers. — Reprise d'Orléans. — La messe à Saint-
Péravy. — Les fortifications autour d'Orléans. — Combat de
Neuville-aux-Bois. — Le 17ᵉ corps d'armée. — Combat de
Terminiers. — Dépêche officielle : la sortie de Paris. —
Bataille de Loigny. — Les ambulances de Loigny, Fougeu,
Villepion. — Le général de Sonis et les zouaves pontificaux. —
Retraite de l'armée de la Loire. — Évacuation d'Orléans. —
Les paysans de la Beauce et les médecins militaires prisonniers.
— A Orléans. — Les Prussiens et les Bavarois. — Le colonel
de Charette, évasion. — L'armée de l'est et le général Bour-
baki. — Vierzon, Bourges, Bordeaux. — Le docteur Robin,
directeur du service de santé de l'armée. — Le nouveau
7ᵉ bataillon de chasseurs.

16ᵉ corps : général Chanzy.

2ᵉ division : général Barry.

1ʳᵉ brigade : colonel Desmaisons.

7ᵉ bataillon de marche de chasseurs à pied :
commandant Gallimard.

24 *octobre*. — De Tours à Blois, en compagnie
du général Cathelineau, un petit-fils, je pense, du
saint de l'Anjou. Il a réuni les volontaires de l'ouest,
et, sans autre souci que le salut de la patrie, il a
obtenu de Gambetta l'autorisation de combattre
à l'armée de la Loire. Simple et de facile abord,
il vient de donner déjà une preuve de sa valeur
en s'emparant du parc et du château de Chambord, occupés par une division ennemie.

Dans le même compartiment, Mme X...,
venant à Blois pour retrouver son fils, lieutenant
dans un régiment de mobiles, témoigne, dans
une intéressante conversation, qu'elle connait les
hommes du jour, et notamment M. Thiers.

— Thiers, dit-elle, a obtenu un sauf-conduit
pour se rendre à Versailles, où se trouve actuellement le roi de Prusse. Il espère, avec l'appui
des puissances, de la Russie surtout, obtenir un
armistice pendant lequel le gouvernement devra
procéder aux élections en vue de la constitution
d'une Assemblée nationale. Il doit partir aujour-
d'hui même, et sans doute les récents succès du
général Ducrot à Buzenval décideront le roi à
se montrer conciliant.

Les élections ! Il semble en effet qu'elles sont,
pour le plus grand nombre, la seule préoccupation. Déjà les orateurs des clubs sont aux prises,
les uns exaltant la République idéale, d'autres
divaguant sur le communisme, la fraternité des

peuples, parfois même la proscription et le pillage, quelques-uns seulement osant rechercher, dans tous les partis, des Français animés du seul désir de délivrer la Patrie, d'autres déclarant la Monarchie seule capable de chasser l'étranger ; tous, hélas ! dans d'oiseuses discussions, paralysant les efforts du pays, et assurant ainsi le succès des Allemands. Trop nombreux surtout sont les partisans de la paix à tout prix. Ils ne paraissent pas se douter de la désastreuse influence qu'ils exercent ainsi sur l'esprit de nos soldats, certains même n'hésitant pas à raconter bruyamment que le maréchal Bazaine, impuissant à continuer la lutte, s'est entendu déjà avec l'impératrice, et se prépare à traiter directement avec les Allemands.

D'une part le gouvernement de la Défense nationale et Thiers, d'autre part le gouvernement déchu de l'empereur et Bazaine. Des partis, alors que l'unique effort devrait tendre à chasser l'ennemi ! Pauvre France ! Est-ce donc que l'expérience des siècles demeurera toujours perdue pour elle ?

A Blois, où nous arrivons dans la soirée, il n'y a plus de chasseurs. Le bataillon est parti depuis deux jours, me dit le commandant de la gare, et doit être à Vendôme, à 30 kilomètres d'ici. Heureusement une voiture fait le service de Blois à Vendôme ; je puis en profiter immédiatement, laissant à mon fidèle Lancelot le soin de me rejoindre, dans la nuit, avec mon cheval et deux mulets d'ambulance.

En route, et notamment vers huit heures du soir, je suis étrangement frappé de l'éclat du ciel, illuminé, vers l'horizon, d'une croissante lueur rouge, qui simule un immense incendie. De fait, comme enveloppé d'une fumée rougeâtre, le pays parait en feu, et les paysans effrayés le croient. Mais bientôt la fulgurante trainée envahit tout l'horizon, dominée, vers le nord, d'une éclatante lueur qui démontre un phénomène météorologique. C'est une aurore boréale ! Et les uns de dire : Le ciel est rouge de sang, la terre en est inondée ; quand donc cela finira-t-il ? D'autres de répéter : C'est le signe de la prophétie des Ursulines ; la fin de la guerre est proche. Quelques-uns aussi : Nos généraux, et tous les nobles et tous les riches veulent vendre la France ; ils ne concentrent des troupes que pour les faire écraser et se débarrasser ainsi de tout obstacle. Et des misérables circulent librement, exploitant la crédulité de nos pauvres soldats, qu'ils empoisonnent autant au moral qu'au physique. L'impression est lugubre.

25 *octobre*. — A Vendôme, à l'hôtel du *Lion d'Or*, où je passe la nuit, attendant mon petit convoi, j'apprends que mon bataillon est campé

à 5 kilomètres, dans les bois, sur la route de Beaugency, au lieudit Ferme de Brulène. Composé des débris des 2e, 8e, 17e et 19e bataillons, il forme brigade avec une batterie d'artillerie et le 31e régiment de marche, de composition tout aussi hétérogène.

Dès six heures du matin, je monte à cheval pour le rejoindre. Mais, à la ferme de Brulène, où me conduit un brave paysan, il n'y a qu'un escadron de chasseurs à cheval, et personne n'a vu les chasseurs à pied.

Il faut donc revenir sur ses pas et faire ce que j'ai négligé, dans mon empressement à rejoindre : s'adresser à la sous-préfecture, où se trouve l'état-major de la division.

Et, tout de suite, en effet, un capitaine de service me donne des indications précises. Voici, du reste, que le général Barry, notre divisionnaire, monte lui-même à cheval, et m'invite à l'accompagner.

Le général Barry, tout récemment promu, est encore jeune. Il paraît actif, intelligent, observateur. Très préoccupé de la bonne organisation de sa division, il s'efforce, en visitant lui-même les divers cantonnements, d'inspirer la confiance.

— Il y a, dit-il aux officiers, plus de trente mille hommes auteur de nous ; ne négligez rien pour en faire des soldats. Évitez surtout de vous laisser surprendre. Pour vaincre, il ne faut pas être surpris.

Mon bataillon, à l'extrême droite de la division, forme pointe d'avant-garde. Il occupe, quand je le rencontre, à proximité des bois d'Aveisnes, un plateau qui domine la route de Vendôme à Marchenoir, ayant à sa droite le château de Vendeuvre et, dans le lointain, vers la gauche, la ferme de Brulène. Mais, se déplaçant sans cesse à travers fossés et taillis, il vient bivouaquer au hameau de Tournebride, sur la Houzée, laissant seulement une compagnie d'avant-garde dans les bois. Il est immédiatement remplacé, sur le plateau, par une compagnie du génie avec un bataillon de mobiles chargés de creuser des retranchements et d'établir une batterie enfilant la route de Marchenoir.

Le commandant Gallimard, auquel je me présente et que j'accompagne à Tournebride, est un robuste soldat, aimé de ses officiers, respecté de tous et de facile accueil. Il vient du 8ᵉ bataillon de chasseurs, et ses anciens soldats, parmi lesquels plusieurs ont fait, avec lui, la campagne de Chine, ont en lui une absolue confiance.

Pour le moment, il n'est question que de sa fermeté et de sa sévérité vis-à-vis des ivrognes. On raconte qu'au départ de Vendôme, le 24 octobre, tout le bataillon a dû défiler devant deux superbes pièces de vin offertes par les habitants de la ville, et refusées impitoyablement, en punition des scandaleuses étapes d'Amboise et de Mosmes, pendant lesquelles près de trois cents hommes, ivres pour la plupart, étaient demeurés en arrière.

— Je compte sur vous, me dit-il, en me présentant aux officiers (1). Vous avez vu et souffert déjà ; vous avez acquis l'expérience, vous savez ce qu'il faut faire et dire pour apprendre la résistance aussi bien aux misères physiques qu'à l'abandon moral.

Puis me serrant la main, il m'apprend qu'il est jeune marié, et me montre avec angoisse les difficultés de la situation.

27 *octobre*. — La bonne hospitalité qui m'a été offerte au moulin de Tournebride me laissait espérer une nuit de repos dont j'ai grand besoin. Mais, vers neuf heures du soir, un adjudant vient m'aviser qu'une partie du bataillon doit faire immédiatement une reconnaissance en avant des grand'gardes, par petits pelotons, dans les terres labourées qui longent la route de Vendôme à Marchenoir. Il faut se tenir prêt à toute éventualité. En effet, des francs-tireurs cantonnés à

---

(1) MM. le capitaine adjudant-major Campion ; lieutenants Hugues et Harinethe, de la 1re compagnie ; capitaine Bouisset, lieutenants Perrier et Maleret, de la 2e ; capitaine Demarle, lieutenants Lemoine et Thouant de Hautvilliers, de la 3e ; capitaine Truchy, lieutenants de Blandinières et Marrot, de la 4e...

Binas, en avant de la forêt de Marchenoir, à vingt-cinq kilomètres seulement de nous, ont été attaqués dans la journée par tout un régiment de cavalerie soutenu par de l'artillerie. Ils étaient trente-sept seulement ; un seul a pu s'échapper sain et sauf ; mais leur énergique résistance a empêché l'ennemi, auquel ils ont tué ou blessé plus de deux cents hommes, de pénétrer dans la forêt de Marchenoir. Honneur à ces braves qui ont héroïquement témoigné qu'il y a toujours du sang généreux en France !

28 *octobre*. — Dès le matin, six heures, je me fais hisser sur mon cheval. Plusieurs voitures d'ambulance qui défilent devant nous me permettent d'envoyer à l'hôpital de Vendôme les malingres et les malades. Il s'agit, disent les officiers, d'une étape de trente kilomètres environ. On marche lentement, s'arrêtant à l'entrée de chaque village pour le fouiller avant d'y pénétrer, détachant çà et là, notamment en avant d'Épiais, plusieurs pelotons chargés de scruter les bois. Et la pluie pénétrante qui tombe sans discontinuer, la marche dans dès terres labourées, lourdement adhérentes aux pieds, épuisent même les plus résistants. Malgré des efforts manifestes de bon vouloir, on se traîne péniblement. Moi-même, je souffre cruellement ; et quand enfin nous arrivons au gîte, à Marchenoir, n'en pouvant plus, j'ai hâte d'accepter l'hospitalité que m'offre le notaire de l'endroit, M. Moutardot. Je puis ainsi donner à sa jeune femme les quelques conseils qu'elle me demande pour l'organisation, chez elle, d'une ambulance dont l'impérieux besoin, dit-elle, se fait journellement sentir. J'obtiens, d'autre part, que les hommes, sauf une compagnie de grand'garde détachée à deux kilomètres en avant du village, seront cantonnés dans les granges, au moins abrités de la pluie et mis à même de jouir d'un repos véritablement indispensable.

On vient d'arrêter, dans les environs, un boucher juif qui, muni d'un sauf-conduit allemand, achetait tout le bétail disponible, et le faisait conduire à l'ennemi. On l'a de suite dirigé sur Vendôme, où sans doute il sera l'objet d'une justice aussi prompte qu'elle est plus que jamais nécessaire. Car il faut bien, hélas ! le reconnaître, à part de très nombreuses exceptions, nos paysans se montrent revêches, et poussent parfois le cynisme jusqu'à refuser même de nous vendre les provisions qu'ils détiennent, sous le prétexte avoué qu'ils les vendent mieux et plus cher aux Prussiens. Pour comble, l'administration est, paraît-il, impuissante à assurer la régularité des distributions, et les gargotiers, en trop grand nombre, qui accompagnent l'armée, ne sont pour la plupart que des empoisonneurs, sans patrio-

tisme comme sans pudeur, n'ayant d'autre crainte
que la trique ou la cour martiale. Aujourd'hui
même on devait, devant la mairie de Marchenoir,
faire une distribution de viande sur pied. L'intendance l'avait fait annoncer, et la corvée avait
été envoyée à l'heure prescrite, mais elle a dû
revenir sans un seul animal. Et l'on s'étonne de
rencontrer des pillards !

29 octobre. — Le bataillon reçoit l'ordre de se
porter en avant, à quatre kilomètres environ,
dans la forêt de Marchenoir. Il est accompagné
d'une compagnie du génie chargée de faire les
chemins et d'occuper avec lui la portion de la
forêt comprise entre Roches et Plessis-l'Echelle,
couvrant ainsi toute une division massée en arrière.

De très nombreux malades, grelottant la fièvre,
me retiennent à Marchenoir jusqu'à la nuit. Et
quand après les avoir abrités dans une grange du
Plessis, je veux moi-même rejoindre, j'ai grand
peine à me retrouver dans le dédale des chemins
de la forêt. Enfin, vers dix heures du soir, après
avoir brusquement désarmé un de nos conscrits
qui me laisse arriver sur lui sans même chercher
à me reconnaître, et auquel j'apprends les obligations d'un factionnaire d'avant-garde, je trouve
abri dans la maison d'un garde forestier, où se sont
également réfugiés plusieurs officiers.

Ce soir même, j'ai été frappé du nombre considérable des fusées de diverses couleurs qui paraissent partir des environs d'Orléans, et auxquelles répondent d'autres fusées lancées des environs de Blois où, dit-on, se trouvent de nombreux espions. On prétend que, de notre côté, les meuniers ont imaginé de disposer les ailes de leurs moulins de manière à nous indiquer les positions de l'ennemi. De fait, pendant toute la journée, des troupes et de nombreuses batteries d'artillerie ont défilé derrière nous, sur la route de Marchenoir à Mer; cela donne bon espoir.

30 octobre. — On s'attendait, dès ce matin, à marcher à l'ennemi, que les paysans prétendent se masser de l'autre côté de la forêt, à quinze ou vingt kilomètres de nous. « Nous serons trente mille au moins, disent les hommes, il y aura beaucoup d'artillerie, et les Prussiens n'en mèneront pas large. » Et cette confiance, soigneusement entretenue par les officiers, fait du bien. « L'artillerie, dit le lieutenant Huguet, sans doute il en faut, et l'ennemi en possède autant que nous. Mais, en vérité, il ne faut pas s'en effrayer outre mesure, cela fait plus de bruit que de mal, et quand on court au canon, quand on vise bien les pointeurs, on a grand'chance d'échapper à l'obus. »

Et, discourant ainsi, chacun s'apprêtait lorsque,

vers midi, le bataillon reçut l'ordre de se replier pour faire place à de nouvelles troupes. Alors, maugréant et sacrant, on se remet en route à travers des chemins défoncés, pendant que des batteries suivent, au galop, la route de Marchenoir à Roches, et que plusieurs régiments pénètrent dans la forêt. Et les paysans de dire en ricanant : « Eh bien, les chasseurs, vous leur tournez donc le dos, ils ne sont pas loin, cependant ! »

De fait, le bataillon, après avoir traversé Roches-Taloy (où se remarque un vieux castel à mâchicoulis) et Villexanton, vient camper à Pontijou, en avant de Maves, gros village à trente kilomètres de Blois. Et des troupes de toutes armes sont campées autour de nous. Évidemment donc, l'armée se concentre en vue d'une prochaine action. Et malgré la fatigue, malgré la rareté des distributions et l'abus du biscuit, malgré la pluie et la boue du bivouac, il y a relativement peu de malades ; chacun soutenu, bien certainement, par l'ardent désir de se trouver enfin en face de l'ennemi. Je puis, du reste, les installer confortablement au château de Maves, où, malgré l'absence du propriétaire, et sur la recommandation faite à son vieux domestique, ils reçoivent tous les soins nécessaires.

31 *octobre.* — Encore de l'artillerie qui s'est repliée pour venir camper à notre droite. Est-ce

donc que nous devons attendre l'offensive? On assure, en effet, que des uhlans ont envahi la forêt de Marchenoir aussitôt après notre départ, mais qu'ils ont été tout de suite repoussés par le 5ᵉ régiment de chasseurs à cheval, lequel, à son tour, garde dorénavant la forêt.

Mais voici qu'une effroyable nouvelle circule dans les rangs, semant partout le découragement et la consternation.

Bazaine, dit-on, a capitulé avec toute son armée, il a livré ses armes, ses munitions et ses drapeaux, et Metz la Pucelle est actuellement occupée par l'ennemi !

Et, comme pour attiser le désespoir, d'autres ajoutent que notre armée du Nord vient de perdre une grande bataille.

Vainement on s'efforce de conjurer le désastreux effet en faisant observer que certainement des espions allemands circulent autour de nous, qu'aujourd'hui même on vient d'en arrêter un, déguisé en médecin de l'Internationale, et que les sinistres bruits, probablement répandus par eux, doivent être dédaignés. Nos malheureux soldats, campés dans la boue, sans autre abri qu'une mauvaise toile de tente, accusent un profond découragement. Et nos revêches paysans les exploitent plus que jamais. A la vérité, les troupes qui passent et repassent ont épuisé le pays ; du moins nos soldats devraient être mieux accueillis

par ceux-là même qu'ils voudraient pouvoir soustraire au joug de l'envahisseur.

A Paris, les Allemands, malgré l'énergique résistance des mobiles et des francs-tireurs, ont réussi
à s'emparer d'une importante position au Bourget.

1er *novembre*. — Ce matin, pendant que deux
compagnies de mon bataillon allaient en reconnaissance, j'ai pu assister à la messe de la Tous-
saint. La petite église du village ne contenait
guère que des soldats. Le prêtre, un vieillard,
était visiblement ému. « L'Église, nous dit-il,
nous convie dans l'allégresse, à la fête de tous les
saints, mais nos cœurs refusent aujourd'hui de
s'associer à cette joie de l'Église. La patrie souffre
ensanglantée. Quel de nous, à l'heure qu'il est, n'en-
trevoit l'obscur sillon où vient de tomber, peut-
être, un fils, un père, un époux ou un ami ? Mes
enfants, Dieu a éprouvé les saints avant de les
admettre au bonheur ; nous subissons aussi notre
temps de douloureuses épreuves ; ayons confiance
en lui, il aura pitié de la patrie. » C'est bien,
aujourd'hui, la seule prière dont je sois capable
moi-même ! Mon Dieu ! ayez pitié de la France !

Et la terrible nouvelle est officielle, partout
affichée dans le village !

Bazaine a trahi, dit une farouche proclamation
de Gambetta. Il s'est fait le complice de l'homme
de Sedan. Il a livré à l'ennemi cent cinquante

mille de nos meilleurs soldats, ses canons, ses drapeaux et la citadelle de Metz, vierge jusqu'à ce jour des souillures de l'étranger (1) !

Bazaine a trahi ! Élevons nos âmes et nos résolutions pour sauver la patrie !...

Et la sinistre dépêche lue, chacun se retire la tête basse, les larmes dans les yeux. Certains, résignés en apparence, s'en vont en criant : Nous voulons la paix, la paix coûte que coûte ; assez de boucherie où nous sommes conduits, vendus à l'avance. D'autres crient : C'est faux, vous en avez menti, Bazaine n'est pas un traître. Il a pu, peut-être, succomber, mais non pas sans avoir tenté le suprème effort.

Le roi de Prusse a refusé toute entente avec le gouvernement de la Défense nationale.

(1) Bazaine (me disait peu de temps après la guerre un des glorieux blessés de l'armée de Metz, le général Copmartin, alors en garnison à Lyon), Bazaine : un parvenu qui fut un excellent officier en sous-ordre, mais aussi, partout et toujours, un détestable chef, esclave de son égoïsme, absolument incapable d'une résolution généreuse, et subissant systématiquement les événements, dans le seul but d'en tirer un profit personnel.

Ils étaient deux frères. L'un, l'aîné, lauréat de tous les concours, devenu un ingénieur savant autant qu'honnête ; le second, un indécent gamin, chassé de tous les collèges, incapable de poursuivre ses études, et s'engageant en 1831 comme simple soldat, pour devenir en 1864 un maréchal de France.

Au collège, il avait, à l'occasion d'une Fête-Dieu, remplacé, dans les encensoirs, l'encens par du tabac. Au Mexique, il affectait de pieusement communier le jour même de la remise, à Quéretaro, de l'empereur Maximilien qu'il avait misérablement vendu, se préparant ainsi à bientôt trahir sa patrie, avec l'espérance et dans le seul but d'en devenir le maître.

Bazaine, à la tête de son armée, pouvait seul sauver la France, en acceptant une paix honorable. Ce n'est pas la trahison. Et la proclamation de Gambetta n'est peut-être que le mécontentement d'un parti. N'a-t-il pas dit, déjà : « Autant qu'il restera un pouce du sol sacré sous nos semelles, nous tiendrons ferme le glorieux drapeau de la *Révolution française !* »

Sans doute, il est un patriote, mais surtout un ardent républicain, débordé déjà peut-être par un entourage de créatures qui, sous prétexte de république, n'ont d'autre but que la satisfaction de leurs misérables ambitions.

Qu'a donc fait, en vérité, ce gouvernement qui s'est intitulé de Défense nationale, qui, à ce titre, aurait dû appeler à lui tous les cœurs, toutes les intelligences et qui, au contraire, continuant l'opposition systématique faite à l'Empire demandant la réorganisation de l'armée, a brutalement répudié, quels que soient les besoins, les aptitudes et les services rendus, quiconque pouvait être suspecté d'attachement au régime déchu, pour donner des places aux seules créatures de son parti? Voilà ce qu'a fait le gouvernement de la Défense nationale; il a abandonné Strasbourg, il a abandonné Metz. Et maintenant, il crie trahison, n'ayant autre but que s'emparer du pouvoir, sans se préoccuper des besoins réels du pays. Gambetta lui-même est odieusement trompé; ses conseils ont abusé sa crédule imagination et l'ont conduit à faire le plus criminel des mensonges. Non, cela n'est pas possible, Bazaine n'a pas trahi, il a dû s'incliner comme a dû le faire le brave général Uhrich à Strasbourg. Il n'a pas trahi, et la France saura lui rendre justice. Vienne donc la paix, puisque le gouvernement actuel est incapable de chasser l'étranger! Vienne la paix à des conditions acceptables. Et que l'ennemi évite de nous acculer au désespoir. Il aurait un jour à se repentir d'avoir abusé de la victoire.

La France a souvent subi des revers; elle ne meurt pas, elle n'accepte pas l'humiliation, et l'insuccès de la mission Thiers auprès des puissances de l'Europe, en nous prouvant qu'elle ne doit compter que sur elle-même, décuplera son énergie.

2 novembre. — Et partout, chez les officiers comme chez les soldats, les mêmes méfiantes appréciations, le même désir d'une paix honorable; partout, hélas, le même découragement. « Que faisons-nous ici? on veut donc nous faire crever dans la boue! Est-ce vraiment Bazaine qui a trahi; est-ce Gambetta qui s'obstine à la lutte pour imposer la République? Que devient M. Thiers? Que se passe-t-il à Paris et dans toute la France? On s'interroge, anxieux. Tous ces généraux bonapartistes sont des traîtres! » Et les déses-

pérés parlent de déserter en masse. Il faut autant
de fermeté que de prudence pour les maintenir.
D'autres ne songent plus qu'à vendre chèrement
leur vie. Ce sont les vaillants. Découragement ou
courageux sacrifice, tels sont aujourd'hui les seuls
sentiments que se partage l'armée.

Certains soutiennent que le gouvernement a
obtenu un armistice de vingt jours pour décider
de la paix ou de la guerre à outrance. D'autres n'hé
sitent pas à raconter que le général d'Aurelle
de Paladines a été assassiné ce matin. A vrai dire,
sa martiale énergie impose une féroce discipline,
difficilement acceptée. Un sergent-major, dit-on,
coupable du vol d'une poule, et deux soldats
insubordonnés viennent d'être condamnés à mort
par la cour martiale. Est-ce cette effroyable sévérité qui aurait provoqué le crime? L'armée souffre
cruellement du froid et de la pluie, parfois même
de la faim, car nos paysans, de plus en plus égoïstes
et revêches, les exploitent sans pitié !

3 *novembre.* — Les bruits d'armistice per-
sistent. Mais voici qu'on annonce également une
révolution à Paris. C'est la guerre civile. La
Commune est proclamée! Flourens, Delescluze,
Blanqui et les agitateurs habituels sont les maîtres
du jour.

Et les officiers eux-mêmes subissent le découragement. « Que pouvons-nous? disent-ils. L'Al-

lemagne victorieuse a maintenant en France plus
de deux cent mille soldats. Le prince Frédéric-
Charles, libre de ses mouvements, s'avance avec
deux cent mille hommes, il y a soixante mille
Bavarois devant nous ! La guerre utile est dorénavant impossible ! »

Heureusement, le général d'Aurelle tient bon.
Petit de taille, bien planté, le front large sous ses
blancs cheveux, l'œil vif, interrogateur, presque
fascinateur, il veut être obéi et sait l'obtenir.

De fait, vers dix heures du matin, le bataillon
reçoit l'ordre de lever le camp, mais seulement
pour se porter à deux kilomètres, sur un plateau,
entre Maves, Pontijou et Villexanton, dans une
position défensive plus solide, semble-t-il. L'artillerie se range à notre droite, ayant à sa gauche
le 31e de marche.

Et, tout de suite, le commandant Gallimard
fait soigneusement aligner les tentes et former les
faisceaux, déclarant que nous devons demeurer
là pendant quelques jours pour y faire, matin et
soir, les exercices nécessaires. Dès le soir même,
en effet, après une sommaire distribution de
paille, on commence l'école de bataillon sous les
ordres de l'adjudant-major Campion et des commandants de compagnie.

4 novembre. — Il n'est plus question d'armistice, mais les journaux qui parviennent jusqu'à

nous sont unanimes. Bazaine y est décidément convaincu de trahison. « Vous êtes, disent-ils aux soldats de la Loire, le dernier espoir de la patrie; pas de trêve, il faut combattre et vaincre. »

L'appel est éloquent sans doute, impuissant cependant à empêcher les sinistres chuchotements. « Nos généraux, nos officiers, tous des traîtres; c'est folie que vouloir combattre avec eux. Gambetta n'a rien en vue que la République, il entend que tout soit fait par elle et pour elle, et le salut de la patrie n'est pour lui qu'un prétexte. »

Et nos pauvres mobiles, incapables de discerner la vérité, se vengent sur le pays lui-même des souffrances physiques et morales qu'ils endurent. Ils pillent les fermes, brisent les clôtures, arrachent inutilement les arbres, profèrent des menaces d'incendie, réclament la paix à tout prix, et n'hésitent même pas, parfois, à frapper des femmes et des vieillards impuissants à leur donner ce qu'ils demandent. Sans doute, quelques paysans égoïstes les exploitent, mais on s'attaque surtout aux riches qui, plus indulgents ou peut-être plus menacés, n'osent pas porter plainte au commandement.

Que peut-on attendre d'hommes qui se conduisent ainsi? Et surtout, est-il possible d'espérer une République, alors qu'il y a si complète démoralisation des masses !

5 novembre. — Il a fallu, ce matin, démentir officiellement l'assassinat du général d'Aurelle. Et si nous sommes temporairement condamnés à demeurer sur place, soumis à des exercices qui font des soldats tout en les occupant utilement, on commence à comprendre la nécessité d'une grande fermeté dans la discipline. Au bataillon, les officiers sont très généralement appréciés. Et nos chasseurs, grâce à la sollicitude et aux efforts tant du commandant Gallimard que des capitaines Campion, Truchy, Lemoine, Harincthe et Huguel, se maintiennent en bonne disposition, ne cachant pas leur mépris pour les mauvais soldats, qu'ils qualifient dédaigneusement de l'épithète : « tirailleurs de Belleville ». Sans doute, il y a bien encore des hésitants, voire même quelques gredins qui acceptent sans pudeur les malheurs de la patrie, et n'ont de cœur ni pour les conjurer ni pour les réparer. Mais il y a surtout des braves gens qui ne sont point des politiciens, et chez lesquels on peut faire vibrer les plus nobles sentiments. Et nos officiers savent en user avec assez de prudence et de fermeté pour imposer silence aux méfiants et aux braillards.

D'ailleurs, si les journaux sont unanimes à confirmer la trahison de Bazaine, à prouver qu'il a volontairement attendu la famine et l'épuisement de son armée sans tenter aucun effort pour la dégager, qu'il l'a misérablement sacrifiée, non pas, ainsi qu'on a pu le croire, en vue de la paix et d'une restauration impériale, mais bien et seulement par égoïsme et dans l'espoir de se mettre à la tête du pays, renouvelant sous Metz ce qu'il avait déjà tenté de faire au Mexique, ils sont unanimes aussi à condamner les agissements des Flourens, Pyat, Millière, Delescluze, Raoul Rigault, Blanqui et autres qui font de la République une véritable utopie gouvernementale. Assurément, on ne veut plus de l'Empire ; mais, du du moins autour de nous, pas davantage de la République. Il faut d'abord, disent nos bons soldats, se débarrasser des Allemands ; et quel pays peut lutter avec avantage contre l'étranger maître de son territoire, alors qu'il est lui-même divisé en partis prêts à s'entre-dévorer ; est-il possible de souhaiter la République alors qu'il y a si peu d'honnêteté chez les hommes qui la veulent imposer?

6 novembre. — Telles sont les impressions qui se partagent actuellement l'armée, au moins dans mon entourage. Du reste, les bruits d'armistice qu'accrédite notre immobilité prennent une nouvelle consistance. Cependant, le dédoublement des compagnies, le renouvellement des cadres et la concession de nouveaux grades font supposer que le général d'Aurelle n'a pas dit encore son dernier mot. Mais qu'attendons-nous ? disent officiers et soldats. Il est évident que l'armée du prince Frédéric-Charles nous menace directement, que par conséquent, notre seule chance de salut réside dans une action rapide qui peut assurer une paix honorable.

Mais, sommes-nous prêts pour cette décisive action? Il est permis d'en douter, s'il faut en juger, malgré le bon vouloir d'un grand nombre, malgré les efforts de la discipline, par le manifeste découragement de la plupart, et par l'insuffisance de cadres instruits. Dans les régiments de mobiles notamment, officiers et soldats manquent assurément d'instruction. Et de même, les services de l'intendance et de santé sont tout à fait insuffisants. Autour de moi, des fonctions d'aide-major, voire même de médecin-major, sont confiées parfois à des praticiens instruits sans doute, mais absolument ignorants des exigences et des besoins militaires, souvent à de jeunes étudiants, assurément dévoués mais sans instruction. Les vrais médecins militaires, si impuissants déjà du fait de leur subordination à l'intendance, sont solidaires des actes de leurs nouveaux collègues, et perdent l'autorité et la confiance qui sont plus que jamais si nécessaires à leurs fonctions. Je suis seul, moi-même, pour assurer, en outre du service d'un bataillon dont l'effectif actuel dépasse celui d'un régiment en temps de paix, celui des nombreux éclopés et malades évacués de tous les environs sur le château de Maves, où j'ai hâtivement organisé une sommaire ambulance. Je me prends à récriminer. Est-il cependant situation qui nécessite plus philosophique résignation ; en est-il une qui compte plus de déceptions ? Et n'ai-je pas, sur la plupart de mes concitoyens, l'avantage de pouvoir compter sur mes brancardiers, dix anciens soldats que j'ai pu, grâce au commandant Gallimard, choisir dans le bataillon, parmi ceux qui ont combattu déjà, et rapidement instruire pour leurs nouvelles fonctions ?

7 novembre. — Le Comité de défense a repris, à Paris, les fonctions que lui avaient violemment enlevées les Pyat, Flourens, Raoul Rigault et autres agitateurs de même espèce. Un vote plébiscitaire lui a rendu l'autorité nécessaire. Le général Trochu, qui a assumé la lourde responsabilité, saura, chacun l'espère, se montrer digne du dangereux honneur.

On s'obstine, néanmoins, et malgré de nombreuses promotions, à croire que l'armistice est signé, et que l'armée de la Loire sera prochainement licenciée. Et chacun déjà prend, bien tristement en vérité, ses dispositions de départ, lorsque, tout à coup, le canon se fait entendre, bientôt suivi du crépitement d'une intensive fusillade, à quelques kilomètres seulement de nous, vers la forêt de Marchenoir. Probablement un combat d'avant-garde.

Alors, et par un revirement subit qui est véritablement la caractéristique de notre race si facilement impressionnable, chacun exulte dans la joie.

Une heure à peine, on était triste, maugréant, demandant la paix à tout prix, maintenu seulement par la discipline de fer du général d'Aurelle. Puis, le canon gronde, on entend les feux de salve, et, comme sous une traînée de poudre, c'est un immense éclat de rire qui court les rangs.

— Eh bien! on signe la paix, là-bas, dit un loustic, et les plumes crachent.

Et le canon grondant plus fort :

— Là, dit un autre, c'est la patarafe à Bismarck. A nous de signer aussi.

Et chacun dit sa boutade, se préparant joyeux, sinon à la victoire, on n'ose pas l'espérer encore, du moins à la lutte ardente qui fait oublier les souffrances et noyer dans le sang l'humiliation de la défaite. Les estafettes, au galop de leurs montures, parcourent la plaine en tous sens. Et, pendant que je me prépare moi-même à suivre le bataillon, une ambulance de la Croix-Rouge vient s'installer au château, que son propriétaire, M. Turpin, un vieillard de quatre-vingt-quatre ans, a dès mon arrivée à Maves, fait mettre à mon entière disposition, me demandant seulement de veiller à la superbe collection d'objets d'art qu'il contient. J'avais eu le temps, du reste, d'aménager les locaux, et d'abriter autant que possible dans un local réservé une partie des tableaux, bronzes et ivoires les plus précieux. Qu'en adviendra-t-il maintenant?

Mais la canonnade redouble, et le bataillon s'impatiente. Le commandant, en effet, s'est contenté de faire abattre les tentes et de donner l'ordre de se tenir prêts.

Et les impatients :

— Que faisons-nous ici, alors que la bataille gronde devant nous. Nous serons encore écrasés par le nombre, sans avoir pu seulement tirer un coup de fusil. C'est monstrueux. L'état-major prépare un plan sans doute ; ou bien, il ignore la route !

Et chacun discutait ainsi, lorsque enfin, vers cinq heures du soir, le bataillon reçut l'ordre de se porter en avant.

Alors, et comme entraîné par le besoin de combattre, on marche dans un ordre parfait, la tête haute, les officiers devant les compagnies et les sous-officiers sur le flanc. Les hommes cependant sont lourdement chargés ; ils ont sur le dos, disent les loustics, cinq jours de vivres et des cartouches à dépenser. Et le 31e qui attend, l'arme au pied, son tour de développement, marque son impatience par les plus humoristiques lazzis. On s'avance ainsi jusqu'à Pontijou, se riant des difficultés de la route, balayée parfois par un escadron de cavalerie ou par le passage au grand trot des fourgons d'artillerie. Puis la nuit vient, et le canon se tait. Et tout de suite, dans la déception de l'attente, l'expression brutale du découragement et de la désespérance!

Encore écrasés en détail, sans doute; aujourd'hui l'avant-garde, demain à notre tour; et cela parce qu'on ne veut pas nous grouper assez nombreux pour la lutte.

Et voici que les clairons sonnent en effet la retraite, qu'il faut regagner l'ancien bivouac, pour y attendre l'ultime sacrifice.

Fugitive impression, heureusement!

Bientôt passent au galop des officiers de l'état-major du général Barry.

— Les Prussiens, disent-ils, ont été battus en avant de la forêt de Marchenoir, à hauteur de Saint-Laurent-du-Bois. Ils sont en pleine déroute, encore poursuivis par le 3ᵉ régiment de chasseurs.

Alors, une immense acclamation : « Vive la France! » puis toute la série des gauloiseries qui pimentent l'estomac, alors que, la marmite renversée, il faut se passer de soupe.

— Ce sont les camarades du 3ᵉ qui ont fait la besogne, les chançards !

Et tous de les envier, de souhaiter le moment d'agir au moins aussi bien. Et, devisant ainsi, tout gaiement, on revient alertes reprendre les bivouacs du matin, mais pour s'y garder contre toute surprise par d'incessantes patrouilles, heureuses, semble-t-il, de ce surcroît de fatigue. De fait, l'ennemi n'est pas loin. On peut supposer qu'il a seulement voulu tâter la forêt de Marchenoir, avec l'intention de nous tourner et de nous attaquer à l'improviste. On les attend l'œil ouvert et de pied ferme.

8 novembre. — Dès l'aube, on se hâte de rassembler les postes, de grouper les escouades, de charger soigneusement les sacs, et d'avaler le café. Puis, vers sept heures du matin, le bataillon s'avance joyeux et alerte, malgré les fondrières et les difficultés des terres labourées. Il est régulièrement suivi de toute la division. C'est bien pour aujourd'hui, sans doute !

On marche ainsi jusqu'à Plessis-Léchelle, pour s'engager délibérément dans la forêt de Marchenoir. Pas de haltes! Et si quelques hommes, harassés jusqu'à l'épuisement, s'arrêtent un instant sur les côtés de la colonne, ou bien au passage des villages, demandant un simple verre d'eau, ils ne se font pas prier pour rejoindre.

— Ils sont là, disent les paysans, derrière la forêt. Bon courage ! Et des vieilles femmes engagent en pleurant les plus fatigués à attendre, au village, le passage des ambulances.

Mais eux ne veulent pas les entendre. Et malgré les difficultés de la marche dans les sentiers improvisés de la forêt, ils avancent péniblement. Des enfants de dix-sept ans, des conscrits, pliant sous le sac, les pieds ensanglantés, prennent à peine une minute de repos et repartent en courant pour reprendre leur place dans le rang. Ceux-là même que j'ai ce matin laissés en arrière, ne tenant pas debout, ont refusé d'aller à l'ambulance, et suivent, en traînant péniblement la jambe. Tous veulent être à la bataille.

Vers midi seulement on sonne la grande halte ; on s'aligne sur les côtés de la route de Châteaudun-Beaugency, avec une demi-heure de repos, le temps de casser une croûte, pendant que défilent, au galop, des chasseurs à cheval détachés en éclaireurs, et, le plus habituellement, accompagnés d'officiers d'état-major. Puis on se remet allégrement en route, accompagnés, dès lors, d'une section du génie avec des prolonges chargées de fils télégraphiques que les hommes disposent en avançant.

— Ça sent la poudre, décidément ! clament les anciens.

Enfin, tout sort de la forêt. En avant de nous, dans le vague de la plaine, se dessine une longue file de tirailleurs. A notre gauche, le général Barry, entouré d'un nombreux état-major, légèrement incliné sur le cou de son cheval, la canne droit à hauteur du visage, observe, sans dire un mot, les mouvements de sa division.

On se forme par sections, comme pour un défilé. Puis, les compagnies parfaitement alignées, on commande repos; le 31ᵉ de marche est séparé de nous, vers la gauche, par une batterie d'artillerie. Et bientôt débouchent de toutes les issues de la forêt de profondes colonnes qui s'en vont, dans un ordre parfait, prendre de droite et de gauche, dans la vaste plaine, la place de bataille que leur assignent les officiers d'état-major. Puis, en arrière, encore des régiments de mobiles et des batteries d'artillerie qui s'alignent dans une régularité parfaite. Il n'y a pas de traînards. Et cela s'étend silencieusement, à droite et à gauche, bien au delà de la portée de la vue. C'est imposant. Seuls les chevaux hennissent et les corbeaux croassent, les uns et les autres flairant la bataille. Et toujours, de cette forêt de Marchenoir, sortent de nouvelles troupes dont, il y a quelques heures, on ne soupçonnait même pas l'existence. Cela donne confiance et fait oublier la fatigue. Vive la France !

Chacun, dans son esprit, prépare l'action décisive lorsque, vers quatre heures, le général Barry s'adressant vivement au commandant :

— Commandant, dit-il, encore un coup de collier. Le général de Polhès m'avise qu'il a devant lui des forces considérables. Allez à son aide avec votre bataillon, accompagné d'une demi-batterie d'artillerie.

Et lui montrant, vers la gauche, le château du Coudray perdu dans la brume :

— Si, dit-il, le général est attaqué, vous prendrez le pas gymnastique pour le secourir; dans le cas contraire, vous irez camper en avant du château. Le 31ᵉ vous suit.

Et tout de suite, dans l'enthousiasme d'une action en perspective, chacun est debout, reprenant sa place dans le rang, bientôt grisé de la légitime espérance, lorsqu'au sommet d'un mamelon on aperçoit, dans la plaine immense, à droite et à gauche, les divisions fièrement alignées, encadrant de nombreuses batteries d'artillerie, et paraissant prètes pour une grande revue. L'armée de la Loire est là, tout entière, superbe de calme et de force contenue, véritablement prête pour la victoire. Et nous sommes au centre d'un immense arc de cercle que l'on sent infranchissable.

Rude coup de collier, cependant; car il a fallu marcher longtemps encore, fouillant fermes et villages, et suivis de l'armée que nous devancions assez pour parfois la perdre complètement de vue.

Pas même un uhlan, du reste. Et quand, vers cinq heures du soir, ayant fouillé et traversé Ouzouer-le-Marché, on fut à hauteur du village de Champdry, il était grand temps, en vérité, d'accorder un indispensable repos. Il n'y avait, du reste, pas un traînard, et j'eus la profonde satisfaction d'aviser moi-même le commandant que les éclopés, les malades même avaient pu suivre jusque-là. Alors, tout joyeux, le commandant remercie le bataillon de sa superbe endurance, et lève toutes les punitions. Puis, ensemble, nous fûmes au château voisin où se trouvaient déjà le général Barry et son état-major, ainsi que mes collègues Gouraud, Massoutié et Vigier, en train d'aménager une ambulance. Avec eux, je partage, dans un hangar, la couche de paille qui, cette nuit, nous fut un très confortable lit de repos.

9 novembre. — *Bataille de Coulmiers.* — A cinq heures, ce matin, chacun est debout. Les officiers, au milieu des hommes, font un rigoureux appel, visitent les armes et les munitions, font alléger les sacs de toutes les choses inutiles. A leur exemple, je fouille mes cantines, les allégeant de tous les pansements que je puis répartir entre mes brancardiers, et je m'assure que les gourdes sont remplies. Chacun à son affaire. La bataille est imminente, on le sent. Et malgré leur épuisement, les malades eux-mêmes sont tellement surexcités que deux seulement consentent à demeurer à l'ambulance.

A sept heures commence le mouvement. La division forme le centre de l'armée et s'avance, à peine devancée par le bataillon, avec la même superbe régularité que la veille. Et, comme la veille, sous ce ciel froid et gris, on voit, à droite et à gauche, perdus dans la brume, les bataillons et batteries formant un alignement auquel, semble-t-il, rien ne saurait résister.

Pendant plus de deux heures on avance ainsi, dans ces lourdes terres de la Beauce, sans autre obstacle que la difficulté du terrain. Puis, tout à coup, et les seuls tirailleurs continuant à marcher, la division s'arrête court. Notre extrême avant-garde se trouve, à hauteur de Bacon, en présence de l'ennemi.

Et le général Barry passant à côté de moi :

— Docteur, dit-il, donnez-moi votre jumelle, que je tenais à la main.

Il était accompagné d'un robuste paysan lui indiquant, avec de grands gestes, certains points de droite et de gauche perdus dans la brume. Et, brusquement, les yeux dans ma lorgnette :

— Une compagnie avec moi ! cria-t-il. A droite, en avant !

Et l'ordre était à peine donné qu'un obus vient éclater à nos pieds, blessant mortellement le sergent Jubin, de la compagnie Truchy.

Ce fut, je crois, le premier coup de canon, bientôt suivi du grondement continu de toute une batterie.

Quelques conscrits se jettent à terre. A quelques pas de moi, un accroupi relève prestement sa culotte, un autre s'accroupit tout à fait. Et la situation me fournit le mot qui, dans un éclat de rire, étouffe l'instinctive et fatale émotion d'un immédiat danger :

— Eh bien, l'ami, ça colle ici, mais ça décolle au feu !

Et de son côté, le capitaine Truchy :

— Vive Dieu, s'écrie-t-il. En avant !

Et il entraîne sa troupe au pas gymnastique, en inclinant légèrement vers la gauche, tandis que de mon côté je constate tristement l'inutilité de mes soins au sergent Jubin. La mort avait fait une victime déjà.

L'émotion est courte, du reste, car l'allure toute virile des anciens, et le superbe spectacle qui se déroule sous nos yeux donnent confiance aux jeunes. Et la fusillade très vive engagée devant nous parait de bon augure.

— Déchirez les cartouches et que chacun demeure à sa place, exclament en même temps le commandant Gallimard et le capitaine adjudant-major Campion.

Et, derrière nous, des régiments de mobiles demeurent alignés, superbes de martiale allure.

Enfin, vers midi, c'est notre tour.

— En avant! crient les officiers. En avant, et chacun à son rang!

De fait, la fusillade semble s'éloigner. Évidemment nos troupes ont déjà gagné du terrain.

On franchit alors un pli de terrain, assez encaissé, semble-t-il, pour abriter quelque peu. Puis le bataillon se range en bataille sur une crête dominant, à deux ou trois kilomètres, le village de Coulmiers, le Grand-Lus et les bois de Bucy-Saint-Liphard.

Au delà, la plaine immense, que l'on suppose fortement occupée.

On s'arrête là pour rectifier l'alignement et pour rallier la compagnie Truchy, qui, jusqu'à ce moment, a seule pu faire le coup de feu et laisser, hélas! déjà quelques morts et de nombreux blessés sur le terrain conquis.

Tout juste le temps de se remettre. Tout à coup, le 31e de marche, sur notre gauche, prend le pas gymnastique et disparaît dans la direction de Coulmiers.

Il est immédiatement remplacé par une imposante batterie d'artillerie qui, sous les ordres de mon ami le capitaine Perraud, fait rage de toutes ses pièces sur les batteries allemandes de Coulmiers et du Grand-Lus. Et, pendant que grondent nos grosses pièces de douze, le bataillon, sauf une petite réserve derrière laquelle je réunis les blessés, se déploie régulièrement en tirailleurs, avançant l'arme sur l'épaule droite, sans tirer un coup de fusil. C'est superbe de précision et de grande allure.

Cependant la bataille, un moment atténuée, reprend une nouvelle intensité à gauche, vers

Épieds, à droite dans la direction de Villorceau et de Bacon ; les mitrailleuses grincent horriblement, et devant nous les batteries allemandes crachent sans discontinuer. Mais les obus bavarois passent en sifflant au-dessus de nous ou, parfois, s'enfoncent en terre, sans éclater. Et nous gagnons visiblement du terrain.

Notre artillerie, magnifique de vitesse et de hardiesse, se déplaçant sans cesse, déroute les batteries ennemies, et tonne avec acharnement sur le parc et le village de Coulmiers.

Et le bataillon, tout à coup, à deux kilomètres à peine du village, se trouve en présence d'un régiment de cavalerie que quelques paquets de mitraille suffisent à disséminer en désordre. Alors les Allemands, découvrant à la fois toutes leurs batteries, nous criblent d'obus.

— Sac à terre ! font difficilement entendre nos officiers. Attention !

Puis, quelques minutes, et le formidable « en avant ! » éclate de tous les côtés. Alors, dans toute la fièvre de l'action, on prend le pas gymnastique ; il n'y a pas un retardataire, et certains qui, ce matin même, grelottaient la fièvre, voudraient maintenant passer au premier rang.

— Halte, crient les officiers. Couchez-vous !

Et de fait, les Bavarois, formidablement retranchés, font un feu d'enfer. Mais nos canons arrivent à la rescousse et déblayent rapidement le terrain tout autour du Grand-Lus. Restent le parc et le village de Coulmiers!

— Debout, en avant! clame le commandant!

Et l'on s'avance au pas gymnastique à huit ou neuf cents mètres du village que nous avons mission d'enlever avec l'assistance du 31ᵉ par la gauche, et des mobiles de la Dordogne qui occupent notre droite.

Jusqu'à ce moment, le bataillon, en dehors de la compagnie Truchy, a tiré seulement quelques coups de fusil. Et les obus allemands s'adressant bien plus à notre artillerie qu'à nous-mêmes, souvent pénétrant sans éclater, dans la terre détrempée par les pluies, font heureusement peu de victimes.

Mais voici que sur notre gauche le 31ᵉ commence de formidables feux de salve, et dès lors, les blessés affluent.

De nouveau le bataillon se porte rapidement en avant pour se coucher encore et se reformer, à peine abrité d'une grêle de fer, derrière un léger pli de terrain. On est à trois cents mètres du village. En face, à l'extrémité du parc de Coulmiers, une grande ferme, dite de l'Ormeteau, concentre la défense. Le 31ᵉ et les mobiles de la Dordogne, des conscrits de la veille, se chargent de balayer le parc et le village. Le bataillon a mission d'enlever cette ferme qui le crible de balles. Et les Bavarois, très abrités derrière leurs murs crénelés, résistent avec acharnement.

La lutte pourrait donc se prolonger longtemps encore, lorsque deux grosses pièces, en avant du Grand-Lus, viennent heureusement nous appuyer. Les canons allemands ont beau riposter, le capitaine Perraud n'en commande pas moins le feu avec une régularité de chronomètre ; il tire à boulets pleins tantôt sur la ferme, tantôt sur les retranchements du parc. Et chaque coup fait son trou. Mais les Bavarois paraissent recevoir des renforts, et notre artillerie doit continuer encore son œuvre de destruction.

J'ai pu m'avancer moi-même, abrité, derrière la réserve du bataillon, par un pli de terrain où, tout en pansant rapidement les blessés, je contemple instinctivement les dernières phases de la bataille. Mes brancardiers parcourent bravement le terrain, relèvent activement les blessés, et, dès que je les ai pansés, les transportent au château du Grand-Lus, où vient s'installer l'ambulance de la division. Mais mon cheval, difficilement maintenu, reçoit une balle au garrot, et je suis obligé de l'envoyer lui-même à l'ambulance.

Voici, du reste, que l'artillerie cesse de tonner.

Alors notre commandant :

— Debout, baïonnette au canon ! Vive la France ! En avant !

Et, sauf une petite réserve, le bataillon s'élance sous une pluie de balles, les rangs un peu mêlés, mais conservant néanmoins une grande régularité d'allure.

C'est alors que tombent pour ne plus se relever un grand nombre de nos braves camarades. Mais déjà l'ennemi s'enfuit en toute hâte. Et seule la ferme de l'Ormeteau résiste toujours.

— A la baïonnette ! clament les officiers.

Et de tous côtés nos soldats se ruent, tant sur le parc d'où partent encore quelques feux de peloton, que contre la ferme dernier refuge de la résistance.

A la baïonnette, les rangs mêlés avec le 31e, dans l'effroyable enivrement de la lutte. Et la terrible ferme est enlevée d'assaut, les Bavarois jettent leurs armes et demandent grâce, s'étant bravement défendus jusqu'à la dernière extrémité.

Par malheur, dans le désordre de la mêlée, quelques balles françaises atteignent aussi des Français.

— Assez ! cessez le feu, ne tirez plus !

La poudre parle quand même. Et cet enragement affolé, si court qu'il soit, nous coûte assurément plusieurs victimes.

Enfin, nous sommes vainqueurs ! Les Bavarois, en pleine déroute, poursuivis par quelques feux de salve, ou bien jettent leurs armes en implorant miséricorde, ou bien s'enfuient en désordre. Et des groupes nombreux de prisonniers passent devant nous.

Victoire! Notre première éclatante victoire!
Dans le fond de mon âme, j'en remercie Dieu.

Elle coûte cher, cependant, cette victoire, car
déjà je suis entouré de plus de cent cinquante
blessés, parmi lesquels un tout jeune homme,
Jacques Millet, que j'ai dû souvent exempter du
port du sac, et qui me revient la poitrine tra-
versée par une balle qui, je l'espère, ne sera pas
mortelle. Bien vite, je dirige un premier convoi
vers le château de Lus; et bientôt, accompagné
de plusieurs cacolets envoyés par l'ambulance, je
puis parcourir le champ de bataille, où gémissent,
hélas! encore de bien nombreuses victimes.

Et voici la nuit. Le bataillon, reformé en bon
ordre devant la ferme qu'il vient d'enlever, se
prépare à longer le parc pour venir bivouaquer
au delà de la route d'Orléans, à 500 mètres environ en avant de Coulmiers. Et plusieurs, ayant
tardivement mangé un morceau, viennent m'assister dans la funèbre mission qui incombe alors
au médecin militaire.

Sous la pâle clarté d'une fumeuse lanterne, on
fouille les fossés, le parc notamment, glissant
dans la boue, trébuchant parfois sur un cadavre.
Et des blessés nous appellent; de pauvres Bavarois implorent notre compassion. Et nos braves
soldats, déjà désarmés par la joie de la victoire,
les enlèvent avec soin, leur donnent à boire, se
privant eux-mêmes des dernières gouttes pré-

cieusement conservées jusque-là, et les emportent jusqu'à l'ambulance. Il y a quelques heures à peine, ils eussent voulu pouvoir les dévorer !

Du reste, et malgré la rapidité de leur fuite, les Allemands n'ont abandonné sur le terrain qu'un nombre fort restreint de blessés. On rencontre, relativement, un plus grand nombre de morts.

Cela tient évidemment à la remarquable organisation de leur service de santé. Pendant les batailles, des détachements sanitaires sous les ordres exclusifs des médecins, portent des secours immédiats aux blessés qu'ils enlèvent rapidement pour les confier à de nombreuses ambulances mobiles. Chaque régiment allemand possède en réalité une ambulance volante, souvent mieux approvisionnée de personnes et de matériel que la plupart de nos ambulances divisionnaires.

Vers dix heures du soir seulement, le terrain, parcouru du reste par plusieurs de mes collègues, paraît autour de moi débarrassé de ses blessés. Et je puis enfin, entraînant avec moi les derniers relevés, rejoindre l'ambulance, où je dois passer la nuit.

10 *novembre*. — Le bataillon, quand je le retrouve, vers neuf heures du matin, n'a pas quitté son bivouac de la veille. Là, sous une pluie bat-

tante, les pieds dans la boue, il attend impatiemment l'ordre de se remettre en route. Et chacun calme l'attente en racontant ses impressions de la veille, la part qu'il a personnellement prise à la bataille, tous admirant, non sans raison, l'heureuse tactique du général d'Aurelle, la prudente crânerie du général Barry et de la plupart des officiers, exaltant surtout le 31ᵉ de marche, dont le colonel de Fontanges a été tué raide à l'assaut de Coulmiers, puis les mobiles de la Dordogne, et davantage encore notre superbe artillerie.

On ne doutait plus alors du succès définitif. Et l'annonce de la libération d'Orléans, immédiatement réoccupée par le général Martin des Pallières, présage la prochaine délivrance de Paris.

Et les plus gauloises plaisanteries accablent le vaincu : le général von der Thann, qu'on avait si bien tanné, qu'on allait si vivement repousser dans sa tanière ! Et l'on attend ainsi, sac au dos, sous une pluie battante et glaciale, sans distribution de vivres, virilement résignés.

Vainqueurs du jour, vaincus du lendemain, on ne prévoyait pas alors que notre victoire serait seulement un rayon de gloire, une espérance sans lendemain, et que de nouveaux désastres nous attendaient. Ah ! pour la patrie, quel enthousiasme alors, et bientôt quelle déception !

Enfin, vers onze heures du matin, le bataillon

se met en marche à travers champs, enfonçant jusqu'à mi-jambe dans la boue gluante du terrain. La bataille, du reste, a sûrement grondé jusqu'ici. Plusieurs fermes incendiées, les longs terrassements creusés pour abriter les batteries, les arbres abattus et surtout de nombreux cadavres qu'enlèvent les paysans assistés de quelques séminaristes venus d'Orléans, témoignent de l'ardeur et de l'étendue de la lutte.

Les Bavarois avaient assurément longuement préparé le terrain, et les difficultés que nous avions eues à surmonter se montraient manifestes. Toutes les maisons, du reste, étaient encombrées de blessés attendant encore les premiers soins. Parmi les cadavres, quelques-uns étaient horriblement mutilés : les uns, le ventre ouvert et les intestins épars ; d'autres, la tête enlevée ; certains, les membres arrachés ; d'autres au contraire à peine marqués d'une tache noirâtre marquant la pénétration d'une balle ; tous bien bâtis et superbes encore dans leurs chauds costumes. L'un d'eux, notamment, un officier ganté de frais, avait eu le sommet de la tête emporté par un éclat d'obus. Le crâne était vide, et la pâleur du visage accentuait la mâle tranquillité des traits. Évidemment, pour lui, la mort avait été instantanée.

— Mais, disent les paysans, les gredins, ils nous ont tout pris : argent, vivres, linge et che-

vaux; même le blé qu'il faut demander au loin
pour pouvoir seulement vous faire du pain. Ah!
les gredins, ils avaient bon appétit et savaient se
bien servir. Il était temps que ça finisse !

Nous marchions ainsi depuis deux heures, in-
terrogeant les paysans, discutant le nombre présumé des morts et des blessés, fouillant le champ
de bataille, lorsque, nous trouvant à hauteur du
hameau de Cheminières, le bataillon reçut l'ordre
de se former en bataille, face au village, et ayant
à sa gauche le 31ᵉ, appuyé lui-même par une
batterie d'artillerie. Et là, sous une glaciale tom-
bée de neige et de pluie, les pieds dans la boue
et grelottant de froid, aveuglés par des rafales
qui nous cachent ce qui se passe à cent mètres
devant nous, il faut attendre pendant plus de
quatre heures le refoulement des Bavarois, que
l'on suppose encore à Saint-Péravy et à Patay,
d'où la cavalerie du général Reyau a dû les déloger.

Pendant ces quatre mortelles heures, le bataillon, épuisé de froid et de faim, sème le terrain de
plus de malheureux qu'il n'en a perdu pendant la
bataille de la veille. Et j'ai grand'peine à trouver
assez de voitures pour les transporter jusqu'à
Saint-Péravy, où se rendent plusieurs ambulances
de la Croix-Rouge.

Enfin, vers cinq heures du soir, on se remet
en route pour traverser hâtivement Épieds, aux

trois quarts démoli et de plus encombré de malades et de blessés, pour venir bivouaquer dans la boue, en avant du hameau de Champs.

Il est nuit alors ; on essaie cependant de monter les tentes, que les piquets plantés dans la boue sont impuissants à maintenir ; on cherche un peu de paille, quelque menu bois pour s'isoler du sol ; et seulement vers onze heures on peut s'étendre, transi de froid et grelottant dans des vêtements pénétrés d'eau. Combien tombent alors qui ne se relèveront plus !

Et, pour comble de misère, l'intendance se montre aussi impuissante à assurer l'enlèvement des malades et des blessés qu'à nous procurer des vivres.

Aucune distribution depuis vingt-quatre heures ; officiers et soldats, au lendemain d'une victoire, doivent se contenter de quelques débris de biscuits. Seuls, les gens d'Orléans ont amené quelques barriques de vin. Et l'intendance fait annoncer qu'elle pourra faire des distributions de pain et de viande seulement le lendemain matin.

11 *novembre.* — Aussi, après l'atroce épreuve d'une pareille nuit, il est impossible de réunir les corvées. Quelques hommes seuls ont le courage de répondre à l'appel. Et les distributions sont faites sans ordre, chacun prenant ou pillant, selon son bon plaisir, sans souci du voisin.

En revanche, on a fait large distribution d'eau-
de-vie, c'est-à-dire du liquide le plus fatal à des
hommes épuisés de froid, de fatigue et de faim.
Et quand, vers six heures du matin, ordre arrive
de lever le camp, plusieurs hommes sont tellement ivres qu'ils sont incapables de tout mouvement. Malgré le froid, malgré la pluie, je suis
obligé de les abandonner, laissant aux paysans le
soin de coucher les plus compromis dans le fu-
mier, de manière à les garantir du coma final.
Combien cependant vont peut-être payer de
leur vie cette dégoûtante ivresse ! Mais aussi
quelle déplorable erreur ! Donner de l'eau-de-vie
à des hommes sans vivres, les obliger dans la
nuit, sous une pluie battante, à venir, à travers
champs, chercher de la viande et du pain !

Je suis effrayé du nombre des malades, soixante
au moins, qu'il faut, de toute nécessité, envoyer à
l'ambulance ou confier aux habitants du village.
Depuis qu'il compte à l'armée de la Loire, et
même pendant la bataille, le 7ᵉ bataillon n'a pas
éprouvé plus sensible perte.

Et les Bavarois nous ont échappé !

Le général Reyau, qui commandait la cavalerie,
avait reçu l'ordre d'occuper la route d'Orléans à
Étampes, en avant d'Arthenay, afin de leur couper
la retraite et de les rabattre sur Saint-Sigismond,
Gémigny et Épieds. Toute leur artillerie et vingt
mille hommes peut-être devaient ainsi tomber en

notre pouvoir. Mais, et malgré les précises indications du général d'Aurelle, le général Reyau a perdu la tête sous les derniers efforts de cette artillerie massée vers Saint-Péravy, pour protéger la retraite, et s'est replié presque sans combattre.

Et notre victoire, qui pouvait être l'anéantissement de l'armée bavaroise, se trouve ainsi réduite aux conséquences d'une simple défaite. Elle nous a donné cependant, en outre de la reprise d'Orléans et de Châteaudun, plus de deux mille prisonniers et tout un immense convoi.

— On a pris la voiture et le chapeau du tanneur, disent les loustics, mais lui, si tanné qu'il ait été, a pu cependant déguerpir. On saura le rattraper et le tanner encore.

Heureusement, et cela remet du cœur au ventre, on fait courir le bruit d'une importante victoire sous Paris. Le général Trochu, dit-on, a fait quatre mille prisonniers. Part faite de l'exagération, il paraît qu'on se battait avec succès sous Paris, pendant que l'armée de la Loire vainquait à Coulmiers. Mais on annonce aussi que le prince Frédéric-Charles, débarrassé de Metz, s'avance à marches forcées vers la Loire.

— Allez vite, disent les paysans, et si vite qu'ils décampent, vous les rejoindrez avant qu'ils aient reçu des renforts, et vous délivrerez Paris.

12 *novembre*. — Le bataillon est campé en

avant de Saint-Péravy, à droite de la route d'Orléans ; notre grand'garde, vers la ferme du Chêne,
fournit, sous les ordres du commandant de Blandinières, une section à la ferme de Roumilly, avec
mission de surveiller les approches de Patay.

13 *novembre*. — Et nos malheureux soldats
demeurent anxieux, dans l'impatience d'une
poussée en avant.

— Orléans et Châteaudun réoccupés, disent-
ils, que faisons-nous ici, crevant dans la boue ?
Paris nous attend, et les Bavarois sont démoralisés.

Et le nombre des malades augmente de très
inquiétante façon.

La bataille de Coulmiers a coûté au bataillon
six tués (Jubin, Lahay, Jartoux, André, Duchiron, Sébire) et cinquante-quatre blessés, parmi
lesquels une vingtaine seulement assez gravement
atteints. Chaque journée ainsi passée dans la boue
nous coûte trente-cinq à quarante malades, qu'il
faut de toute nécessité évacuer sur les ambulances.

Et, paraît-il, la crainte d'un retour offensif ne
permet pas le cantonnement. La confiance se
maintient cependant. Et quand vers midi nous
assistons à la messe, dans la petite église de Saint-
Péravy, quand nous entendons notre aumônier
divisionnaire (M. de Beuvron, l'ancien aumônier

du Val-de-Grâce, je crois) chanter le *Te Deum*
de la victoire, chacun sent battre son cœur.
L'église est comble, tous rangs mêlés, et plus
d'un, brave sous la mitraille, a les larmes aux
yeux quand le prêtre, un nouveau Pierre l'Ermite prêchant la croisade, fait appel à l'amour de
la Patrie.

— *Sursum corda !* dit-il, et il y a des hommes
qui l'entendent.

Au sortir de la messe, le général Barry s'adressant au commandant, le charge de féliciter le
bataillon, et l'informe qu'il l'a proposé pour le
grade de lieutenant-colonel, puis le capitaine
Demarle pour commandant, le capitaine Campion
et moi-même pour la croix de la Légion d'honneur, plusieurs sous-officiers et soldats pour la
médaille militaire.

Et nous étions remplis du saint enthousiasme
quand, au sortir de cette entrevue, après l'émotion de la messe, nous partîmes ensemble, mes
compatriotes le colonel Baille, commandant intérimaire de notre 2ᵉ brigade ; le commandant Gariod, commandant le 38ᵉ de marche ; le lieutenant
Robert, un des héros de Coulmiers, et moi, au
galop de nos chevaux, jusqu'à deux kilomètres
en avant de Patay, notre extrême avant-garde.

Patay, barricadée à toutes ses avenues, est
confiée à la garde des francs-tireurs de l'héroïque
défenseur de Châteaudun, le colonel Lipowski,

assistés d'un escadron de chasseurs et d'un bataillon de mobiles. De ce côté, du moins, nous sommes à l'abri d'une surprise.

Quelle bonne causerie ! Chacun dit ses impressions, ses préoccupations et ses espérances ; chacun rappelle la famille, les amis, les victimes de Metz et de Sedan. Et comme le colonel Baille revit, dans ces souvenirs, nos anciennes discussions, alors qu'étant encore au Val-de-Grâce, il voulait bien perfectionner mes aptitudes équestres, et me confier sa haine de l'Empire, dont il avait si nettement prévu la ruine et le déshonneur !

14 novembre. — Le général d'Aurelle déclare, paraît-il, qu'il est indispensable d'attendre des renforts et de réorganiser les troupes avant de se porter en avant. Il décide de se maintenir dans la défensive, en avant d'Orléans. On assure, d'autre part, que les Bavarois, complètement démoralisés et outrés de la conduite des Prussiens à leur égard, sont sur le point de faire défection, et que le gouvernement prépare cette solution qui, presque certainement, obligerait les Prussiens à consentir une paix honorable.

Soit, mais pour Dieu, qu'on ne nous laisse pas ainsi dans l'inaction ! Les meilleures armées succombent sous les souffrances et les maladies, cent fois plus désastreuses que le feu de l'ennemi, épuisant autant le moral que le physique. Le patriotisme lui-même en est cruellement atteint. Je n'en veux pour preuve que les déplorables conversations entendues, même chez des officiers improvisés.

— Nous ne sommes pas des soldats, nous autres, disent-ils. Qu'on nous rende à nos affaires, à notre vie facile, nous ne demandons rien de plus. La guerre, n'est point notre métier... Il y a des soldats payés pour ça...

Et certains officiers ne rougissent pas d'exprimer de tels sentiments devant leurs hommes, ni même d'engager avec eux, sur le pied de la plus dangereuse familiarité, des discussions politiques aussi stériles que tapageuses.

J'ai foi dans l'avenir cependant, parce que tout en grommelant, tout en protestant contre Gambetta et les partisans de la guerre à outrance, contre tous ces hommes qui, disent-ils, n'ont en vue que la satisfaction de leurs ambitions personnelles, il n'est assurément pas un de nos officiers capable d'hésitation devant l'ennemi.

Nous étions, avant Coulmiers, plus démoralisés encore. Puis, c'est l'habitude, chez nous, de protester toujours, de traîner le gouvernement dans la boue, de s'en montrer l'irréconciliable ennemi. C'est une des bizarreries du caractère français. Nous avons besoin d'action ; et si la victoire couronne l'effort, alors il n'y a plus, au gouvernement comme dans l'armée, que de grands patriotes et

de grands capitaines. Comment obtenir le respect, la considération, alors que nous nous char-
geons si légèrement de nous amoindrir et de nous
déconsidérer nous-mêmes! Par la guerre, et rien
que par la guerre, parce que seule elle trempe les
caractères et fait des hommes.

15-17 novembre. — Décidément, nous nous
retranchons ici. Nos mobiles, sous la direction du
génie, creusent d'immenses tranchées et établissent des batteries en avant du camp. Et les Prussiens se concentrent de leur côté pour venir nous
attaquer. C'est du moins ce qu'on dit dans Orléans,
où j'ai pu me rendre aujourd'hui, en compagnie
du docteur de Lalaubie, des ambulances internationales.

La ville de Jeanne d'Arc ne parait pas redouter
une seconde invasion. De fait, elle est couverte, à
bonne distance, par d'énormes pièces de marine.
Sa position défensive est formidable ; elle peut en
toute sécurité, paraît-il, attendre les événements.
D'autre part, on annonce l'arrivée prochaine de
renforts qui devront tripler les effectifs de
l'armée de la Loire. Puis les engagements d'Orgères et de Viabon sont demeurés à notre avantage ; on tient pour certains les succès de l'armée
de Paris.

Enfin, on annonce que la Russie, d'accord
avec la Prusse, demande la revision du traité de

1856 et la libre navigation de la mer Noire. L'Angleterre s'y oppose ; un Congrès est imminent ; et la paix en sera pour nous l'honorable conséquence.

Mais on annonce aussi la capitulation de Neuf-Brisach et de Verdun !

18 novembre. — La division tout entière vient, ce matin, occuper les hauteurs avoisinantes. Le 7e bataillon tient Gémigny, en avant de Saint-Péravy ; il appuie deux batteries d'artillerie. On prévoit, parait-il, une prochaine attaque ; et les ambulances ont reçu l'ordre d'évacuer, par chemin de fer, les trop nombreux éclopés et malades qui les encombrent.

Pendant cette marche de Saint-Péravy à Gémigny, mon superbe cheval, atteint le jour de Coulmiers d'une balle dans le cou, tombe subitement paralysé. Et, bien tristement, je suis obligé de le faire abattre.

Il fait un temps affreux ; la pluie a tellement détrempé les terres que les attelages d'artillerie ont la plus grande peine à démarrer. Gens et chevaux sont épuisés. Aussi, et sur les observations réitérées du service de santé, le général Barry, malgré les inconvénients que peut présenter la mesure, ordonne que les troupes seront cantonnées. Les compagnies détachées à tour de rôle pour le service de grand'garde devront seules bivouaquer. Les paysans s'y prêtent de bonne grâce, et bientôt, officiers et soldats sont à l'abri, dans les granges.

L'armée bavaroise, renforcée d'une division prussienne commandée par le duc de Mecklembourg, et peut-être par une partie de l'armée du prince Frédéric-Charles, occupe Montargis, Pithiviers, Étampes et Chartres. Et voici qu'un régiment de mobiles, attaqué près de Nogent-le-Rotrou, a dû battre en retraite, laissant à l'ennemi un grand nombre de prisonniers.

24 novembre. — Une division bavaroise a complètement échoué, paraît-il, dans une attaque du village de Digny. Deux fois, l'ennemi, appuyé par une nombreuse artillerie, a tenté l'assaut de nos positions. Deux fois il a été repoussé. Mais, pendant la nuit, nos soldats ayant épuisé leurs munitions, ont dû abandonner le village et se frayer un chemin à coups de crosse et de baïonnette. On parle également d'une sérieuse affaire à Neuville-aux-Bois, sur la ligne Orléans-Paris : un bataillon d'infanterie de marine, le 29ᵉ régiment de marche et un régiment de mobiles ont lutté depuis le matin jusqu'à midi contre quatre mille Prussiens, qui, finalement, ont été repoussés avec de grosses pertes. J'étais ce soir à Orléans lorsqu'un convoi vint déposer, à la préfecture, cent quatre-vingts fusils et des casques enlevés pendant le combat.

Une action paraît donc imminente. On semble

s'y préparer, en construisant sur place de nouveaux retranchements pour de nouvelles batteries. Notre ligne défensive, en avant d'Orléans, est formidable. Enfin, on a, dit-on, jeté sur la Loire trois ponts de bateaux pour le cas impossible où nous devrions abandonner la ville.

27 *novembre.* — Notre armée paraissant trop disséminée, le général d'Aurelle a ordonné un mouvement de concentration défensive. Il se déclare, paraît-il, encore impuissant à marcher de l'avant. Et nos pauvres soldats, à peine vêtus, presque sans chaussures, se démoralisent dans l'inaction.

Le prince Frédéric-Charles, actuellement à Pithiviers, a, paraît-il, pris le commandement de l'armée bavaroise, renforcée de trois corps d'armée et d'une division de cavalerie.

Il se prépare à nous attaquer. On signale, en effet, de grands mouvements de troupes aux environs de Bonneval, Châteaudun et Janville, voire même la présence de la cavalerie ennemie jusqu'à Châteaurenault, à quelques lieues de Tours.

Le colonel Lipowski, qui avait réoccupé Châteaudun, a dû se replier devant des forces considérables.

Et notre 17e corps, commandé par le général de Sonis (remplaçant le général Durieu, malade), craignant d'être tourné par la gauche et enveloppé par des forces supérieures, se déclare dans l'obligation de se replier également.

Ce soir même, pendant que j'écris ces lignes, ordre nous arrive de prendre immédiatement les armes ; ce n'est cependant qu'une alerte. Les francs-tireurs de Lipowski, qui tenaient de fortes positions dans les marais de la Conie, autour de Varize, auraient été trahis par des paysans qui ont, paraît-il, indiqué les passages praticables. Ils ont dû se retirer jusqu'en avant de Patay, après un combat acharné.

D'autre part, après de sérieux engagements à Ladon et à Mézières, notre 20° corps, sous les ordres du général Crouzat, et le 18°, sous les ordres du général Billot, ont vigoureusement attaqué le 10° corps allemand, soutenu par les renforts du prince Frédéric-Charles, et leur ont infligé des pertes considérables.

30 novembre. — Ordre précis nous arrive pendant la nuit. Nous aurons, dès le matin, à défendre les positions que nous occupons. L'ennemi s'est avancé vers le sud. On suppose que le duc de Mecklembourg cherche à nous tourner pour isoler notre aile gauche du reste de l'armée. De fait, ses reconnaissances, repoussées par des francs-tireurs, ont été aperçues jusqu'à Péronville.

De notre côté, le général d'Aurelle paraît vouloir concentrer toute l'armée de la Loire en avant d'Orléans. En effet, le 20ᵉ corps, avec le général Crouzat aux environs de Bellegarde, et le 18ᵉ, toujours devant Beaune-la-Rolande, couvrent la route Orléans-Montargis ; le 15ᵉ, avec le général Martin des Pallières, celle d'Orléans à Pithiviers, tandis que le 16ᵉ, avec le général Chanzy, garde les positions Saint-Péravy (amiral Jauréguiberry), Coinces et Patay (général Barry) et Bricy (général Morange).

Et voici que le 17ᵉ corps, avec le général de Sonis, qui occupe Charsonville et Ouzouer-le-Marché, en avant de la forêt de Marchenoir, se rapproche de nous, pour fixer son quartier général à Coulmiers.

Tels sont, du moins, les renseignements qui me paraissent résulter d'une conversation entre le commandant et quelques officiers des corps voisins.

Du fait de l'évacuation de Châteaudun, l'ennemi est maître du cours du Loir, et Vendôme est découvert. Mais nos forces, actuellement en arc de cercle, dans d'excellentes positions en avant d'Orléans, ne tarderont pas à prendre l'offensive. On dit que l'ennemi s'efforce de nous couper la route de Paris, mais que l'armée assiégeante a été très ébranlée déjà.

A la recherche d'un officier du 17ᵉ corps, **M.** de la Brosse, des mobiles de l'Yonne, nous avons pu, dans la soirée, quelques camarades et moi, l'accompagner jusque vers Saint-Sigismond. Et nous avons été frappés de la belle allure des troupes. Soldats de la mobile ou de l'infanterie, artilleurs, chasseurs, spahis, turcos ou zouaves pontificaux, tous paraissent remplis d'entrain ; il n'y a pas de traînards, et chacun marche à son rang. On sent la discipline et le bon vouloir.

J'ai la satisfaction de retrouver là plusieurs anciens camarades : mon compagnon de l'armée du Rhin, le commandant Didier, devenu colonel, puis le capitaine Crespy, de l'artillerie, et plusieurs officiers venus d'Afrique. Et tous, fiers de leur chef, disent avoir confiance en l'avenir.

Le 17ᵉ corps s'échelonne depuis Binas jusqu'à Saint-Laurent-du-Bois, en avant de la forêt de Marchenoir. Quant à nous, retranchés en avant de Gémigny, nous avons ce matin entendu seulement quelques coups de canon échangés probablement avec une avant-garde prussienne. Mais l'ennemi ne paraît pas s'être beaucoup avancé. Heureusement, du reste, car si le 17ᵉ corps paraît bien entraîné, on peut, à juste titre, s'inquiéter de l'insouciance de certaines compagnies de grand'garde. C'est ainsi qu'à la nuit noire nous avons pu, quatre cavaliers (MM. de Lalaubie, Huguel, mon muletier Fouilloux et moi), tomber à l'improviste, et sans être aucunement inquiétés, sur une batterie d'artillerie confiée à la garde de deux compagnies du 31ᵉ. Pas une sentinelle pour nous arrêter. Et cependant, enveloppés de nos manteaux, nous étions véritablement méconnaissables. Quatre uhlans à notre place eussent pu, peut-être, enclouer les pièces et s'échapper. Mais, paraît-il, ces compagnies étaient là sans instructions ni mot d'ordre.

Et pourtant, vers dix heures du soir, ordre arrive de nous tenir prêts à marcher dès le matin. Où irons-nous? Les commandants le sauront pendant la nuit seulement. Et cette discrétion nous parait de bon augure.

1ᵉʳ décembre. — Combat de Villepion. — Le bataillon est sous les armes, attendant l'ordre de se mettre en route. On assure que le duc de Mecklembourg et le général von der Thann se dérobent vers le nord pour rejoindre le prince Frédéric-Charles. La troupe est anxieuse.

Une lettre nous confirme que les 18ᵉ et 20ᵉ corps ont, pendant toute la journée du 28, combattu en avant de Beaune-la-Rolande, et chassé l'ennemi de toutes ses positions; mais que, dans la soirée, sous la poussée d'énormes renforts amenés par le prince Frédéric-Charles, ils ont dû légèrement se replier. Nos pertes seraient fort élevées, mais celles de l'ennemi beaucoup plus considérables.

Vers deux heures de l'après-midi seulement, le bataillon se met en route pour venir à Sougy, par Chesnes et Coinces.

A trois heures, on entend le canon dans la direction de Terminiers; on allonge le pas. Et bien-

tôt, vers cinq heures, les feux de salve parviennent
jusqu'à nous. Mais déjà les Bavarois sont en fuite,
nous abandonnant de nombreux prisonniers. La
1re division du 16e corps, superbement entraînée
par l'amiral Jauréguiberry, les a chassés de toutes
leurs positions, notamment du parc et du château
de Villepion-Faverolles, où cependant ils étaient
solidement retranchés.

Partout en avant de nous, des fermes en
flammes témoignent que la lutte a été acharnée.

Sur notre gauche, à deux kilomètres à peine,
une flamme brillante, uniforme, sans fumée apparente, fixe notre attention. Certains prétendent
que ce sont des cadavres qui brûlent, entassés sur
des fagots arrosés de pétrole. Les Prussiens, disent-
ils, emploient parfois ce moyen pour se débarrasser des morts et cacher ainsi leurs pertes. Tout
près de moi, dans une vaste ferme, à Touriette,
soixante-dix à quatre-vingts blessés attendent les
premiers soins. Mais il faut, avant tout, relever les
malheureux qui demeurent encore sur le champ
de bataille, et pour lesquels la nuit serait une
mortelle torture.

Le médecin-major Dujardin-Beaumetz (du 31e)
et moi, nous parcourons, chacun de notre côté,
accompagnés de nos brancardiers, une certaine
étendue du terrain devant nous, et réussissons
ainsi à ramener encore une vingtaine de blessés.
Et vers minuit seulement, alors que tous ont été

pansés et restaurés, nous pouvons, à notre tour, goûter, à côté d'eux, quelques instants de repos.

Pas longtemps, en vérité, car voici qu'au milieu de la nuit nous arrive un nouvel ordre de marche. Et surtout une dépêche, une dépêche officielle, double notre joyeux élan.

« *Le général Ducrot est sorti de Paris avec cent vingt mille hommes, a culbuté l'armée assiégeante, et s'avance rapidement à la rencontre de l'armée de la Loire.* »

Enfin, la France se réveille ! Vive la France ! C'est le cri de l'armée tout entière.

Bien vite donc, il faut, afin d'être prêts pour toutes éventualités, se débarrasser des blessés. L'ambulance internationale (section de Lalaubie) qui devait nous accompagner n'a pas encore paru. Il faut aménager les voitures de la ferme, y placer les blessés et organiser un convoi sur Patay, où, très probablement, sont actuellement les ambulances militaires du corps d'armée. Je dis probablement, car ce sont les intendants qui commandent et dirigent ces ambulances. Et les médecins régimentaires sont, très habituellement, dans une complète ignorance de leurs marche et stations. Dans tous les cas, le maire de Patay, que j'informe par lettre, fera le nécessaire.

2 *décembre.* — *Bataille de Loigny.* — Ordre de la division :

« *L'objectif est Toury. La 1ʳᵉ brigade, rangée entre Terminiers et Gommiers, ayant pour centre Touriette, marchera sur Loigny, en passant par Faverolles et Villours. La cavalerie marchera sur Orgères et La Maladrerie pour reconnaître ces villages, qui peuvent être occupés. S'il n'y a rien, on s'avancera par Bazoches-les-Hautes et Tillay-le-Péneux jusqu'à Janville et Toury.*

« *La 3ᵉ division (général Maurandy) appuie par Terminiers et Lumeau. La 1ʳᵉ est en réserve. Le général Chanzy sera à Guillonville; le grand quartier général à Chevilly. Le 17ᵉ corps s'établit à Patay, le 15ᵉ à Arthenay.* »

A sept heures du matin, le bataillon se met en mouvement. Il est flanqué de deux batteries et demie d'artillerie, entre le 31ᵉ de marche à gauche et le 37ᵉ à droite. On avance régulièrement, sous un beau soleil et par un froid des plus vifs. La plaine, devant nous, s'étend au loin, coupée seulement de rares bouquets d'arbres. A Faverolles et près des fermes que nous traversons, les paysans paraissent terrorisés. L'ennemi, disent-ils, leur a tout enlevé. Cela est triste, mais on va vers Paris. On évoque le soleil d'Austerlitz, et l'espérance est au cœur de tous. A hauteur de la ferme de Fougeu, vers neuf heures du matin, nos tirailleurs commencent le feu et, tout de suite, la bataille devient générale. On distingue très nettement, à douze ou quinze cents mètres de nous, de grands mouvements de troupes. Le bataillon oblique légèrement et, sous un feu d'enfer, attaque la ferme de Beauvilliers, qu'il enlève dans un irrésistible assaut. Sur notre droite, nos troupes ont rapidement traversé Loigny pour attaquer le château de Goury, où l'ennemi s'est fortement retranché. De même que pour la ferme, un irrésistible élan nous rend maîtres du château, et les Bavarois battent rapidement en retraite.

Mais déjà mes brancardiers ont groupé de nombreux blessés. Et je suis obligé de planter mon fanion de la Croix-Rouge à l'abri d'un fossé, en avant de la ferme de Fougeu. Pendant plus d'une heure, et malgré l'acharnement des Prussiens qui font rage de toute leur artillerie, la lutte se poursuit à notre avantage.

Cependant, vers midi, le château de Goury et la ferme de Beauvilliers deviennent intenables. Quelques affolés s'en vont, la crosse en l'air, au devant de l'ennemi et se constituent misérablement prisonniers. Et ma brigade, très cruellement éprouvée par le feu, est obligée de se replier sur Loigny, pour s'y reformer. Bientôt, en effet, me disent des blessés, de nouvelles troupes reviennent à l'assaut de Goury, mais se heurtent, sans succès, à l'opiniâtre résistance de l'ennemi, soutenu par une formidable artillerie. Hélas ! partout elles fléchissent, abandonnant même Loigny, où mon bataillon et le 37ᵉ d'infanterie résistent seuls avec acharnement. Voici que le général Barry, obligé lui-même de se retirer, passe devant moi, immédiatement suivi d'un bataillon bavarois qui, le fusil haut, se précipite sur la ferme de Fougeu et l'envahit. J'étais entouré déjà de plus de deux cents blessés, parmi lesquels trois officiers (1) et quarante hommes de mon bataillon. « La position n'est pas tenable », me dit alors un collègue dont je veux oublier le nom, puis il se retire, nous laissant seuls, le docteur Barraud, des mobiles de la Dordogne, et moi, au milieu de nos blessés. Alors me revient le souvenir de mon ancien, le docteur Thomas, à la ferme de la Hanoterie. Et je n'ai plus un instant d'hésitation. Le devoir s'impose, d'autant plus précis que, malgré le fanion d'ambulance, malgré nos protestations, malgré les cris des blessés, l'ennemi s'abrite derriere les murs de la ferme pour continuer la lutte.

En vérité, nos blessés sont cruellement exposés. Voici, en effet, que les obus français nous accablent à leur tour ; et l'incendie, tout autour de nous, fait de rapides progrès. Sous une pluie de fer et de feu, nous sommes, le docteur Barraud et moi, appelés de tous les côtés, tant par nos propres blessés que par les Prussiens, eux-mêmes très éprouvés. Dieu, qui a permis que nous fussions

---

(1) Le capitaine Demarle, atteint d'un coup de feu à la tête ; les lieutenants Touhant de Hautvilliers et Harinthe, blessés au pied et à la jambe.

épargnés l'un et l'autre, nous a, ce jour-là, donné quelque courage.

L'officier bavarois qui paraît commander dans la ferme est lui-même légèrement atteint par un éclat d'obus. Il réclame mon assistance. Il parle correctement le français. J'en profite, tout en le pansant, pour renouveler ma protestation. « Il y a ici de nombreux blessés couverts par le drapeau international ; l'occupation de la ferme par des combattants les expose cruellement à de nombreux dangers... » Est-il ébranlé ? Peut-être. De fait, le feu cesse autour de la ferme. Mais à côté de nous, vers Loigny, il redouble d'intensité. Le canon gronde incessant, mêlant ses terribles éclats au crépitement de la fusillade. Il est quatre heures du soir. C'est évidemment un retour offensif. De temps à autre, d'effroyables clameurs révèlent l'acharnement de la lutte. Cela dure plus d'une heure. Puis la nuit vient, coupée des lueurs sinistres de l'incendie qui dévore Loigny. Et vers six heures, le feu cesse.

Dans la ferme de Fougeu, il y a plus de cinq cents blessés ; et bien nombreux encore sont ceux qui, tout autour, attendent anxieusement quelques secours. Accompagné de deux de mes brancardiers, Gouland et Bristiel, d'un homme du 31ᵉ, Husson, et de deux mobiles, Jeandot et Deserol, le docteur Barraud s'en charge, pendant que je continue les pansements urgents et l'installation des blessés.

A neuf heures seulement, je peux me rendre à Loigny. C'est épouvantable. L'église est encombrée déjà, et des malheureux se trainent péniblement pour y chercher un refuge. J'y rencontre un jeune aide-major du 38ᵉ de marche, M. Babaud, et l'abbé Le Bastard, aumônier des mobiles de la Mayenne, l'un et l'autre complètement dépourvus de ressources, n'ayant même plus un morceau de linge et, disent-ils, absolument impuissants à mettre au moins un peu d'ordre dans cet entassement d'horreurs.

L'instinct de la conservation est féroce. Il faut en tirer parti. Je réussis, par une porte latérale, à pénétrer jusque dans le chœur de l'église. Alors : « Sauve qui peut ! m'écriai-je de toutes mes forces ; l'église est remplie d'obus, l'incendie la gagne, elle va sauter ! »

Et. dans une horrible clameur de souffrances, les plus valides se trainent péniblement, s'en vont ailleurs chercher un introuvable abri. Seulement ainsi, les plus gravement atteints obtiennent enfin la misérable place indispensable à l'allégement de leur torture.

Mais encore, et de partout, clament les plaintes de malheureux qui implorent un secours. Et la neige tombe glaciale, contrastant avec l'horreur de l'incendie qui dévore plusieurs maisons du village. Il faut au moins protéger ceux que menace directement l'incendie. Les habitants ont disparu. Le presbytère et les maisons avoisinantes sont encombrées comme l'église. Et l'ennemi, qui occupe les autres maisons, se montre impitoyable. Aucun secours, il n'y a rien à en attendre. De tous les côtés des appels désespérés et l'impuissance absolue. Il est deux heures du matin; nous sommes nous-mêmes à bout de forces. Il faut se résigner!

On décide que, dès le matin, j'irai moi-même trouver le général von der Thann ou le général de Treskow, qu'on nous assure être encore dans le voisinage. Par eux, sans doute, j'obtiendrai les moyens d'évacuation et les secours indispensables. Et chacun de nous s'étend, pour quelques heures, à côté d'un blessé.

Quelle horrible nuit! Nous sommes battus! La victoire, longuement disputée, a, du reste, coûté bien cher à l'ennemi, et nous avons à peine reculé de trois ou quatre kilomètres. Plusieurs même affirment que nos troupes, et notamment mon bataillon de chasseurs, occupent encore le château et le parc de Villepion, à quinze cents mètres seulement de Loigny. Et les Prussiens, malgré l'incessant passage des fourgons d'artillerie qui roulent bruyamment la mort sur cette terre glacée où gémissent encore tant de victimes, paraissent hésitants!

3 décembre. — Seulement vers sept heures,

leurs troupes se remettent en mouvement. Et je ne tarde pas à rencontrer le général Treskow, les suivant dans un long convoi de voitures fermées, où se trouvent également de nombreux officiers.

Mais mes instances sont vaines. Le Saxon est, sinon grossier, du moins fort acerbe.

Je le dérange inutilement. Il n'a pas le temps de m'entendre. Il a, du reste, assez à faire de ses propres blessés, et peut seulement m'autoriser à évacuer vers l'arrière. Et, s'adressant à son voisin, il me fait remettre un permis de circulation.

Je reviens au village. Mon camarade Babaud m'y réclame anxieusement. Il vient, me dit-il, de découvrir, à cinq cents mètres de Loigny, le général de Sonis, commandant le 17e corps, et plusieurs blessés très gravement atteints. Ils ont été abandonnés sur le champ de bataille et ont, pendant toute la nuit, cruellement souffert, tant de leurs blessures que des rigueurs du froid.

L'héroïque général, à peine abrité sous un petit manteau, la tête appuyée sur sa selle, est couvert de neige. Autour de lui, plusieurs hommes, appartenant pour la plupart à la légion des zouaves pontificaux, gisent inanimés.

— Dieu ne m'a pas abandonné, s'est écrié le général. Ce sont des Français qui viennent à mon secours.

Il doit attendre, cependant, pendant quelque

temps encore. En effet, il a la cuisse brisée, et le moindre mouvement est une torture. Et nous n'avons même pas un brancard.

Vainement je m'adresse à un médecin prussien de passage. Il est obligé de suivre et ne peut rien pour nous. Cependant, et non sans protestation, je réussis à lui enlever un brancard dont M. Babaud se sert immédiatement pour transporter le glorieux blessé jusqu'au presbytère de Loigny, où j'ai réservé, dans la chambre même du curé, le lit que vient, parait-il, de quitter, il y a quelques instants seulement, le général von der Thann, notre vaincu de Coulmiers, notre vainqueur de Loigny.

Mais, où donc sont nos ambulances ? Il y a sûrement autour de nous près de trois mille blessés. Et les secours nous manquent absolument. Je suis seul médecin du cadre régulier. Chacun s'adresse à moi, et je demeure impuissant ! Voici, cependant, que deux nouveaux médecins, le Dr Lescarbaut (1), d'Orgères, et un jeune étudiant, M. Lamain, arrivent jusqu'à moi ; mais, hélas ! sans ressources eux-mêmes. Ils facilitent cependant un commencement d'organisation.

Babaud et Lescarbaut se chargent de Loigny,

____

(1) Le Dr Lescarbaut, bien connu pour ses études astronomiques, avait, dès le début de l'action, et assisté seulement de sa femme et de sa fille, organisé, à Orgères, un poste de pansements qui fut le salut d'un grand nombre de blessés.

Lamain et l'abbé Le Bastard reçoivent mission de fouiller le champ de bataille, Barraud retourne à Fougeu. Et je pars moi-même, accompagné du curé de Loigny, l'abbé Theuré, monté comme moi sur un cheval abandonné, afin de réaliser, dans les villages avoisinants, les ressources immédiates dont nous avons un absolu besoin. L'excellent abbé connaît bien le pays, mais il ignore le cheval et m'oblige à beaucoup modérer mon allure.

La bataille, du reste, s'est étendue bien loin autour de Loigny. La plaine est semée de cadavres qui attendent la sépulture. Çà et là des entassements révèlent l'acharnement de la lutte. Des chevaux abandonnés traînent d'horribles plaies. Le sol est couvert d'armes, de sacs, de fourgons renversés. Et parfois, de ce champ de carnage, s'enfuit quelque rôdeur surpris fouillant les sacs ou retournant les poches. Les oiseaux de proie sont assurément moins dégoûtants.

Au château de Goury, encore occupé par l'ennemi, mes brancardiers Lancelot et Fouilloux, pendant que nous visitons rapidement quelques blessés, s'entretiennent avec des soldats convoyeurs et réussissent, au risque d'être fusillés, à leur enlever adroitement une quarantaine de bouteilles d'excellent vin, qu'ils viennent évidemment de voler eux-mêmes.

A Tillay-le-Péneux, non sans avoir longuement

parlementé avec de revêches paysans qui exigent des réquisitions écrites, nous obtenons cinq vaches, quelques volailles, des pommes de terre, un petit approvisionnement de linge. C'est le nécessaire indispensable.

A Bazoches-les-Hautes et dans toutes les fermes avoisinantes, des blessés sont misérablement étendus dans les granges, mourant de froid, de soif et de faim. L'égoïste affolement des paysans paraît complètement les ignorer. Nous ne pouvons, le curé et moi, que les exhorter à la patience. Il faut pourvoir au plus pressant.

Bien vite, je reviens à Loigny, où m'ont précédé mes pourvoyeurs, occupés déjà à préparer du bouillon et à surveiller la répartition des portions de viande.

Le général m'attend. J'examine hâtivement sa blessure et constate, au tiers moyen de la cuisse gauche, une fracture esquilleuse des plus graves. Mais l'état du blessé est tel que je crois devoir m'abstenir de toute intervention, me contentant de maintenir le membre à l'aide de coussins improvisés.

Mais, vers trois heures de l'après-midi, voici qu'arrivent de Janville deux médecins, MM. Dargent et Lebel, accompagnés de l'abbé Gaussin. Ils estiment, très justement, que le général pourrait recevoir, loin du champ de bataille, les soins qu'il n'a pas encore été possible de lui donner ici, et lui proposent de l'emmener immédiatement. Dans ce but, ils confectionnent avec de la paille un très rudimentaire appareil de soutien.

J'étais alors à Fougeu. Mon camarade Babaud fait remarquer que la prostration nerveuse, l'abondance de l'hémorragie, la nature même de la blessure et l'état général du blessé imposent un repos absolu, sans déplacement. Et, malgré l'avis du colonel de Charette, lui-même gravement blessé, il déclare que, sauf mon ordre, il croit devoir s'opposer à tout déplacement immédiat.

Dans la soirée, le médecin-major Dujardin-Beaumetz, dont nous ignorions la présence à proximité, vient heureusement alléger notre préoccupation, et partager ma lourde responsabilité.

Nous sommes en effet d'accord, après un rapide examen, qu'il serait imprudent de prendre aucune décision immédiate ; que, du reste, il n'y a pas urgence, qu'un large débridement s'impose, et qu'on pourra seulement agir alors en connaissance de cause.

— Faites ce que vous jugerez nécessaire, nous dit le général, en présence duquel nous devons nous entretenir ; je m'en remets à Dieu et à vous.

Il est donc entendu que M. Dujardin-Beaumetz, qui de par son grade est le plus autorisé d'entre nous, dont tous connaissent, du reste, la haute valeur chirurgicale, prendra la direction générale du service, et qu'il viendra se fixer à Loigny, où affluent constamment de nouveaux blessés, dès qu'il aura pu satisfaire aux besoins urgents des fermes de Villerand et de Morale, où il a dû temporairement s'établir avec ses aides-majors Bouchez, Labrousse et Potel. Personnellement, je demeure, avec l'assistance de mes collègues Barraud, Babaud et Lamain, spécialement chargé de la ferme de Fougeu, où de nombreuses opérations nécessitent ma présence.

Il faut d'abord organiser le service, éloigner surtout les nombreux blessés auxquels les soins nécessaires peuvent être donnés dans les localités voisines, et qui ne tarderaient pas, en raison de l'exiguïté et de la saleté des maisons occupées, à constituer un dangereux foyer d'infection.

J'écris, en conséquence, aux maires de Bonneval, d'Illiers, de Voves, les priant de nous apporter bien vite des vivres, du linge, du chloroforme, surtout d'amener assez de voitures pour l'évacuation indispensable d'un grand nombre de blessés. Et, de suite, mon fidèle Lancelot, muni du permis de circulation que m'a remis le général de Treskow, se charge de remettre mes lettres.

Ceci fait, il m'est enfin possible de me consacrer à la pratique des plus urgentes opérations.

Ce sont d'abord, à Loigny, le soldat Chuaut, des mobiles de la Mayenne, dont la jambe, horriblement arrachée par un obus, nécessite une amputation immédiate ; les soldats Grappin (du 38°) et Meulet (du 39°), qui, dans les mêmes conditions, acceptent l'amputation d'un bras ; le caporal de Cazenove de Pradines, des zouaves pontificaux, dont une hâtive résection des os de l'avant-bras droit, broyés par une balle, me fait espérer la conservation de l'usage partiel du membre ; le soldat Voulgre, du 7° bataillon de chasseurs, qu'il faut amputer de la cuisse, et plusieurs autres auxquels des soins immédiats sont indispensables.

4 décembre. — La journée tout entière se trouve ainsi remplie. Et quand M. Dujardin-Beaumetz, vers quatre heures du soir, peut enfin quitter Morale et Villerand pour se fixer à Loigny, de suite, et sans un instant de répit, il peut continuer la terrible besogne. On aménage hâtivement le salon du presbytère, où râle encore le sergent de Verthamont, des zouaves pontificaux. Le malheureux, atteint d'une fracture esquilleuse de la colonne vertébrale, a été retrouvé, ce matin seulement, dans une grange de la ferme de Villours, étendu à côté d'un cadavre, et complètement paralysé. Il a fallu, pour le sortir de là, le glisser sur une échelle à peine garnie d'un misérable édredon. La mort seule pourra, bientôt sans doute, le délivrer des insupportables douleurs qu'il subit avec une admirable résignation.

Puis, sous la pâle lumière d'une lampe et de quelques bougies, voici le général de Sonis. Il a pu communier, il s'est ainsi réconforté dans la foi, il s'abandonne à nous, dans la volonté de Dieu. Et le minutieux examen qu'il est possible de pratiquer sous le sommeil chloroformique ne laisse aucun doute sur l'absolue nécessité de l'amputation au tiers supérieur. Très rapidement, avec l'assistance de nos collègues Bouchez, Labrousse et Lescarbaut, M. Dujardin-Beaumetz pratique l'opération (1). Et le glorieux blessé, méthodiquement pansé, est reporté dans son lit, dont on a pu seulement changer les draps. Guérira-t-il? On ose à peine l'espérer. Il a perdu beaucoup de sang, il est atteint de congestion pulmonaire

______

(1) Dans un récent rapport *(les Archives de médecine militaire)*, M. l'inspecteur général du service de santé Dujardin-Beaumetz a cru pouvoir, sur de misérables racontars, accuser un de ses collègues d'alors de s'être attribué la pratique de cette opération. Bien qu'il ne m'ait pas nominalement désigné, je demeure convaincu, des amis me l'ayant du reste formellement déclaré, que son injustifiable parti pris vis-à-vis de moi n'a pas d'autre origine. N'est-ce pas, peut-être, cette même obsession du moi, dès qu'il a été le chef de la médecine militaire, qui l'a conduit à sacrifier, sous les plus futiles prétextes, nombre de ses subordonnés qui ont eu le malheur de lui déplaire? Quoi qu'il en soit, il me convient de répéter, une fois de plus, que c'est lui qui a amputé le général de Sonis, qu'il est par conséquent de toute justice de lui attribuer le succès de cette dangereuse opération, dont le général a écrit, lui-même, qu'elle avait, inconsciemment, été attribuée à six médecins militaires.

et d'une congélation partielle du pied droit qui sont autant de graves complications. Mais il a l'immense avantage d'une parfaite résignation et d'une absolue confiance en Dieu.

Et les opérations urgentes se poursuivent ainsi pendant une partie de la nuit. Il faut agir vite pour soustraire les plus gravement atteints aux menaçants dangers de l'infection et de la fièvre traumatique.

5 *décembre*. — Il y a sûrement encore plus de deux mille blessés autour de Loigny. La bataille, s'accordent-ils à dire, a grondé surtout autour du village, entre Faverolles, Lumeau, Bazoches-les-Hautes, la Maladrerie, Orgères et Mérouville. D'abord la division Barry, appuyée à courte distance en arrière et à gauche par la division Jauréguiberry, en arrière et à droite par la division Maurandy, a pu, dans un superbe élan, gagner rapidement du terrain. Mais, vers midi, de formidables batteries ont dominé les positions du château de Goury et de Loigny. Et déjà nos troupes se repliaient, lorsqu'un nouvel effort du 7e bataillon de chasseurs et du 37e, sous l'énergique impulsion du colonel Baille, reprit l'offensive et réussit à cerner complètement le parc de Goury, que venait de réoccuper toute une brigade bavaroise. Mais alors le commandant Gariod, prenant pour un régiment français tout un régi-

ment bavarois envoyé en renfort, fit cesser le feu ; et, victime de sa déplorable erreur, il fut lui-même mortellement atteint. Ce fut le commencement de la déroute.

Cependant le 37e et les chasseurs tenaient toujours dans Loigny. Alors le général de Sonis, appelé en toute hâte, vers midi, par le général Chanzy, mais encore aux environs de Patay, réussit, malgré la fatigue, à entraîner une partie de sa 2e division. A trois heures, il se trouvait à hauteur du château de Villepion. Il y avait là toute une brigade d'infanterie qui paraissait attendre des ordres. La bataille n'était pas encore complètement perdue. Le général en fut convaincu. Il s'efforça de rallier les fuyards. Puis, se portant vivement au-devant de la brigade de réserve qui depuis longtemps demeurait immobile devant Villepion :

— Debout ! s'écria-t-il, mes enfants, c'est pour la France ; en avant ! Le 17e corps arrive, c'est la victoire assurée !

Mais, vainement il se multiplie, vainement des officiers le secondent de tous leurs efforts. Nos malheureux soldats, démoralisés autant par la vue des fuyards que par le feu qu'ils ont longuement subi sans y pouvoir répondre, sont dorénavant incapables d'un élan. Ils demeurent inertes.

Alors, n'ayant sous la main qu'une **poignée de**

braves avec deux batteries d'artillerie, il court au régiment des zouaves pontificaux.

— Charette, dit-il, j'ai besoin de vous ; coûte que coûte, il faut reprendre Loigny.

Puis, s'adressant directement au premier bataillon :

— Mes enfants, il y a là devant vous, dans le village de Loigny, un régiment qui résiste à tous les assauts de l'ennemi. Des lâches l'abandonnent, ils refusent de me suivre. En avant ! montrez à ces fuyards comment doivent combattre des soldats.

Et tous sont aussitôt prêts. Groupés autour d'une blanche bannière dont le général a fait son fanion, accompagnés des francs-tireurs de Tours et de Blidah, ainsi que d'un bataillon des mobiles des Côtes-du-Nord, ils se portent fièrement en avant, ne doutant pas qu'ils seront immédiatement suivis.

Hélas ! quelques hommes à peine se décident à se détacher des rangs qu'ils ont franchis, la masse demeure complètement inerte.

Eux n'hésitent pas, cependant. L'arme sur l'épaule, la tête haute, sous les éclats de l'artillerie, ils franchissent, sans tirer un coup de fusil, douze à quinze cents mètres en avant de Villepion, enlèvent la ferme de Villours, et tout à coup se trouvent à cent mètres d'un petit bois d'acacias, dans lequel se sont abrités deux régiments bavarois qui les criblent de balles.

Alors, et comme pris de vertige, sous une

pluie de fer, ils s'élancent à la baïonnette. Et leur élan est irrésistible. C'est l'ouragan qui passe. Rien ne l'arrête. Et les Bavarois, poussés l'épée dans les reins, jettent leurs armes, se constituent prisonniers ou s'enfuient en déroute.

Un pas encore. Trois cents mètres peut-être. Le village est là. Le 37ᵉ et les chasseurs y résistent toujours. La charge se fait plus terrible encore. Vainement plusieurs batteries crachent la mort. Elle enfonce murs et clôtures et s'empare d'une vingtaine de maisons.

Mais de nouvelles masses ennemies, ramenées par le général de Treskow, débordent de tous les côtés. Il y a dix mille hommes, peut-être, soutenus par une formidable artillerie, contre une poignée de héros. Vingt contre un ! On refuse de se rendre. Mais il faut battre en retraite, combattre toujours et semer le sol de morts et de blessés qui demeurent là, comme autant de témoins de l'héroïsme du sacrifice. Dans l'acharnement de la lutte, trois fois le glorieux fanion s'est affaissé, trois fois il a été fièrement relevé, couvrant de sa surnaturelle blancheur ces rudes croyants qui, pour le salut de la patrie, offrent virilement tout leur sang au cœur même du divin Rédempteur.

« Cœur de Jésus, sauvez la France ! » C'est le cri suprême ; et le sacrifice est consommé. L'honneur est satisfait !

Puis, c'est la nuit, l'ennemi ose à peine une

courte poursuite ; le feu cesse ; le champ de bataille s'éclaire seulement des lueurs de l'incendie qui dévore le village. Et la neige tombe glaciale, contrastant horriblement avec ces gerbes de feu qui s'élancent au ciel, dans une inconsciente protestation. Et sous cette neige, gisent pêle-mêle, à côté des plus obscurs de nos soldats, les fiers représentants de la noblesse de France, les uns et les autres enveloppés du même linceul, tous tombés pour la patrie !

Huit cents hommes, trois cents zouaves avec le colonel de Charette, cent cinquante francs-tireurs et trois cent cinquante mobiles avec le capitaine Hildebrand ont, ainsi qu'un ouragan, passé sur une armée soutenue par une formidable artillerie. Ils ont, pendant une heure, forcé la victoire, et ne l'ont définitivement perdue qu'avec la dernière goutte de leur sang, dans l'abandon de ceux qui devaient au moins les soutenir.

Huit cents soldats ont battu la charge. Quatre cent dix-neuf : deux cent dix-huit zouaves, parmi lesquels dix officiers, cent quarante mobiles et soixante et un francs-tireurs, sont demeurés sur le terrain. Et parmi eux, le héros, le général de Sonis. L'un des premiers, presque certainement à bout portant, il est atteint d'une balle qui lui brise horriblement la cuisse. Il tombe et demeure là, sur le sol glacé, refusant tout secours avant l'issue du combat ; puis il est forcément délaissé et soutenu seulement, ainsi qu'il l'a lui-même écrit sur mon carnet, par sa confiance en Dieu.

— Je n'ai pas perdu connaissance, dit-il; j'ai, pendant toute la nuit, conservé le plus grand calme, ce que j'attribue à un secours particulier de la sainte Vierge que je n'ai pas cessé de prier.

Une telle confiance, une si parfaite résignation ont fait reculer la mort. Mais combien, hélas! qu'une rapide intervention eut pù lui arracher, et qui la subirent là, sous les tortures du froid et de l'abandon, autant sans doute que de leurs blessures!

Il y a là aussi, tout près de lui, son second, le colonel de Charette, que la chute de son cheval a pu seule arrêter dans la charge qu'il a conduite malgré sa blessure; le commandant de Troussure, que de misérables rôdeurs achèvent tardivement à coups de crosse; le sergent de Verthamont, le comte de Bouillé, le caporal de Cazenove, qui successivement sont tombés sous le glorieux étendard; les capitaines Vetch, de Boischevalier, de Gastebois, de Ferron, le duc de Luynes, les lieutenants de Charette, de Vogüé, de Mauduit, Garnier et quatre cents autres dont le souvenir demeure impérissable de gloire et d'espérance.

Là, sur ce champ de bataille de Loigny, la France a lavé ses fautes, expié sa temporaire faiblesse dans le plus pur de son sang. Elle y a grandi son honneur de tout l'héroïsme de ses enfants qui, dans un sublime élan du cœur, ont, pour elle, intrépidement bravé la mort.

La défaite, alors qu'elle est subie par de tels
soldats, est réconfortante autant que la victoire.
Elle légitime la confiance, autant que l'espérance.
Une nation ne meurt pas quand elle demeure, ainsi
que la France, toujours capable de produire de tels
héros et de tels dévouements, toujours prête à
comprendre les sublimes obligations de la guerre.

A Loigny, malgré l'énergie de l'attaque, malgré
les succès du début, nos soldats sont demeurés
impuissants. Ils résistèrent longuement, et vers
trois heures de l'après-midi l'issue de la bataille
demeurait encore très incertaine. Presque certainement une intervention suffisante de nouvelles
troupes eût alors décidé la victoire. Le général de
Sonis la voulut et la tenta. Il fut suivi seulement
par une poignée de héros. Ce n'était pas assez
pour la fixer. Ce fut assez pour sauver notre artillerie, et pour assurer notre retraite.

De fait, l'ennemi avait, lui aussi, subi des pertes
énormes, plus considérables peut-être que les
nôtres; quatre mille hommes, disait la rumeur,
parmi lesquels deux généraux et de nombreux
officiers. Malgré l'écrasante supériorité numérique
tant de ses soldats que de son artillerie, il fut
impuissant à nous poursuivre de suite. Et nos
troupes reculèrent à peine de quelques kilomètres.
Malgré l'occupation de Lumeau, il y en avait à

Gommiers, à Terminiers, même à Villepion. Et vers notre extrème droite, le 15ᵉ corps, disaient plusieurs, avait repoussé tout ce qui lui faisait obstacle et s'était avancé jusqu'à Dambron, bien au delà d'Arthenay, sur la route de Paris.

Il semblait donc que la bataille de Loigny n'était point une défaite irrémissible, et qu'on allait bien vite pouvoir reprendre l'offensive.

Il n'en fut rien ; malgré l'hésitation de l'ennemi, nos troupes continuèrent la retraite. Il suffit de quelques coups de canon pour les déloger de Patay. Et le 15ᵉ corps dut suivre le mouvement. Le général d'Aurelle, du reste, avait donné l'ordre de se replier, comptant, bien évidemment, pouvoir attendre l'ennemi, lasser tous ses efforts à l'abri des formidables positions d'Orléans, et préparer ainsi le moment propice pour un vigoureux retour offensif.

Le 3, le 4 et le 5, nous entendîmes, en effet, le canon à quelques lieues de nous, et dans diverses directions. Le général Chanzy, avec le 16ᵉ corps, avait pris position d'abord sur la ligne Saint-Péravy-Gidy, pendant que le 17ᵉ se tenait en réserve, gardant, en avant de Coulmiers, les passages de la forêt de Bucy-Saint-Liphard. Le 15ᵉ corps s'était replié jusqu'à Chevilly, à l'entrée de la forêt de Cercottes, pendant que, de leur côté, les 18ᵉ et 20ᵉ corps avaient mission de s'appuyer à la Loire, depuis Jargeau jusqu'à Orléans, afin d'en garder les passages et de s'opposer à quelque mouvement tournant.

De telle sorte que, dans la soirée du 3, toute l'armée de la Loire formait un demi-cercle abrité derrière les retranchements dès longtemps préparés en avant d'Orléans. Malheureusement le général d'Aurelle, effrayé de la démoralisation des 2ᵉ et 3ᵉ divisions du 16ᵉ corps, qui, malgré l'énergique résistance de l'amiral Jauréguiberry avec la 1ʳᵉ, s'étaient repliées en désordre jusque vers Beaugency, crut devoir modifier son premier plan et donna l'ordre de passer sur la rive gauche de la Loire. Plus malheureusement peut-être encore, il avait, dès le matin du 4, de nouveau changé d'avis, pour revenir à son premier plan de défense. Car alors, il était trop tard. La retraite était en effet commencée déjà, lorsque le 15ᵉ corps, seul demeuré en avant d'Orléans, eut à soutenir tous les efforts des 3ᵉ et 10ᵉ corps allemands, et même, dans la soirée, de toute l'armée bavaroise.

La lutte s'était engagée depuis le matin, en avant de la forêt de Cercottes, et la résistance du général Martineau des Chênez était demeurée longtemps insurmontable. Mais dans la soirée, non sans avoir au préalable encloué les lourdes pièces de marine, il avait dû se replier à l'abri de la seconde ligne de défense, jusque sous Orléans.

De son côté, la 1ʳᵉ division, **avec le général**

Martin des Pallières, luttait contre le 3ᵉ corps en avant du chemin de fer d'Orléans-Gien, et la 3ᵉ division, avec le général Peytavin, se tenait solidement aux environs de Saran. Ainsi, dans la soirée du 4 décembre, malgré la retraite d'une partie de l'armée, notre 15ᵉ corps tenait encore tête, jusque sous les murs d'Orléans, à toute l'armée allemande. Et l'ennemi paraissait, ce jour-là, incapable de nouveaux efforts, lorsque tout à coup, vers la gauche, la division Peytavin dut subir un formidable assaut. C'était, cette fois, toute l'armée bavaroise qui, débarrassée des 16ᵉ et 17ᵉ corps, se reportait furieuse à l'attaque même d'Orléans.

Si énergique qu'elle fût, la résistance alors ne pouvait plus laisser aucun espoir de succès. La 3ᵉ division dut se replier sur Saint-Jean-de-Ruelle, à la porte d'Orléans, et rapidement gagner les ponts de la Loire ; la 2ᵉ et la 1ʳᵉ en firent autant ; et vers huit heures du soir, les Bavarois occupaient les faubourgs, pendant que toute l'armée allemande se massait autour de la ville.

Le général Martin des Pallières eut mission de s'entendre avec le grand-duc de Mecklembourg. Et pour éviter le bombardement, il dut se contenter d'obtenir le temps strictement nécessaire à l'évacuation de la ville par nos troupes. A minuit, l'armée bavaroise en reprenait possession.

Et ce n'était pas la reprise d'Orléans qu'il

fallait surtout déplorer, mais bien, hélas ! la complète désorganisation de notre armée de la Loire, qui abandonnait à l'ennemi plus de quinze mille hommes, avec toute notre artillerie de position, et se trouvait, de plus, divisée en trois tronçons fort éloignés les uns des autres.

Du 5 au 15 décembre. — Orléans occupée, et notre armée passée sur la rive gauche de la Loire, qu'était-ce donc que le canon que nous entendions chaque jour, jusqu'au 8, et même le 10 décembre? Parfois cela durait une partie de la journée, souvent une ou deux heures seulement. On cherchait à deviner où grondait la lutte, à renaitre dans l'espérance. Alors, on croyait encore à la victorieuse sortie du général Ducrot; on estimait sa jonction avec l'armée de Loire seulement retardée, mais toujours possible. Et cela nous soutenait.

Hélas! à partir du 10, le canon se tut, les convois prussiens circulèrent sans entraves et, dans leur sauvage brutalité, nos féroces vainqueurs ne surent plus rien respecter.

A Loigny même, comme dans tous les environs, souvent ils chassent nos blessés pour pouvoir eux-mêmes s'abriter confortablement. Il faut constamment être en garde et, sous peine d'être dévalisé, montrer à nos paysans trembleurs qu'on en peut avoir raison.

En voici des exemples.

Mon fidèle Lancelot, parti le 3 pour Bonneval, en revenait, dans la journée du 5, accompagné d'un jeune étudiant en médecine, M. Macquarie, de plusieurs sœurs de charité, et conduisant une quarantaine de voitures chargées de provisions. Mais en route, le convoi ne put échapper à l'ennemi, qui, sous prétexte de ses propres besoins et malgré les instances de M. Macquarie, ne consentit qu'à en libérer la moitié. Bien plus, et dès l'arrivée à Fougeu, un officier prussien voulut retenir encore une dizaine de voitures. Je dus protester à mon tour contre son inqualifiable violation de la convention de Genève.

Et lui, furieux :

— Je suis le maître ici, dit-il en mauvais français, et n'ai pas à me soucier de vos besoins.

L'altercation devint alors très vive :

— Pas encore, dis-je, et je suis prêt à vous le prouver. J'ai été poli, vous êtes grossier, et j'ai mon épée.

Déjà plusieurs voitures avaient disparu ; les soldats d'escorte devinrent menaçants. Mais lui :

— Monsieur, dit-il, je vous promets que dans une heure, ces voitures vous seront rendues ; seulement un voyage à Orgères.

A mon tour, je dus consentir ; et nous nous séparâmes, képi bas. J'eus à m'en repentir, nos voitures ne revinrent pas.

J'étais donc prévenu, et une nouvelle occasion

de méfiance ne devait pas tarder à se présenter.

Dans la soirée du 3, la marquise de Gouvion-
Saint-Cyr, instruite de notre cruel embarras, vint,
elle-même, jusqu'à Fougeu se rendre compte de
nos besoins et nous apporter quelques vivres.
Elle ne fut pas inquiétée. Mais quand elle revint,
pour la seconde fois, le 6 dans l'après-midi, conduisant un convoi de dix voitures, l'ennemi s'en
empara. La courageuse marquise se fâcha : un
officier badois eut l'audace de la menacer de sa
cravache ; et la noble femme dut se retirer.

Le fait s'était passé à deux kilomètres à peine
de Fougeu, en avant de La Maladrerie. Je m'y
rendis avec elle, et me trouvai tout de suite en
présence de l'officier à collet jaune qui venait
si gravement de lui manquer :

— Monsieur, dis-je, vous avez misérablement
insulté la petite-fille d'un maréchal de France ;
c'est ignoble ; j'attends de vous des excuses et la
restitution des voitures que vous lui avez volées.

Puis, affectant un profond respect pour la noble
dame, je me tins raide comme un Anglais vis-à-
vis du Prussien.

Il voulut s'expliquer, puis il s'excusa et, finalement, sur une nouvelle réclamation de Mme de
Gouvion-Saint-Cyr qui m'avait fait l'honneur de
prendre mon bras :

— Monsieur, dit-il, j'envoie de suite un cavalier à la recherche de ces voitures; elles vous seront immédiatement rendues.

— Soit, dis-je, je compte sur votre parole.

Et, contre notre attente, il tint promesse. Une heure après son départ, six voitures encore chargées nous revenaient à l'ambulance.

Il fallait être énergique, montrer à tous, paysans et soldats, ce qu'on peut obtenir avec de la volonté; l'exemple était indispensable.

De ce jour, en effet, paysans et soldats furent également soumis; et je crois pouvoir le dire en toute vérité, c'est à cette soumission que nos pauvres blessés durent les soins qu'il reçurent enfin des habitants.

Souvent il fallut désigner moi-même les blessés que devait loger chaque ménage, le nombre des couvertures, matelas ou paillasses à fournir, obliger les femmes à donner du linge et à préparer les aliments. Et j'étais obéi.

Bientôt, du reste, le 8 décembre, la ferme de Fougeu fut libérée; et quand je pus m'établir au château de Villepion, je n'y laissais plus que vingt-six amputés ou blessés, temporairement intransportables.

Mais le château de Villepion, masure Louis XV depuis longtemps abandonnée, abritait encore près de cinq cents malades ou blessés, que les Allemands y avaient misérablement entassés après la bataille. Ces malheureux, à peu près nourris

par la charitable famille du fermier Desforges,
n'avaient été visités jusqu'à ce jour que par un
vieux médecin de Vendôme, M. Hème, venu
jusque-là, à la recherche de son fils, soldat au
7° bataillon de chasseurs (1). A défaut de ressources, l'excellent vieillard remplissait vis-à-vis
d'eux les modestes fonctions d'infirmier, s'efforçant ainsi d'alléger au moins leurs souffrances.
Nos soldats, qu'il a seul assistés pendant six jours,
ont contracté vis-à-vis de lui une véritable dette
de reconnaissance.

Et j'eusse été moi-même absolument débordé
si Lancelot, ayant cette fois évité l'ennemi,
n'avait réussi, avec l'assistance d'un pharmacien,
M. Barroi, et de l'instituteur Poulain, à me
ramener d'Illiers vingt voitures fermières, qui
permirent l'évacuation immédiate de cent soixante
blessés.

Je disséminai les autres à Gommiers et dans les
fermes avoisinantes, et pus ainsi réserver le château pour les plus gravement atteints. Les salles
étaient dégoûtantes d'ordures; je les fis nettoyer
avec grand soin, puis garnir de matelas, paillasses, et même de quelques draps et couvertures obtenus par réquisition. Je n'avais à ma
disposition que des éclopés; j'en fis des infirmiers,

(1) Ce jeune homme, fils unique, fut, à quelque temps de là,
tué dans un combat près de Vendôme. Pauvre père, son charitable dévouement méritait un meilleur sort!

ayant chacun à remplir une fonction spéciale, strictement obligatoire. Je n'avais pas de coussins ; je fis ramasser et nettoyer les toiles de tente abandonnées, fis battre de l'avoine, et pus ainsi faire rapidement confectionner l'indispensable. Et, grâce au concours de mes collègues, j'eus bientôt, à Villepion, un véritable centre hospitalier où chaque blessé, méthodiquement enregistré, put être pratiquement surveillé et soigné.

J'ai pu ainsi, du 8 au 10, pratiquer trente-sept amputations ou graves opérations. Il fallait se presser, car tout retard dans l'intervention nécessaire constituait un danger de mort. La gangrène, la pourriture d'hôpital, le tétanos, les hémorragies, conséquences d'un long abandon, des privations et du froid, étaient autant de manifestations d'une infection générale, qu'une rapide intervention et des lavages méthodiques à l'alcool pouvaient seuls, non pas complètement écarter, du moins sensiblement atténuer.

Nous avons pu même faire ramasser et cacher en lieu sûr, loin de l'ambulance, un grand nombre de fusils en excellent état, et huit caissons d'artillerie encore remplis d'obus.

Mais encore, pendant que M. Dujardin-Beaumetz opérait à Loigny, pendant que mes collègues assuraient les soins nécessaires aux blessés recueillis à Gommiers, à Faverolles et dans les fermes avoisinantes, j'étais avisé qu'il y en avait également à

Terminiers, attendant anxieusement des secours.

J'y fus de suite. Et certes, il était grand temps, car ces malheureux, misérablement entassés dans l'école, y manquaient complètement des soins même les plus élémentaires. Les paysans de Terminiers n'avaient pas eu la pitié de recevoir chez eux quelques-uns de ces malheureux, ni même de renouveler la paille sur laquelle ils croupissaient depuis huit et dix jours. Tout au plus, et grâce au maître d'école, on leur distribuait quelques vivres, tout juste assez pour les empêcher de mourir de faim. Et si la plupart n'étaient que des éclopés, plusieurs cependant, gravement atteints, y subissaient, dans un milieu pestilentiel, toutes les tortures de l'abandon.

Les habitants objectaient, avec raison sans doute, que des ambulances avaient longuement séjourné à proximité ; que, par conséquent, elles eussent dû, avant leur départ, assurer aux blessés les soins nécessaires. Mais ils oubliaient qu'une succession ininterrompue de combats les avait obligées de suivre la retraite de l'armée, et qu'on avait d'autant plus le droit de compter sur leur assistance que le village, étant donné son importance, avait été relativement très épargné.

En réalité, ces gens-là, pour la plupart fermiers à leur aise, très occupés de vendre leurs provisions, étaient assurément plus fatigués de la présence de nos soldats que de celle de l'ennemi.

« Les Prussiens payent bien, disaient-ils, et les nôtres coûtent cher. »

Un tel égoïsme, une telle démoralisation méritaient la flétrissure. Elle fut, le jour même, infligée tant par moi-même que par une ambulance parisienne, arrivée en même temps, et dirigée par le docteur Lucas-Championnière, assisté de plusieurs médecins, parmi lesquels, par une étrange coïncidence, mon homonyme, Challan de Lausanne. Et M. Lucas-Championnière, ayant pris les dispositions nécessaires, pourvut, dès lors, à tous les besoins. Grâce à son énergie et à son habileté chirurgicale, grâce au dévouement de ses collègues, nos blessés furent enfin soignés, et oublièrent bientôt l'égoïste abandon des habitants de Terminiers.

Il est bien triste, en vérité, d'avoir à constater qu'après la bataille de Loigny, près de trois mille blessés français furent, pendant huit jours, soignés seulement par trois médecins régimentaires assistés de quelques étudiants. Hélas! on n'avait rien préparé. Malgré les sévères avertissements du passé, nos ambulances militaires, aussi insuffisantes qu'elles l'avaient été en Crimée et en Italie, étaient tenues, pour pouvoir seulement parer aux premières éventualités, de suivre l'armée dans tous ses mouvements. Et notre Croix-Rouge française, qui devait suppléer à cette insuffisance, commençait seulement son organisation. Il faut le reconnaître cependant : dans ce pays égoïste, écrasé par le passage incessant des troupes, il nous eût été certainement impossible de subvenir même aux premiers besoins si quelques Comités de la Croix-Rouge (ceux de Chartres, de Bonneval, d'Illiers, notamment le détachement Lucas-Championnière, de l'ambulance internationale Trélat), et la courageuse assistance de quelques personnes charitables n'étaient venus à notre secours, dès qu'ils eurent connaissance de la situation.

On voudrait croire, du moins, que l'imprévoyance dont nos blessés ont eu si cruellement à souffrir après Loigny fut purement accidentelle. Il n'en est rien. Ce que nous avons vu ici, mes collègues et moi, nous l'avons éprouvé de même, à la suite de tous nos revers, dans cette terrible campagne. Presque partout, de braves soldats blessés ont subi, sur le champ de bataille, toutes les tortures d'un abandon que plusieurs ont payé de leur vie. Il eût été du devoir de tous, et il était possible, au moins, d'atténuer la cruelle épreuve. L'incurie administrative et l'inertie du commandement ne l'ont pas compris. L'intendance, bien plus soucieuse d'alléger les charges immédiates du Trésor que d'économiser des vies humaines, s'est refusée à admettre l'absolue nécessité d'une forte organisation du service de santé sous la direction des médecins qui, seuls, sont compétents, mais qu'elle entend, coûte que coûte, maintenir en tutelle. Et l'armée, qui sait cette nécessité, subit, du fait de l'inertie de ses chefs, les désastreuses conséquences de l'incompétence administrative (1). D'autre part, notre service de santé ne croit pas à l'utilisation pratique des Sociétés d'assistance qui entendent se soustraire à son autorité directrice, et qui, jusqu'à ce jour, à de nombreuses exceptions près, se sont recrutées parmi des individus parfois plus soucieux de garantir leurs précieuses personnes que de remplir un périlleux devoir. C'est ainsi que notre service de santé militaire, si manifestement insuffisant qu'il soit, tient en légitime suspicion les ambulances internationales de la Croix-Rouge, encombrées d'un personnel sans discipline, souvent plus dangereux qu'utile, et que le commandement les ignore ou s'en désintéresse, quand, même, il n'est pas dans l'obligation de les écarter, en déclarant, très justement, que des ambulances desservies par des inconnus, souvent même par des étrangers, ne sauraient, sans de très graves inconvénients, et quelle que soit l'importance de leurs services, être admises dans les rangs d'une armée en présence de l'ennemi.

Personnellement, j'ai dû, jusqu'à ce jour, tant à Fougeu qu'à Villepion, soigner sept cent vingt blessés ; j'ai pratiqué treize amputations des membres supérieurs, quarante-trois des membres

(1) Cette déplorable situation a cessé. Aujourd'hui, le service de santé de l'armée, sous la seule autorité du commandement, a acquis son autonomie et devient, par conséquent, responsable.

inférieurs et de nombreuses graves opérations.
J'ai perdu, déjà, huit de mes opérés. J'en per-
drai presque certainement plusieurs autres encore. C'est une effroyable mortalité, qu'il faut, à
mon avis, attribuer surtout à l'insuffisance des
secours rapides. Je demeure convaincu que le
froid excessif qu'eurent à subir nos malheureux
blessés abandonnés sur le champ de bataille et
l'abandon, pendant plusieurs jours, entassés dans
de misérables granges, furent la cause déterminante des accidents tétaniques auxquels ils succombèrent en grand nombre.

L'intendance, dit le règlement, a seule mission
de relever les blessés sur le champ de bataille.
On peut assurément dire que si elle a songé à se
procurer les moyens indispensables d'enlèvement
et de transport, elle n'a certainement pas su — ou
n'a pas pu — s'en servir en temps utile.

Parmi les derniers amputés, quelques-uns sont
menacés de gangrène du moignon, d'hémorragies
capillaires, de résorption putride qui sont d'évidentes manifestations d'un empoisonnement de
l'organisme tout entier, et la fatale conséquence
d'une assistance aussi insuffisante que défectueuse.

« Ne pas profiter de ces enseignements, avait
dit Scrive après la guerre de Crimée, serait un
crime de lèse-humanité. Ce crime, l'insouciance
administrative et notre indolence l'ont de nouveau commis. Si modeste qu'ait été mon action

et que soit mon expérience, j'ai vu sûrement assez
pour avoir le droit et le devoir de flétrir une
organisation qui aboutit à si douloureux résultats.
Oublier encore la terrible leçon, après tant
d'épreuves, serait non plus seulement un crime
de lèse-humanité, mais bien certainement aussi
un acte d'imbécillité féroce. »

16 *décembre.* — Il ne reste plus actuellement à
Villepion que les amputés et blessés intransportables. Ma présence n'y est donc plus indispensable, et j'ai hâte de rejoindre mon bataillon pour
lui continuer, dans la lutte qu'il poursuit, l'assistance qu'il a le droit d'attendre de moi.

M. Dujardin-Beaumetz estime, du reste, qu'il
peut, dorénavant, assurer le service avec trois
médecins seulement. Il conserve, en conséquence,
avec lui, MM. Labrousse, Barraud et Hème, qui
n'appartiennent pas au cadre régulier, sollicite de
l'autorité militaire le laissez-passer qui nous est
nécessaire, et obtient la promesse que nous serons
dirigés vers le Mans, où, paraît-il, se trouve actuellement l'armée de la Loire, très éprouvée par ses
échecs aux environs d'Orléans.

17 *décembre.* — Nous partons aujourd'hui,
Babaud, Lamain et moi, nous rendant d'abord,
par Voves, au château de Reversaut, où j'ai évacué
un grand nombre des blessés pansés à Fougeu.

Nous les retrouvons là, soignés avec autant de dévouement que de compétence par la famille de Gouvion-Saint-Cyr, assistée de notre camarade le docteur Molinier. Depuis longtemps déjà, le château de Reversaut est devenu un hôpital modèle. Pourquoi la patriotique assistance des nobles châtelains a-t-elle si peu d'imitateurs ?

A Chartres, où nous arrivons vers dix heures du soir, des soldats ivres refusent de nous laisser passer. Le chef de poste, qui parle assez correctement le français pour nous laisser entendre qu'il a déjà fait un long séjour en France, se déclare, en attendant des ordres, dans l'obligation de nous enfermer. Et l'altercation devenait menaçante lorsque, heureusement, un adjoint au maire, M. Chauvières, vint nous délivrer, et tout de suite nous conduire au commandant d'armes.

Très mal reçus d'abord (le Prussien dormait), nous protestâmes vivement, M. Chauvières et moi, n'admettant pas que des médecins militaires en tenue pussent impunément, non pas seulement être arrêtés, mais encore insultés et maltraités par des soldats allemands. Et, non sans peine, nous obtînmes que le coupable serait, après enquête, sévèrement puni.

18 *décembre*. — Ce matin, quand je dus le revoir, le commandant d'armes me fit excuse sur l'incident de la veille, déclarant que le coupable avait été puni, et que pareil fait ne se renouvellerait pas.

— Mais, ajouta-t-il, je regrette de ne pouvoir vous diriger sur le Mans, ainsi qu'on vous l'avait promis. De nouveaux ordres m'enjoignent de vous envoyer d'abord à Orléans, où votre situation sera régularisée. Vous pourrez, du reste, partir quand vous le voudrez.

La ville, militairement occupée, paraît fiévreuse d'activité. Le marché regorge ; et la cupidité des paysans de la Beauce y paraît aussi insatiable qu'est grande leur terreur des Prussiens. Il est, du reste, de toute justice de reconnaître que la municipalité chartraine a fait, et fait journellement encore, les plus grands efforts pour alléger les souffrances de la guerre. Tous les établissements de la ville sont remplis de malades et de blessés. Ils l'étaient déjà lorsque arrivèrent nos pressants appels après la bataille de Loigny. Néanmoins, et grâce à l'énergique impulsion du président du Comité local de la Croix-Rouge, M. Collier-Bordier, à l'action du maire, M. Delacroix, et de son adjoint M. Chauvières, des approvisionnements de toute nature furent immédiatement constitués et envoyés. Et bientôt les évacuations portèrent à plus de six mille le nombre des malades et des blessés soignés dans la ville.

Le maire, un vieillard aussi prudent que patriote, a obtenu, dit-on, qu'en raison des secours

qu'elle donne aux blessés, la ville n'aurait à payer
qu'une partie de la contribution de guerre qui lui
avait été imposée. Mais il n'en a pas moins à subir
les incessantes réquisitions des troupes de passage.
C'est ainsi qu'il devra, dit-on, dès demain, pourvoir encore à tous les besoins d'un nouveau passage de dix mille hommes qui, pendant deux ou
trois jours, seront logés chez l'habitant. D'où viennent ces troupes, où vont-elles ? On l'ignore. Des
factionnaires gardent toutes les issues, et les habitants ne peuvent sortir qu'avec des laissez-passer.

Vers midi, le maire nous envoie deux voitures
pour transporter nos bagages jusqu'à Ymonville,
où nous devrons, paraît-il, recevoir de nouveaux
ordres. De fait, et dès notre arrivée, dans la soirée, un officier nous avise que nous sommes auto-
risés à continuer jusqu'à Orléans. Et 'les paysans
nous saluent respectueusement. Mais dès qu'ils
savent notre intention de passer la nuit chez eux,
alors surtout que je demande pour le lendemain
une voiture qui me permît de libérer notre con-
voyeur de Chartres, alors, tout de suite de crier :

— Le pays est ruiné, il n'y a plus rien, on ne
peut ni vous loger ni vous fournir une voiture.

Mes camarades et moi nous sommes écœurés.

Et le maire de me glisser à l'oreille :

— Ils ont tout ce que vous demandez, mais ils
ont peur, et ce sont des avaricieux. Menacez, c'est
le seul moyen d'obtenir.

De fait, après une demi-heure d'attente, tous nous étions logés ; un gros fermier se chargeait, contre monnaie sonnante, de nous faire un dîner, et le maire promettait la voiture nécessaire.

19 *décembre.* — Il fallut cependant se fâcher et attendre longtemps encore pour obtenir enfin une mauvaise carriole traînée par une rosse. Le propriétaire était le fermier qui nous avait logés, et nous le savions encore bien approvisionné de chevaux et de voitures.

— Vous nous avez fait perdre un temps précieux, lui dis-je. Vous aurez à payer cent francs à la Société de secours aux blessés, faute de quoi, cheval et voiture seront gardés à Orléans.

Et nous partîmes, fort attristés de notre platonique menace vis-à-vis de ce paysan revêche et égoïste.

A Arthenay, le pays nous parut ravagé en tous sens. Plusieurs fermes étaient incendiées. Il fallut se contenter de deux heures de repos. Et vers sept heures du soir, nous arrivâmes à Orléans.

Bien attristé de ce que j'avais vu pendant la route, je fus plus triste encore de trouver la ville de Jeanne d'Arc militairement occupée par l'ennemi, subissant chaque jour de nouvelles vexations, chaque jour une plus lourde charge.

20 *décembre*. — Plusieurs médecins militaires, faits prisonniers aux dernières affaires, attendent, depuis longtemps déjà, le bon vouloir des Prussiens pour pouvoir enfin rejoindre les lignes françaises, conformément au texte même de la convention de Genève qui décide la remise directe, aux avant-postes, du personnel militaire des hôpitaux et ambulances. Mais le commandement, sous prétexte de graves obligations, ajourne constamment le départ. Il faut se soumettre et patienter.

Je suis, ainsi que mes deux camarades, logé chez le comte de Laage, pour y attendre le jour de la libération. Et plusieurs personnes qui ont appris notre présence à Loigny s'empressent autour de nous, ignorantes du sort de leurs plus chères affections, et anxieuses de nouvelles. Il faut parfois, hélas! dire l'horrible vérité, donner ces renseignements que peut obtenir le médecin militaire, souvent seul dépositaire des souvenirs, des adieux et même des secrets d'un mourant. Triste prérogative! Mais aussi quelle satisfaction du cœur, alors qu'il est possible de calmer les plus légitimes inquiétudes !

La ville est en deuil. Malgré les ordres du commandant d'armes, les magasins sont fermés en grand nombre. Les rues sont encombrées de soldats, d'officiers qui affectent de traîner le sabre et de promener partout leur insolent orgueil.

Et toujours de nouvelles charges ! Aujourd'hui même, dit-on, le prince Frédéric-Charles vient de taxer un impôt de six cent mille francs, sous prétexte d'assassinat d'un soldat du roi par un habitant de la ville. Le Conseil municipal proteste énergiquement. Mais que peut le droit contre la force ?

21 *décembre*. — La plupart des bonnes maisons abritent de nombreux malades ou blessés, parmi lesquels je retrouve le commandant Gallimard, de mon bataillon, atteint à la jambe par un éclat d'obus, et son lieutenant, M. Huguel, gravement malade.

Et voici, d'autre part, que quelques familles me demandent instamment d'aller voir, à Janville, plusieurs blessés, parmi lesquels quelques zouaves pontificaux, qu'elles désirent ramener à Orléans. J'obtiens facilement le sauf-conduit nécessaire ; on forme un petit convoi de quatre confortables voitures, et nous partons ensemble, le comte de Laage, M. Baguenaut de Puchesse et moi.

Il y a en effet, à Janville, une accumulation de blessés et de malades, français et allemands, charitablement soignés à l'hospice et dans quelques maisons particulières, tant par les médecins du pays que par les habitants, assistés des sœurs de Saint-Paul de Chartres. Mais ils y sont très menacés du typhus et de la pourriture d'hôpital, qui déjà, ainsi du reste que la variole, ont fait de

très nombreuses victimes. Il est donc urgent d'en
éloigner les plus menacés, parmi lesquels deux
zouaves pontificaux, le caporal de Cazenove, dont
l'avant-bras est envahi de fort inquiétante façon,
et le jeune Houdet, lequel, bien qu'étant atteint
d'une balle qui a traversé l'articulation du coude,
a voulu cependant continuer à soigner ses camarades, et se trouve actuellement dans la nécessité, dès qu'il sera soustrait au foyer d'infection,
de subir l'amputation du bras, seule chance de
salut, si aléatoire qu'elle soit.

23 *décembre.* — Pendant mon absence d'Orléans, où je ramène douze blessés gravement
atteints, mes camarades, à l'exception d'un aide-
major, mon camarade Gross, ont obtenu la per-
mission de quitter la ville. Mais, contrairement
au texte de la convention de Genève, ils devront,
avant de pouvoir rejoindre, faire un long détour
par Strasbourg, Bâle et la Suisse.

Vainement je réclame ma libération :

— Vous n'avez pas été compris sur la feuille
collective de route, me répond le commandant
d'armes ; il faut attendre un nouveau convoi ; il y
a du reste beaucoup à faire ici.

De fait, le commandant Gallimard me signale
de nombreux blessés qui sont réfugiés dans les
maisons particulières.

— En outre de ses deux cent vingt blessés de

Loigny, me dit-il, le bataillon, très cruellement éprouvé devant Orléans, en a laissé un grand nombre ici. Il est actuellement réduit des deux tiers. La division est disséminée dans toutes les directions, et a sûrement besoin d'être reconstituée avant de retourner à la bataille.

Et d'ailleurs, nous ne demeurerons pas longtemps prisonniers. On assure, en effet, que Ducrot, Trochu et Vinoy sont actuellement dans la forêt de Sénart, où ils ont été rejoints par Bourbaki. La nouvelle, arrivée à Tivernon, près Pithiviers, le 21 décembre, a été secrètement apportée ici par un facteur venu d'Outarville.

Et tous nous avons si grand besoin d'espérer quand même, que nous ajoutons également foi à ce sensationnel racontar qu'on se répète en ville :

— L'armée de Paris a pris à l'ennemi quatre-vingts canons ; Bismarck et Guillaume, cernés au château de Longpont, près Montlhéry, ont été faits prisonniers. Ils ont demandé à traiter :

— On ne traite pas avec des prisonniers, aurait répondu Trochu ; on leur impose des conditions.

D'autres prétendent, au contraire, que l'armée de Paris, malgré l'héroïsme des marins de l'amiral La Roncière, n'a pas réussi à reprendre le Bourget, et qu'elle est absolument démoralisée.

On dit encore :

—Les Français sont à Étampes ; ils s'y battent

depuis deux jours, sans résultat définitif, mais ils sont en bonne voie.

Et comme pour faire ajouter quelque créance à ces bruits, l'ennemi fortifie d'une façon formidable les environs d'Orléans, utilisant, à cet effet, nos gros canons de marine et les défenses antérieurement préparées par le général d'Aurelle.

24 décembre. — On me raconte, ce matin, l'histoire des six cent mille francs d'amende dont le prince Frédéric-Charles a frappé la ville. La personne, très digne de foi, qui rapporte le fait, le tient, dit-elle, d'un colonel bavarois logé chez elle.

— Il y avait à l'état-major grand diner de promotion. Au champagne, un aimable convive, s'adressant au prince : « Voici Noël, dit-il, il faudrait bien trouver 50 à 60,000 francs pour le réveillon traditionnel. — Bravo ! dit le prince. Mais il faudrait 600,000 francs et non pas 60,000 francs. Trouvez le moyen. »

Le lendemain, 18 décembre, deux convoyeurs prussiens se prirent de querelle dans une maison de prostitution. L'un d'eux, tirant son couteau, en frappa son adversaire. L'état-major fut immédiatement avisé : tentative d'assassinat sur un soldat du roi, dans une maison soumise à la surveillance de la police municipale !...

Et, malgré la protestation du maire, M. Dubei, **malgré** sa demande d'enquête, malgré ses démarches auprès du prince lui-même, l'amende fut rigoureusement maintenue, avec menace de pillage des principaux magasins, si elle n'était intégralement payée dans un délai de huit jours. La force au service de l'hypocrisie ! C'est hideux.

Encore un convoi de prisonniers qui arrivent de Tours. Presque tous font partie de la garde nationale mobilisée. Ils ont, disent-ils, lutté six mille contre trente mille ; il a bien fallu se rendre ! L'armée régulière s'est retirée alors que les éclaireurs ennemis étaient encore à 16 kilomètres ; la ville a été occupée. Depuis quelques jours déjà, le gouvernement s'était transporté à Bordeaux.

Gambetta, disent-ils, voulait se fixer à Bourges pour surveiller plus facilement les opérations militaires. Il a très malencontreusement sacrifié le général en chef d'Aurelle de Paladines, le seul cependant qui soit capable de réorganiser encore l'armée de la Loire. Car, malgré les apparentes conséquences de sa temporisation après Coulmiers, les insuccès dont il est seul rendu responsable ne doivent-ils pas être attribués surtout à sa soumission forcée dans l'exécution d'un plan de campagne qu'il aurait, paraît-il, personnellement déclaré, sinon complètement inexécutable, du moins fort dangereux pour nous ?

25 *décembre*. — Noël ! La fête de la délivrance ! Noël, la fête de ma mère, la fête de la famille.

Comme le cœur déborde! Que se passe-t-il là-bas, **chez** les chers miens! Quel horrible contraste! Ici, la ville abîmée dans la douleur a fermé tous ses magasins, et l'ennemi lui impose hypocritement les frais de la fête chrétienne qu'il veut lui-même joyeusement célébrer. Là-bas, partout, la patrie, cruellement blessée, épuisée de forces, et l'ennemi d'autant plus féroce qu'elle s'affaiblit davantage. Mon Dieu, mon Dieu! n'aurez-vous pas encore pitié!

J'ai pu, ce matin, assister aux offices, dans la cathédrale de Jeanne d'Arc. Mgr Dupanloup les célèbre. Sa voix est faible, coupée de sanglots, semble-t-il. L'ennemi est là, lui aussi, affectant une irréprochable tenue. Et le vieil évêque, tout en disant la fête des peuples chrétiens, est abîmé dans le deuil de la patrie. Sa dignité dans la douleur en impose même au plus orgueilleux des vainqueurs.

Combien, du reste, parmi ces vainqueurs qui, eux aussi, voudraient la fin de cette horrible guerre, et n'ont d'autre désir que retrouver bientôt le village et les enfants! Les Bavarois surtout: « Ils ont été, disent-ils, sacrifiés à l'ambition prussienne. Partout, ils ont semé les champs de bataille de leurs morts. Toujours les Prussiens les ont mis en avant. Ils ont cruellement souffert. »

— Ah! me disait textuellement, hier, un de

leurs officiers, si vous aviez un gouvernement, une alliance serait bientôt contractée !

De fait, et sans ajouter d'importance à une boutade, leur bonhomie contraste avec la morgue insolente des Prussiens.

On les voit, aujourd'hui, s'arrêtant aux très rares et misérables boutiques des coins de rue, marchandant un jouet ou un gâteau qu'ils s'efforceront, dans un besoin du cœur, de faire accepter aux enfants des maisons dans lesquelles ils sont logés. Malgré les horreurs de la guerre, il y a, semble-t-il, entre eux et nous, comme un reste de sympathie. Comme nous, ils souffrent ; contre nous, ils marchent sans conviction, seulement par passive obéissance. Ils sont soldats. Et les Prussiens les traitent en esclaves !

L'orgueil de la race s'affirme surtout chez les officiers.

Un seul fait à l'appui.

Notre digne hôte, M. de Laage, loge également trois officiers prussiens et cinq officiers bavarois. Étant obligé de les nourrir, il les fait servir à la même table. Mais les Prussiens :

— Nous ne mangeons pas, disent-ils, avec ces gens-là ; ils ne sont pas nos égaux. Faites-nous servir à part.

Et force est de s'exécuter.

26 *décembre*. — Le prince Frédéric-Charles a,

lui aussi, fêté joyeusement Noël. Chaque branche du sapin traditionnel portait, dit la rumeur, un billet de mille francs pour chacun des officiers de la garde et de l'état-major. La ville a payé les frais ; les nobles Prussiens sont à la curée ! Et partout, nos vainqueurs poursuivent la même féroce tactique, pillant les propriétés, bombardant les villes ouvertes et incendiant les villages pour leur extorquer de l'argent, fusillant impitoyablement tout homme qui, n'appartenant pas à l'armée régulière, est pris les armes à la main, et n'hésitant pas à se saisir des notables habitants qu'ils obligent à les accompagner en chemin de fer, dans l'espoir de se garantir ainsi des déraillements ou attaques imprévues.

L'ennemi, au sud de la ville, notamment vers Olivet, jette bas plusieurs maisons, pratique des créneaux, ferme les avenues et construit de formidables retranchements.

On assure que notre armée occupe actuellement La Motte-Beuvron et s'avance même jusqu'à la Ferté. Et les sages d'Orléans redoutent une attaque qui, disent-ils, serait un nouveau désastre. Mais quel secours pourrait ainsi nous arriver, s'il est vrai, ainsi que le répand l'ennemi, que notre armée de la Loire est dorénavant incapable d'aucun effort ?

Quoi qu'il en soit, et si bien gardée qu'elle soit, on peut s'échapper encore à travers la Sologne. Et voici que de nouveau, grâce aux accointances que j'obtiens de M. de Laage, plusieurs officiers, parmi lesquels le lieutenant Huguel, de mon bataillon, vont tenter l'aventure. Ils se transforment, à cet effet, en marchands de bois et sont accompagnés de conducteurs qui connaissent bien le pays. Que Dieu les garde !

27 *décembre*. — Le préfet du Loiret, M. Pereira, a été arrêté pendant la nuit. Et toutes les instances de son médecin sont nécessaires pour empêcher son transfert immédiat en Allemagne. M. Pereira, père d'un de mes camarades du 27ᵉ, est un vieux républicain nommé préfet par le gouvernement du 4 Septembre. Il est, ici, très estimé. On prétend que son arrestation n'est qu'une manœuvre d'intimidation. Le roi de Prusse, dit-on, veut conclure la paix avec Napoléon et le ramener en France. Pareille restauration est-elle possible ? L'empereur lui-même oserait-il l'accepter ? Si forte que soit la pression, le pays ne la subirait pas, au moins dans les villes.

28 *décembre*. — J'ai visité aujourd'hui, en compagnie du comte de Laage, et sous prétexte de voir des blessés, les positions défensives de l'ennemi autour d'Orléans, du côté d'Olivet, entre la Loire et le Loiret. A la sortie de la ville, à partir du pont Royal, dans le faubourg Saint-Marceau et jusqu'à Olivet, sur la route de La Ferté-Saint-Aubin, les maisons sont crénelées ; il y a des barricades très solides à tous les embranchements de routes et sentiers. Dans la plaine, toutes les grandes propriétés sont militairement occupées, des abatis d'arbres recouverts de terre et de glace abritent des tranchées et plusieurs batteries d'artillerie de position. Toutes les issues sont scrupuleusement gardées. Sur la grande route d'Orléans à la Ferté, trois puissantes barricades abritent de nombreux défenseurs, et les ponts sur le Loiret sont militairement occupés.

Cet ensemble de formidables défenses pourrait faire croire que les Allemands redoutent quelque attaque. De fait, on assure qu'une nouvelle armée se reconstitue à Vierzon, que les francs-tireurs parcourent la Sologne, et que nos éclaireurs se sont avancés jusqu'à la Motte-Beuvron.

29 *décembre.* — Le mouvement impérial paraît prendre consistance.

— Pour avoir la paix, dit le comte de Laage, les paysans l'appuieront !

Comme M. Pereira, et pour le même motif sans doute, le sous-préfet de Montargis vient d'être arrêté et amené sous escorte à Orléans. On raconte que le roi de Prusse serait disposé à souscrire, avec l'empereur, des conditions de paix qu'il refuserait à la République. L'empereur, alors, se présenterait en libérateur, la capitulation de Sedan serait justifiée : on répandrait que seul il peut encore sauver la France, livrée aux pires dangers par l'entêtement de Gambetta... Et le peuple, les paysans surtout, qui demandent la paix à tout prix, l'acclameraient encore comme le sauveur !

30 *décembre*. — On assure que nos troupes ont été victorieuses aux environs de Salbris. De fait, l'ennemi paraît inquiet et se porte nombreux du côté de Beaugency, sur la rive gauche de la Loire. Les postes sont doublés sur la route d'Olivet.

J'ai l'occasion de visiter ce matin, dans une ambulance de la ville, un officier supérieur prussien atteint d'un éclat d'obus qui paraît nécessiter la désarticulation de l'épaule, et j'engage conversation avec lui :

— Malgré sa bravoure, me dit-il, votre armée est vaincue ; c'est que, soyez-en certain, si vous avez écrit votre admirable traité du service en campagne, vous paraissez cependant l'ignorer, et c'est nous, en réalité, qui l'appliquons...

Et, si j'en juge par ce que j'ai vu déjà, assurément il dit vrai.

J'ai dû encore aujourd'hui, et sur la demande de mes confrères de l'hôpital civil, pratiquer plusieurs graves opérations. Malgré les soins dévoués que reçoivent ici tous nos blessés, des lésions sans gravité apparente se compliquent d'accidents locaux et généraux qui obligent à des sacrifices dont une meilleure hygiène pourrait sûrement éviter le plus grand nombre.

J'ai, du moins, la satisfaction d'apprendre que mes opérés de Fougeu et Villepion sont relativement dans de bonnes conditions. Trois cependant sont morts depuis mon départ; c'est assurément beaucoup trop.

31 *décembre.* — Le dernier jour de l'année. Ne sera-t-il pas aussi le dernier jour de cette guerre de sauvages que se font deux peuples cependant également civilisés ! Non, dit le vainqueur dans son féroce orgueil : il faut que la France ne puisse pas se relever; il faut, ce que me disait, ce matin même, le Dr Mühlbauer, médecin chef d'une ambulance prussienne, que la race latine disparaisse pour faire place aux peuples du Nord.

— C'est le fait inéluctable, dit-il, qui sera la consécration de la guerre.

Et comme je protestais, indigné, contre cette furieuse prétention du moderne Hun :

— Soit, dit-il, pas tout de suite probablement, mais ce doit être l'obligatoire tendance de l'avenir, d'un avenir rapproché. C'est l'idéal d'une race nouvelle ; la race latine est usée et ne peut plus que se débattre contre l'inévitable décadence.

— Votre téméraire orgueil vous fait oublier l'histoire, dis-je. Sans doute, la France subit la loi du sabre : c'est la punition d'une trop longue somnolence dans le bien-être, mais, soyez-en certain, si abattue qu'elle paraisse, il lui suffit d'un élan pour se relever. La France ne meurt pas ; elle peut subir le présent, car, en méditant le passé, elle pourra préparer l'avenir. Souvenez-vous de Bouvines, de Jeanne d'Arc, de Charles-Quint, de la Révolution. Même coalisés, les peuples sont impuissants contre elle. Et la folle ivresse du triomphe n'est rien, bien souvent, que de la faiblesse orgueilleuse.

Chacun s'en fut, ayant dans le cœur, ce dernier jour de l'année, lui le légitime orgueil, moi la légitime espérance.

1er *janvier* 1871. — Une nouvelle année. Puisse-t-elle abaisser la sauvage arrogance du vainqueur et commencer enfin l'œuvre de réparation ! Famille et Patrie ! Mon Dieu, protégez ma famille ! Mon Dieu, sauvez ma patrie !

Du côté de Chartres, dit la rumeur, notre armée occupe La Loupe et pousse des éclaireurs jusqu'à Tourville. D'autre part, le général Bourbaki a franchi la Loire à La Charité, ne laissant à Vierzon qu'une seule division.

Qu'est-ce donc que ce mouvement ?

Deux visiteurs, le premier, M. Gariod, à la

recherche du corps de son frère, tué le 2 décembre à l'assaut du parc de Goury; le second, M. de Pontourny, désireux de retrouver son frère gravement blessé, ne savent rien nous dire de précis, bien que venant de traverser les lignes. Cependant, et malgré l'apparat des visites officielles, les Allemands sont inquiets. « Nous sommes perdus, aurait dit ce matin même un général, en parlant du mouvement de Bourbaki. »

J'ai l'occasion, ce matin, de m'entretenir, à l'ambulance, avec le Dr Langenbeck, le médecin chef de l'armée prussienne. L'illustre professeur m'a reçu avec l'exquise politesse, le facile abandon habituels aux hommes supérieurs. La science l'a débarrassé de la morgue prussienne. Mais, si je constate qu'il opère lui-même avec une merveilleuse dextérité, ayant pu, sur sa demande, l'assister dans une restauration de la face chez un artilleur horriblement défiguré par un éclat d'obus, je suis obligé de constater que les chirurgiens allemands sont généralement très éloignés de notre délicatesse chirurgicale. Assurément les chirurgiens français opèrent plus rapidement, et surtout avec plus d'égards et de circonspection.

2 *janvier*. — Voici que j'ai, tout de suite, à prendre une grave résolution. A plusieurs reprises j'ai sollicité déjà, de la commandature, la stricte application, à mon égard, de la convention de

Genève. Je n'ai rien pu obtenir, et malgré son affectation d'apparente bonhomie, le Prussien qui détient les fonctions de commandant d'armes a, jusqu'à ce jour, refusé, aussi bien de me remettre aux avant-postes que même de me permettre de rejoindre en passant par la Suisse. Sa manière d'être m'autorise, et j'en ai largement profité déjà, à user de mon droit. Je n'ai point aliéné ma liberté.

D'autre part, les malades et blessés que je visite ici peuvent actuellement se passer de mon assistance ; et mon bataillon, si cruellement éprouvé, en a sans doute un plus pressant besoin. L'occasion me fait une obligation de le rejoindre au plus tôt.

Il s'agit donc de s'évader, et surtout de faire évader avec moi un de ces hommes dont l'héroïsme personnel et le prestige du nom font l'égal des plus grands capitaines, le colonel de Charette.

Voici le fait : Ce matin même, pendant que je pansais le caporal Cazenove de Pradines, hospitalisé chez M. Baguenaut de Puchesse, un aumônier de régiment, M. l'abbé Peigné, qui lui-même avait tenté l'évasion du colonel et n'avait pu que l'échouer à Orléans, vint me demander de l'assister.

— Je comptais, me dit-il, profiter d'un sauf-conduit sollicité pour le transfert du corps du comte de Bouillé, mort récemment de sa blessure dans la poitrine; mais le sauf-conduit m'a été refusé. Ne pourriez-vous l'obtenir vous-même, et faire passer le colonel pour un parent accompagnant le corps?

De suite, je tente la démarche et m'adresse, à cet effet, à l'un des aides de camp mêmes du prince Frédéric-Charles, le comte de Kœnitz, que j'ai eu parfois l'occasion de rencontrer dans les hôpitaux.

— Je regrette, me dit-il, d'avoir à vous refuser. Mais les nécessités actuelles l'exigent. Par ordre, j'ai dû déjà refuser la même faveur à l'un de vos aumôniers.

Il n'y a pas à insister. Et cependant, le colonel de Charette, que l'ennemi savait blessé et soigné au château de Reversaut, ainsi que le général de Sonis, est peut-être déjà signalé à Orléans. Il est donc indispensable, pour échapper à l'internement, de lui éviter un long séjour en ville. Il n'y a pas à hésiter. Grâce à M. de Laage, plusieurs fois déjà j'ai pu sortir de la ville, sous prétexte de visiter des blessés. Et les mouvements qu'exécute actuellement l'armée allemande sont peut-être une chance de passer inaperçu.

On assure, en effet, que des troupes allemandes partent journellement pour Paris, pendant que d'autres occupent fortement Beaugency et la rive gauche de la Loire.

On persiste à dire également que nos troupes

tiennent Vierzon, Salbris et la Motte-Beuvron, que ce matin même, on a entendu le canon, enfin que d'heureuses sorties ont été faites par l'armée de Paris les 22, 23 et 24 décembre.

Mais, de leur côté, les Prussiens prétendent qu'ils se sont emparés déjà de deux forts, d'une partie même de l'enceinte, et que le bombardement énergique de la capitale en aura bientôt raison.

Quoi qu'il en soit, l'abandon d'Orléans et de ses environs par une partie de la garnison est, pour mon projet d'évasion, une chance de réussite. Le colonel de Charette, à qui je viens de le soumettre, l'accepte sans hésitation ; et M. de Pontourny offre immédiatement sa voiture. On est donc bientôt prêt.

Mais quand il s'agit de se mettre en route, l'abbé tremble, M. de Pontourny redoute d'être conservé en otage, et le colonel a lui-même besoin d'imposer sa volonté.

— En voiture ! dit-il.

Fouilloux, mon fidèle brancardier, se tient à côté du conducteur, un solide gaillard qui sait bien le pays. Lancelot, en tenue militaire, monte mon cheval et se tient à la portière. Le colonel, à côté de moi, dans la voiture, a l'air d'un bon bourgeois emmenant un médecin. Et, sur les sages recommandations de M. de Laage, qui nous signale les endroits dangereux, non sans faire trembler son entourage, nous partons enfin.

On franchit le pont Royal sans éveiller l'attention des sentinelles. Mais, en avant d'Olivet, le poste occupe le milieu de la route. Un officier s'approche pour nous reconnaître. J'affecte de me montrer à la portière ; puis, avant de lui donner le temps de m'interpeller, la voiture, vivement enlevée, repart au grand trot. Nous avons franchi le premier pas difficile.

A Saint-Mesmin, sur la rive gauche du Loiret, nous quittons la grande route pour nous engager à travers bois. L'ennemi a disparu, mais ses patrouilles sillonnent le pays. A Ardon, des paysans qui reconnaissent notre conducteur et qui déjà ont favorisé maintes évasions, nous sont absolument dévoués. A deux reprises différentes, il faut traverser la dangereuse route de la Ferté. On l'explore rapidement d'abord, pour s'en écarter plus rapidement encore. Enfin, nous voici à Ivoy-le-Galeux.

Des paysans nous entourent. Il n'y a pas de Prussiens ici, disent-ils ; mais ils étaient hier à La Ferté, peut-être encore aujourd'hui même.

Cela ne diminue point notre appétit, et le bon curé de l'endroit se résigne, sans regrets, à voir disparaître un superbe dindon, cuit à point, que nos accompagnateurs avec nous se chargent de dépecer, sans en laisser un débris.

Puis, bien vite, il faut se remettre en route, et notre curé nous fait accompagner, dans les sentiers de la forêt, par une voiture des champs, de manière à nous permettre d'éviter la grande route et au besoin d'abandonner notre landau pour pouvoir, sans arrêts, franchir la zone dangereuse.

Il faut en effet rapidement pousser jusqu'à Romorantin, où l'ennemi pourrait bien se trouver demain dès le matin, jour de marché, paraît-il, et profiter de la nuit pour échapper. Un peu d'avoine aux chevaux, et nous repartons, l'oreille tendue et l'œil au guet. Toujours sous bois; c'est bien le sauvage pays des braconniers et des chasseurs à l'affût; et les uhlans eux-mêmes, craignant les francs-tireurs, n'osent pas s'y aventurer. Notre paysan nous conduit avec prudence; à peine du reste quelques maisons de gardes, dont il s'assure avant d'avancer. Et les gardes eux-mêmes nous fournissent de précieux renseignements. Il faut éviter Neung-sous-Beuvron, où des patrouilles se sont montrées aujourd'hui même, traverser Marcilly sans s'y arrêter, et profiter de la nuit pour arriver à Romorantin.

Nous y sommes après minuit, ayant, grâce à Dieu, échappé à toutes les patrouilles ennemies.

Mais, à Romorantin, nous dit le sous-préfet, M. de Champeau, à qui nous allons bien vite, le colonel et moi, communiquer les renseignements que nous possédons sur Orléans et les mouvements de troupes, nous ne sommes pas du tout en lieu sûr. Nous devons nous préparer à repartir dès l'aube, pour gagner enfin les premiers postes français, qui sont à quinze kilomètres d'ici. Et le sous-préfet, faisant fonctions de sous-intendant militaire, en l'absence d'ordres directs, nous délivre des saufs-conduits, avec autorisation de nous rendre à Vierzon, en passant par Mennetou et Thénioux.

A Romorantin, du reste, l'hospitalité n'est pas engageante. C'est à grand'peine que nous avons obtenu d'un mauvais hôtelier, après payement d'avance, et pour quelques heures seulement, un abri pour nos hommes, nos chevaux et nous-mêmes. Mais, tout allégés des vingt lieues qui nous séparent d'Orléans, nous subissons facilement ce petit mécompte.

Le colonel qui, plusieurs fois déjà, a tenté de s'évader, me serre la main avec effusion, et tous deux, dans une ardente prière, nous remercions Dieu.

4 janvier. — Bien avant le point du jour, nous sommes en route.

Enfin, nous allons retrouver la France, répondre aux « qui vive » de nos sentinelles avancées !

Hélas ! non. Voici que nous rencontrons les avant-postes, mais nul qui songe à s'inquiéter de nous, à s'informer d'où nous venons et qui nous sommes. Des hommes débraillés passent et repassent devant nous ; je suis en tenue ; il n'en est pas un qui salue, pas un qui se dérange. Le colonel est indigné ; ou mieux nous sommes, l'un et l'autre, attristés, dans la comparaison avec l'armée allemande, de cet hétérogène ramassis d'hommes démoralisés et bien évidemment fatigués de la guerre.

Oui, certes, le soldat prussien est une machine ; il sait obéir passivement, souvent même jusqu'à l'avilissement ; et seule une discipline de fer peut l'entraîner. Mais le Français transformé en soldat qui lui est actuellement opposé, manque d'énergie autant que de discipline. La loi l'oblige à servir ; quand donc pourra-t-il s'en affranchir ? telle est sa préoccupation.

De fait, est-ce donc lui qu'il faut accuser ; est-ce lui le coupable ? Non pas, en vérité, car sans cesse on l'a trompé pour le pouvoir détourner du devoir. « Les peuples sont des frères et la patrie n'est qu'un mot, » lui glissent de misérables gredins, pendant que d'autres s'efforcent de ridiculiser les chefs et de créer l'indiscipline. Et le malheureux, ainsi privé de tout idéal, se moquant de tout et de tous, s'est affaissé dans l'indifférence.

Et, par dégoût autant que par lassitude, généraux et officiers ont abdiqué le devoir. C'est ainsi que nous sommes vaincus.

N'avons-nous pas suffisamment expié ce passé ; n'est-il pas enfin légitime d'espérer la régénération prochaine? Hélas! les désillusions s'accumulent. Espérons quand même!

L'espérance seule est féconde, la désespérance est l'abandon. Non, ce n'est pas la mort, c'est seulement un long sommeil. Notre force vitale demeure; elle est affaissée, angoissée, incapable encore de secouer la léthargie qui l'oppresse, mais vivante toujours; et bientôt peut-être, elle sera prête enfin au libérateur effort. La France a des ressources inépuisables de dévouement, de travail et de courageuse énergie. Et la guerre peut la débarrasser de ses pourritures, pour la rendre enfin à ses glorieuses destinées!

A Vierzon, où nous arrivons vers midi, de nouvelles troupes se préparent encore à partir. Déjà deux divisions d'un nouveau corps d'armée sont en route pour Besançon. Et bientôt, dit la rumeur, il ne restera plus ici que quelques compagnies de francs-tireurs.

C'est, paraît-il, toute une nouvelle armée, sous les ordres du général Bourbaki, qui se porte rapidement vers l'est. Il s'agit d'empêcher les ravitaillements de l'ennemi, peut-être même de pénétrer chez lui, pour l'obliger à se replier lui-même. Assurément, c'est un plan d'une superbe hardiesse. Et c'est ainsi que s'explique, pour nous, la visible consternation des officiers prussiens surpris dans l'expansion de la joie, en pleine fête du nouvel an; c'est ainsi que s'expliquent ces départs précipités des troupes ennemies qui paraissaient cantonnées à Orléans pour y constituer une réserve.

Mais n'est-il pas trop tard déjà?

L'armée de Paris est décidément enveloppée, et l'ennemi s'ingénie de tous ses moyens, active sans pitié son féroce bombardement pour obtenir la capitulation. Mais Paris sait l'exemple de Metz et les conséquences de la trahison de Bazaine. Il sait aussi que l'Allemagne, à bout de ressources, est probablement impuissante à opposer encore de nouvelles troupes à l'armée de Bourbaki. Puissent donc notre moral se relever, nos représentants du jour agir énergiquement au lieu de discourir, nos soldats enfin comprendre ce que signifient les mots : Honneur et Patrie! La France ne meurt pas!

Le général Chanzy occupe Le Mans où il a pu, avec les débris de l'armée de la Loire, reconstituer une nouvelle armée, augmentée d'une nouvelle division sous les ordres du commandant Jaurès, de la marine. Et les combats qu'il soutient presque chaque jour, avec ses colonnes mobiles d'avant-garde, depuis Nogent-le-Rotrou vers sa gauche jusqu'à Vendôme vers son extrême droite et sur toute la ligne du Loir, sont fréquemment des succès.

Le général Faidherbe, dans le Nord, vient de culbuter à Bapaume l'ennemi qui menaçait Arras.

Le général du Temple est à Nevers ; Garibaldi défend le Morvan.

Et surtout Bourbaki s'établit dans l'est, entre Besançon et Montbéliard, avec mission de délivrer Belfort et d'intercepter toutes les communications de l'ennemi.

Voilà pour le cercle. Au centre, Paris, avec Trochu et Ducrot, nos deux meilleurs généraux, peut-être ; Paris qui a foi dans l'avenir, qui lutte sans découragement, et qui tiendra jusqu'à la dernière extrémité, pour son honneur et pour le salut de la France.

La dernière partie est engagée ; peut-être aussi, la dernière épreuve !

5 janvier. — Mon bataillon de chasseurs, très cruellement éprouvé pendant les combats sous Orléans et complètement désorganisé, se refait actuellement dans le Midi. Je reçois l'ordre de me rendre moi-même à Bordeaux dans le plus bref délai. Mais tous les trains sont actuellement affectés au transport des troupes sur Besançon. Il faut attendre. Heureusement, le colonel de Charette, bientôt reconnu, est accosté par un commissaire de Gambetta, M. David, envoyé à Vierzon pour surveiller le départ des troupes. Il lui propose une place dans son wagon, dès qu'il sera libre lui-même, c'est-à-dire vers le 7 ou 8 janvier. Et le colonel, de qui je partage dorénavant la fortune journalière, m'engage à venir à Bourges, attendre notre départ.

Partout il me présente comme étant son libérateur, d'abord au général de Bernard de Seigneurins, commandant la place, puis au prince d'Arenberg, et enfin à Mgr de La Tour d'Auvergne, cardinal archevêque, qui veut bien nous offrir l'hospitalité au palais archiépiscopal.

Le général de Bernard, ex-officier de la garde impériale, a dernièrement conquis ses étoiles sur le champ de bataille. C'est un rude soldat.

Le prince d'Arenberg, âgé de trente-cinq ans environ, commande la garde mobilisée du Cher. L'élévation de son front, autant que sa conversation, dénotent une haute intelligence. Il parle avec plaisir du Jura et de son château d'Arlay, qu'il paraît préférer à ses autres propriétés, et m'entretient amicalement de mon père, dont il sait de longue date, me dit-il, « la science pratique et la valeur morale. » J'en suis, bien naturellement, très agréablement ému.

Quand au cardinal archevêque, Mgr de La Tour d'Auvergne, c'est le prélat, le prince de l'Église dans toute la dignité fonctionnelle. Sa parole est pleine d'onction ; ses mains blanches et ses doigts effilés, dans lesquels se joue l'émeraude archiépiscopale, ne sont jamais en repos. Sa conversation est souvent fort intéressante. Il sait sûrement beaucoup, cause volontiers sciences, médecine

même, et revient souvent à son long séjour à
Rome, disant, sans apparentes réticences, son
appréciation des nobles familles qu'il y a ren-
contrées. Il est un fervent disciple du pouvoir
temporel et, je crois, aussi de l'infaillibilité du
pape.

6 janvier. — (15°, 18° *et* 20° *corps*). — Le départ
des troupes pour l'est se continue, mais, paraît-il,
sans ordre, chacun voulant agir comme s'il était
seul.

On signale quelques succès d'avant-postes rem-
portés par notre 16° corps sur le Loir, notamment
au-dessous de Vendôme, que paraît avoir évacué
l'ennemi. Le général Rousseau occupe Nogent,
avec la première division du 21° corps, appuyé
par les volontaires du général Cathelineau. A
notre extrême droite, le général Barry, avec la
2° division reconstituée du 16° corps, occupe
Château-du-Loir et Sougé.

7 janvier. — Le général Chanzy a été attaqué,
hier, dans toutes les positions de l'armée de la
Loire, et la lutte, malgré quelques insuccès partiels, paraît se continuer à notre avantage. Le général Rousseau, chargé de défendre l'importante
position de la Fourche, a dû se replier, écrasé sous
le nombre, mais sans cesser de combattre énergiquement. Le général de Jouffroy, au-dessous

de Vendôme, défend énergiquement le plateau de Villers.

A l'est, l'investissement de Langres a cessé; mais Auxerre est réoccupé par l'ennemi, dont tous les efforts tendent à se concentrer très fortement sous Paris.

C'est véritablement être heureux que pouvoir être utile à des hommes tels que le colonel de Charette.

Je ne connaissais de lui, avant Loigny, que sa chevaleresque réputation et son absolu dévouement au pape, dont il était, il y a quelques jours à peine, le défenseur intrépide. Je savais, de plus, qu'il est le petit-fils d'un héros. C'en était assez, bien certainement, pour m'attirer. J'ai pu, depuis, l'apprécier plus complètement, et j'ai bien vite appris à l'aimer.

La vivacité de son clair regard, l'amplitude du front, la forte saillie des pommettes et des sourcils dénotent autant de droiture et de fermeté que d'intelligence. Sa martiale allure et la simplicité d'une expansion toute de premier élan démontrent le grand cœur et la grande race. Chez lui, l'amour de la patrie déborde de cent coudées toute autre conception.

« Pour Dieu, pour le Roi, pour ma Dame, » telle fut la devise du chevalier français, celle qui a fait des héros. Elle est toujours celle du colonel de Charette.

C'est assurément ma meilleure récompense qu'être honoré de l'estime, je crois même pouvoir dire de l'amitié, d'un soldat tel que lui.

8 janvier. — Une circulaire ministérielle modifie très heureusement l'organisation du service de santé, et notamment des Sociétés de la Croix-Rouge. Le service du champ de bataille et de la zone occupée par l'armée demeure confié aux seuls médecins militaires. Les Sociétés de la Croix-Rouge assurent le service de l'arrière. C'est un progrès ; mais pourquoi encore l'omnipotente direction de l'intendance, dont l'incompétence et l'inutilité sont si complètement démontrées ?

M. David, l'aimable commissaire du gouvernement, nous avise, le colonel et moi, qu'il partira dans la soirée, et que des places nous sont réservées dans son wagon. Le cardinal archevêque nous accompagne, de sa courtoise dignité, jusqu'à la porte de son palais.

9 janvier. — Le colonel nous quitte à Poitiers ; mais pour quelques heures seulement, me dit-il, en me donnant rendez-vous à Bordeaux, où nous arrivons vers six heures du soir.

12 janvier. — La ville regorge de soldats de toutes armes et d'intrigants de tout acabit. J'espère n'y pas séjourner longtemps.

Le colonel de Charette est nommé général de brigade. Il veut me faire profiter des éloges que lui mérite sa conduite et demande pour moi la croix de la Légion d'honneur, estimant, me dit-il, que je l'ai méritée comme lui.

C'est, à ma connaissance, la troisième fois que je suis proposé depuis cette douloureuse campagne. Et notre nouveau directeur du service de santé, le Dr Robin, me fait appeler à son cabinet. Il veut être entretenu, par moi-même, de ce que j'ai vu et de ce que j'ai fait. Il m'autorise ainsi à lui signaler le dévouement de mon fidèle Lancelot, pour lequel, à mon tour, je demande la médaille militaire, rappelant sa courageuse conduite tant à Mouzon, alors que sous le feu de l'ennemi il arrachait à la mort de nombreux blessés se noyant dans la Meuse, qu'à Sedan, à Coulmiers, et tout particulièrement à Loigny, où, grâce à son énergique hardiesse, les premiers secours purent être rapidement obtenus.

Mais le sous-intendant qui l'assiste ne l'entend pas ainsi.

— Une telle proposition, dit-il, ne peut émaner que du chef de corps ; c'est à lui, d'abord, que vous devez vous adresser.

En vérité, les exigences réglementaires de cet administratif sont pénibles. Et je ne sais pas résister au plaisir de le lui dire :

— Le commandement n'est pas à même d'apprécier la conduite d'un soldat chargé par moi-même d'une mission spéciale et dans des circonstances exceptionnelles qui, toujours, l'en ont écarté. J'ai été le témoin autorisé de sa conduite. Je me crois donc le droit de la signaler, dès que l'occasion s'en présente, à quiconque est à même d'obtenir qu'elle soit récompensée. J'estime même que c'est mon devoir absolu.

Et notre directeur paraît me donner raison.

Quand donc en aurons-nous fini avec cette étrange ingérence de l'intendance dans un service qui lui échappe absolument? Quand donc notre service de santé jouira-t-il enfin de cette autonomie qu'il réclame depuis si longtemps, que l'armée demande pour lui, et qui s'impose pour une action véritablement utile? Quand donc le corps de santé, moralement responsable, jouira-t-il enfin d'une situation à laquelle il a tous les droits, et dont l'intendance entend seule bénéficier, sans souci des désastres qu'accumule son outrecuidante incompétence?

Il faut le rappeler : notre service serait actuellement plus impuissant encore qu'en Crimée et en Italie, s'il ne pouvait compter sur l'assistance de la Croix-Rouge, hier encore ignorée, et que notre nouveau directeur commence seulement à réglementer.

16 *janvier*. — « L'armée (dit une dépêche de

Bourbaki) s'est battue toute la journée ; elle occupe Montbéliard et Héricourt. Demain nous recommencerons, et bien que nous ayons devant nous plus de forces qu'on ne supposait, en hommes et surtout en puissante artillerie, j'espère pouvoir gagner encore du chemin et avancer. »

C'est une victoire ! Elle aura pour conséquence, sans doute, la levée du siège de Belfort, superbement défendu par le colonel Denfert, et bientôt, peut-être, influera sur toutes les communications rapides de l'ennemi avec l'Allemagne. Il en est grand temps, car Paris est bien menacé ; et les efforts de notre nouvelle armée de la Loire pour venir à son secours demeurent infructueux.

Voici, en effet, qu'après plusieurs succès partiels, le général Chanzy est obligé d'évacuer Le Mans et de se replier derrière la Mayenne. Notre armée, cependant, tenait, autour du Mans, une forte position dont les attaques réitérées du prince Frédéric-Charles avaient été, jusqu'alors, impuissantes à la déloger. Le 9, disent les journaux, le prince a réussi à nous reprendre quelques villages, mais le 10, il en été chassé ; et le 11, malgré les plus énergiques efforts, il a complètement échoué dans la défense du plateau d'Auvours, que le général Goujeard lui a repris dans une charge à la baïonnette, avec les mobilisés bretons et les zouaves pontificaux. A midi, nous étions les maîtres de la situation et l'armée ennemie battait rapidement en retraite. Mais, dans la soirée, les vainqueurs du matin, croyant à un retour offensif, furent pris d'une véritable panique et s'enfuirent en désordre, abandonnant, sans combat, la forte position qu'ils avaient si brillamment conquise quelques heures auparavant. Vainement le général Goujeard et l'amiral Jauréguiberry s'efforcèrent de rallier les troupes. De même qu'à Loigny, les zouaves pontificaux avec un bataillon de chasseurs, revinrent seuls à la charge. Ils se firent glorieusement massacrer et purent seulement protéger la retraite.

Grâce à l'énergie de l'amiral Jaurès avec le 21ᵉ corps, malgré la neige et le verglas, malgré l'épuisement des troupes, l'ennemi, s'il demeure maître du Mans, est cependant maintenu à distance et n'ose pas engager une active poursuite.

De Nevers, le général Lecointe, récemment évadé de Metz, télégraphie que, pour la troisième fois, il a délogé les Prussiens de Gien, et que leurs colonnes sont en retraite sur Montargis et Orléans. Mais devant Paris, l'ennemi, depuis le 28 décembre, s'acharne, dans un sauvage bombardement, sur les établissements hospitaliers, le Val-de-Grâce, la Pitié, Sainte-Périne, le Panthéon, le Muséum, etc. Il compte évidemment ainsi terroriser la population.

Son vandalisme est sans pitié. Mais la capitale conserve encore sa vitale énergie. Elle tiendra jusqu'à complet épuisement de ses forces. Combien de temps ? Hélas ! la résistance, aujourd'hui, n'est plus qu'une question d'honneur. Si nous devons lutter quand même, il est dorénavant difficile d'espérer le succès définitif. La moitié de la France est occupée par l'ennemi. Une guerre de partisans, sans merci et sans répit, pourrait seule l'arracher au joug du vainqueur. Le pays n'y est pas préparé, manque de virile résolution, et ne sait pas accepter l'indispensable sacrifice. Les forces morales, comme les forces physiques, s'épuisent sous l'excès des souffrances. Nos soldats, décimés par les maladies plus encore que par le feu, s'abandonnent et n'ont plus dans le cœur l'idéal réconfort du dévouement à la patrie !

17 janvier. — J'apprends ce matin que mon bataillon, après la retraite d'Orléans, a dû d'abord se replier sur Tours, puis, par ordre supérieur, venir se reformer à Toulouse, sous les ordres du capitaine de Blandinières. Il ne comptait plus alors que deux cents hommes. Le capitaine Truchy et la plupart des officiers, les neuf dixièmes des hommes ont été tués, blessés, faits prisonniers ou arrêtés par la maladie. Néanmoins, et grâce aux quelques anciens, on a pu reformer encore un nouveau bataillon et le verser au 25ᵉ corps d'armée, actuellement à Issoudun, où je suis avisé d'avoir à le rejoindre dans le plus bref délai.

Avant de quitter Bordeaux, et conformément à l'ordre qu'il m'en a donné, je remets moi-même au nouveau directeur du service de santé, M. Robin, mon rapport sur le service des ambulances à Fougeu et Villepion après le 2 décembre. Il m'accueille avec une touchante cordialité, m'informe qu'il m'a chaudement proposé pour chevalier de la Légion d'honneur, et qu'il est assuré que je saurai faire partout mon devoir comme je l'ai fait jusqu'à ce jour.

Oui, certes, plus que jamais, j'entends consacrer à ma patrie malheureuse toutes mes forces, tout mon cœur, toute mon intelligence. L'accomplissement du devoir décide toujours la meilleure des récompenses, qui est la satisfaction de la conscience.

CHAPITRE III

2ᵉ ARMÉE DE LA LOIRE — 25ᵉ CORPS

Du 19 janvier au 1ᵉʳ mars 1871.

La proclamation de l'Empire allemand. — De Vierzon à Cours-
Cheverny. — 7ᵉ bataillon de marche de chasseurs à pied. —
Combat de Blois. — Capitulation de Paris. — L'armistice. —
Les ambulances du 25ᵉ corps. — Désastre de l'armée de l'Est.
— Les élections générales. — Le vote de l'armée. — Départ du
7ᵉ bataillon de chasseurs pour Bordeaux. — L'Assemblée natio-
nale. — Les conditions de la paix.

21 janvier. — C'est fait ! Le roi de Prusse,
foulant aux pieds notre terre de France, s'est
emparé des salons de Versailles pour se faire
acclamer empereur d'Allemagne. Sous les portraits
de nos gloires nationales, dans ce Versailles dont
Louis XIV avait fait la splendeur de l'Europe, le
roi, entouré des princes confédérés et des grands
dignitaires, a manifesté son intention de grouper
les principautés et d'en faire un empire. Le grand
chancelier Bismarck a lu sa proclamation et, dans
le tonnerre des canons qui bombardent Paris,
tous ont poussé le féroce hourrah. C'est le

triomphe ! Mais qu'il se souvienne, notre orgueilleux vainqueur, que la roche Tarpéienne n'est pas éloignée du Capitole !

Et de fait, les journaux annoncent que l'armée de Paris a, le 19, tenté un superbe effort, et qu'elle a réussi à enlever la redoute de Montretout et Saint-Cloud, menaçant très gravement ainsi la résidence de Versailles.

D'autre part, et grâce à l'indomptable énergie du général Chanzy, l'armée de la Loire s'est reconstituée. Malgré ses souffrances, malgré la rigueur de la température, elle a pu, après la désastreuse panique des mobilisés bretons à la Tuilerie, effectuer méthodiquement sa retraite sous d'incessants combats qui, souvent, ont fait reculer l'ennemi. Sans doute, elle a dû abandonner les superbes positions qu'elle tenait autour du Mans et sur la Sarthe. Mais elle s'est refaite sur la rive droite de la Mayenne ; elle couvre ainsi la Bretagne, s'étend par sa gauche vers le nord jusqu'au général Faidherbe, et se prépare, en remontant la vallée de l'Eure, à gagner le bassin de la Seine pour arriver encore à dégager Paris, but suprême de ses efforts. Enfin, un nouveau corps d'armée, le 25ᵉ, sous les ordres du général Pourcet, se maintient aux environs de Vierzon, où déjà s'est formée l'armée de Bourbaki, actuellement devant Belfort.

La lutte se poursuit ; la cruelle défaite n'a point

épuisé encore notre vitalité ; l'espérance est encore légitime.

22 *janvier*. — Le 7ᵉ bataillon de chasseurs fait partie du 25ᵉ corps. Je le retrouve cantonné à Vierzon, comptant à peine encore quelques soldats et seulement trois officiers, les capitaines Bouisset, de Blandinières et Lenoir, de l'ancien cadre. Le commandant Dubois, son nouveau chef, vient du 3ᵉ bataillon ; il a dépassé la quarantaine, a de la fermeté et se montre paternellement occupé du bien-être de ses hommes. Les nouveaux officiers témoignent d'une confiance que n'ont pas encore ébranlée les épreuves. Parmi eux, notamment, le capitaine adjudant-major d'Ussel, dont l'expressive figure, très amaigrie par les fièvres d'Afrique, dénote autant d'énergie que d'intelligence ; puis le lieutenant de Villebois-Mareuil, également un Africain, dont le regard ardent, parfois étrange, paraît révéler autant de volonté que de persuasive douceur. Un étudiant en médecine de l'École de Toulouse, M. Soubie, remplit les fonctions de médecin-major. Je suis seulement aide-major. Il veut bien cependant, sur l'invitation du général de Chabron, notre divisionnaire, accepter d'être mis en sous-ordre. Il est actif, intelligent, et me sera sûrement un précieux auxiliaire.

Il a fallu former des cadres quand même. Aussi, parmi les sous-officiers, plusieurs sont de braves anciens soldats qui ont pu résister jusqu'à ce jour, mais qui manquent absolument d'instruction. Et, malheureusement, les provenances diverses des officiers provoquent parfois des discussions irritantes. Je suis en dehors des motifs habituels de ces discussions dont la politique est souvent le prétexte. Il m'arrive cependant d'être également interpellé ; mais alors, et j'en suis fier, on m'écoute volontiers, et même je deviens le conciliateur. Sans doute, c'est parce que j'ai vu beaucoup déjà, et peut-être quelque peu retenu.

23 janvier. — La division s'attendait, ce matin, à partir pour Bourges, lorsque nous arrive, à l'improviste, l'ordre de marcher vers Romorantin, où nous devons cantonner ce soir. C'est un pas en avant, dit-on.

Mais les nouvelles jettent le découragement dans les rangs. On annonce qu'après un succès du général Vinoy et l'occupation de la redoute de Montretout, l'armée de Paris a complètement échoué dans sa tentative de sortie dans la direction de Versailles, et qu'elle s'est repliée en désordre jusque dans l'enceinte de Paris, où elle serait dorénavant immobilisée. On dit encore que malgré sa victoire de Villersexel, le général Bourbaki, épuisé de munitions et sans vivres, a dû battre en retraite ; que d'autre part Garibaldi demeure inactif autant qu'impuissant, incapable même de protéger Dôle dont l'ennemi s'est emparé sans autre résistance que celle de quelques habitants.

Est-ce donc que mon Jura doit subir aussi l'envahissement? Quel nouveau Lacuzon, quel nouveau Lecourbe vont sortir de ces fières montagnes pour en repousser les Vandales !

24 *janvier*. — Le bataillon reçoit dans la soirée l'ordre suivant :

Un bataillon du 77ᵉ de marche (mobilisés du Var) s'établira à Billy ; les mobilisés de l'Indre occuperont Rougeou et Champigny, les mobilisés du Puy-de-Dôme Champigny et Soings ; le 7ᵉ bataillon de chasseurs s'établira à Soings, extrême droite de la ligne. Trois batteries d'artillerie se fixeront, la première à Soings, la deuxième à Rougeou, la troisième à Billy. Deux escadrons de chasseurs iront occuper Contres avec le général Delorme, et feront reconnaître Cheverny, Fougères-sur-Bièvre et Cormeray. Deux autres escadrons s'établiront à Saint-Romain, Oisly et Thésée. Les éclaireurs des Deux-Sèvres occuperont Saint-Aignan-Noyers et reconnaîtront Mareuil. Le quartier général de la 2ᵉ division s'établira à Chemery ; le grand quartier général et la réserve de l'artillerie sont à Romorantin.

Il semble donc que les Prussiens tiennent encore la rive gauche de la Loire, entre Orléans et Blois, et qu'on veut les en déloger.

25 *janvier*. — Le bataillon devait s'établir à

Soings. Un nouvel ordre le maintient à Lanthenay, jonction des routes de Beaugency à Orléans, à quelques kilomètres seulement de Romorantin. Un bataillon du Puy-de-Dôme se rend à Lassay, et les mobiles d'Indre-et-Loire à Pruniers.

26 janvier. — Le bataillon part de Lanthenay pour Chemery, en passant par Selles-sur-Cher, faisant ainsi un long crochet d'exploration. En route, nous sommes croisés par un bataillon des mobiles de l'Indre et par une batterie d'artillerie. Le quartier général s'établit à Selles, le général de Chabron occupe Mur-de-Sologne, sur la ligne du chemin de fer Blois-Romorantin.

En arrivant à Chemery, dans la soirée seulement, nous sommes avisés qu'une reconnaissance de uhlans, venue jusqu'à Contres, a été rencontrée par nos chasseurs à cheval. Et, vers dix heures, deux compagnies reçoivent l'ordre de se porter immédiatement vers Contres, à la disposition du général Delorme. Mais l'ordre n'est pas signé, paraît-il; on suspecte sa provenance, le capitaine désigné pour marcher le fait remarquer et demande qu'on lui communique au moins les mots de passe, afin de lui permettre d'éviter les méprises. On les ignore ; cependant il y a urgence, et sur la remarque du commandant, on passe outre. Malgré le temps affreux qu'il fait, malgré la longueur de l'étape du jour, j'ai la satisfaction

de constater que mon second est un zélé. De suite,
il s'est pourvu d'un petit matériel de premier
secours, et se tient prêt à partir, alors que les
compagnies désignées en sont encore à discuter
l'opportunité de l'ordre reçu.

27 *janvier*. — Le bataillon reçoit, ce matin,
ordre de se porter sur Cour-Cheverny, où doivent
le précéder le général commandant la cavalerie
et les deux compagnies détachées à Contres.

Hélas ! il semble qu'il n'y a plus, autour de
nous, qu'un ramassis d'individus et plus de soldats. Il faut entrer dans chaque maison pour arracher les traînards ; quelques-uns même, sans
motifs avouables, refusent de sortir ; il faut les
menacer de la gendarmerie et du Conseil de guerre.
Et cependant on va se battre, dit-on, le bataillon
ayant pour mission spéciale de surveiller la forêt
de Russy, chaque jour visitée par des patrouilles
ennemies. On part tant bien que mal, et vers deux
heures de l'après-midi, notre divisionnaire, établi
à Cheverny, détache vers la forêt plusieurs postes
de 25 à 30 hommes, eux-mêmes gardés par des
sentinelles avancées.

A Cour-Cheverny, nous sommes en effet à vingt
kilomètres au plus de Blois, qu'on dit fortement
occupé par l'ennemi. On paraît peu s'en préoccuper, cependant. C'est ainsi que le commandant
Dubois ayant donné à ses avant-postes l'ordre

d'arrêter tout individu se dirigeant sur Blois, est, sinon blâmé, du moins visiblement désapprouvé par un prétendu officier d'état-major, délégué, dit-il, par le général.

Voici le fait : Deux porteurs de brassards se présentent pour passer ; ils ont toutes les allures allemandes ; le commandant refuse. Alors eux, s'adressant à l'état-major, beaucoup plus occupé, semble-t-il, de mesquines critiques de détail que de la sécurité des troupes, déclarent que les brassards autorisent une libre circulation. Et, sans plus de formalités : « Passez, dit l'état-major, mais ne dites rien de ce que vous avez vu ici. » J'affecte à mon tour de les interroger, et j'acquiers ainsi l'absolue conviction qu'ils ne sont pas médecins ; je le dis ouvertement devant eux-mêmes, ét entouré de plusieurs officiers du bataillon. Mais l'état-major s'est prononcé, il n'y a qu'à s'incliner.

Et nos deux individus s'en vont, paraissant si peu se soucier de nos soupçons que, dès leur arrivée au sommet de la côte qui nous abrite, ils allument des lanternes auxquelles répondent bientôt des fusées de diverses couleurs qui, dit-on, partent de Blois !

Sont-ils des espions ? Il n'est pas permis de l'affirmer ; du moins, ils en ont l'apparence. Et malgré l'étrange facilité d'un officier de notre nouvel état-major à leur endroit, malgré leurs brassards d'ambulanciers, le bataillon en demeure convaincu.

Les précautions, du reste, paraissent bien illusoires. Est-il possible de compter sur des avant-postes qui se laissent surprendre, ainsi que nous venons de le faire, ce soir même, le commandant Dubois, le capitaine d'Ussel et moi? Il était neuf heures alors que le commandant nous proposa de l'accompagner dans sa visite. Sur la route même, nous fûmes arrêtés et reconnus par les sentinelles. Restait à voir un poste de dix hommes placés dans les vignes, à l'extrême avant-garde.

Pour arriver jusqu'à lui, il faut traverser un large fossé, en enfonçant la glace. Nos chasseurs, tous étendus autour d'un maigre feu, même la sentinelle, dorment à poings fermés. Et pourtant, il savent que l'ennemi veille lui-même à quelques pas peut-être, et que le camp repose, plein de confiance dans leur vigilance.

— Malheureux ! dit sévèrement le commandant. Abandon de son poste en présence de l'ennemi, vous savez ce qui vous attend !

Et chacun d'eux implore l'indulgence. Ils sauront, disent-ils, se battre de manière à réparer leur faute, ils ont succombé à la fatigue. Et de fait, ils font pitié.

La poudre, heureusement pour eux sans doute, ne doit pas tarder à parler. Demain, en effet, la division doit s'avancer vers Blois, où bien certainement elle aura le contact de l'ennemi.

28 *janvier*. — A dix heures, ce matin, le commandant fait sonner sac au dos. Mais le bataillon, devenu, paraît-il, pivot du mouvement de trois colonnes qui convergent sur Blois, doit longtemps demeurer immobile, et les hommes, impatientés, sont très difficilement maintenus. Enfin, vers une heure de l'après-midi seulement, il se met en marche, suivi de deux batteries d'artillerie, d'un régiment des mobilisés du Cher, et d'une compagnie du génie. Le général de Chabron marche avec nous.

Grâce à l'ardent patriote M. Royer, chez lequel j'ai reçu l'hospitalité à Cour-Cheverny, je possède sur le pays que doit occuper la division, des renseignements qui, peut-être, ne seront pas inutiles, car nos officiers sont toujours sans cartes et ignorent la topographie de la région.

— Vous aurez d'abord, me dit-il, à traverser le Beuvron, à droite au pont de Cellettes, sur la route de Blois à Saint-Aignan, au centre au pont de Clénord, sur la route de Blois à Romorantin, à gauche au pont d'Uriane, près Cours-en-Sologne, sur les chemins vicinaux qui desservent la forêt de Boulogne et le parc de Chambord. Dès qu'elle aura la rivière à dos, votre division se trouvera dans la forêt de Russy, semée de chemins d'exploitation qu'il importe de reconnaître avant de s'y engager, car plusieurs sont difficiles, semés de fondrières et impraticables à l'artillerie. D'autres, au contraire, peuvent, à un moment donné, permettre très utilement de dégager les voies principales. Sachez encore qu'au centre de la forêt, à hauteur des bornes 5 et 6 de la grande route, et dominant une certaine étendue du pays, se trouve une carrière bien dissimulée, qui peut servir de point de concentration à des troupes cachées et abritées.

Et il me remet lui-même un croquis que j'ai hâte de communiquer au commandant et à mes camarades du bataillon, lesquels en apprécient la valeur et l'opportunité.

On avance très lentement, du reste, et les haltes sont fréquentes. Quelques mobilisés en profitent pour entonner des chansons obscènes que les officiers et aussi les camarades ont le bon goût de réprimer. Le mauvais exemple est contagieux, alors surtout qu'il est donné même par des officiers tels que ce lieutenant de mobilisés, tellement ivre que ses hommes sont obligés de le soutenir, ou par cet autre, un officier d'artillerie, qui ignore sa batterie et demande à tous ce qu'il doit faire !

Mais voici que l'action s'engage. A hauteur d'un carrefour, le feu commence, et des éclaireurs ennemis se replient rapidement. Ils défendent courageusement le pont de Cellettes, sans pouvoir cependant arrêter notre élan. Et bientôt la colonne, ayant traversé le Beuvron, occupe les hauteurs de Saint-Gervais, dominant ainsi le faubourg de

Vienne, où paraît se concentrer la défense. L'artillerie accentue vivement l'attaque pendant que mon bataillon, vigoureusement entraîné, se porte en avant jusqu'aux digues de la Loire, où il prend position. L'ennemi riposte par des feux de salve et ne tarde pas à se retrancher dans les maisons du faubourg de Vienne. Mais il paraît n'avoir point d'artillerie, et nos batteries rendent la position difficile. Il résiste énergiquement cependant, et les mobilisés, qui, pour la plupart, reçoivent le baptême du feu, ne savent trop quelle contenance tenir. Seul, le bataillon avance sans hésitation. Je le suis, à côté du commandant, dirigeant çà et là quelques brancardiers, pendant que mon camarade Soubie, que j'ai maintenu en arrière, organise les premiers secours. Les mobilisés, plus disposés à faire du bruit qu'à combattre efficacement, tirent sans but déterminé, aussi souvent sur nous que sur l'ennemi.

Heureusement, grâce à l'énergique impulsion de quelques officiers, parmi lesquels tout spécialement le lieutenant de Villebois-Mareuil, qui, malgré sa blessure, entraîne sa compagnie à l'assaut, nous voici les maîtres du faubourg. Il semble qu'en poussant activement, on va pouvoir franchir le pont de la Loire et reprendre Blois !

Mais voici qu'une formidable détonation, suivie immédiatement d'un jet de flammes, nous avertit que le pont vient de sauter. L'ennemi est dorénavant à l'abri. Plusieurs cependant assurent que des bacs sont préparés et que, presque certainement, l'attaque sera poursuivie à la faveur de la nuit.

De fait, les troupes reçoivent l'ordre de camper sur place ; la lutte paraît temporairement terminée. Elle nous a coûté soixante-dix ou quatre-vingts blessés, et dix ou douze morts. Mais l'ennemi, sûrement plus éprouvé, nous laisse maîtres de la rive gauche de la Loire et nous abandonne une centaine de prisonniers. Parmi les morts, mes brancardiers me font remarquer un tout jeune officier, badois, je crois. Le malheureux a reçu une balle au milieu du front et paraît avoir été foudroyé.

Vers dix heures du soir, pendant que je dirige un dernier convoi sur le château de Saint-Gervais, où s'est installée l'ambulance divisionnaire, sous la direction du médecin principal Marchessaux, je suis accosté par un tout jeune homme couvert de galons, portant au bras un large brassard de la Croix-Rouge.

— Vous êtes médecin? lui dis-je.

— Non, me répond-il, en me toisant de toute la supériorité de ses galons blancs, je suis intendant.

Puis gesticulant et criant, il signale à mes brancardiers quelques maisons isolées où, dit-il, se trouvent plusieurs blessés qu'il ne peut pas conduire à l'ambulance, parce qu'il n'a pas de moyens de transport ! Qu'était-il donc venu faire ici, impuissant à rendre aucun service ?

Du reste, tous les blessés sont maintenant enlevés ; les seuls qui demeurent sont les plus gravement atteints, qu'il a fallu hâtivement déposer dans les maisons du faubourg. Et quand j'arrive moi-même à la disposition du médecin chef, déjà la plupart des opérations urgentes sont terminées. Mais de suite il m'envoie dans un château voisin, où, me dit-il, il y a également plusieurs blessés, parmi lesquels mon brave camarade le lieutenant de Villebois-Mareuil. J'y rencontre une noble femme, d'âge avancé déjà, tout occupée, avec l'assistance d'un vieux médecin de Blois, auprès de nos blessés, couchés dans de bons lits et comblés des plus délicates attentions.

— Je suis moi-même, me dit mon respectable confrère, un ancien médecin militaire. Mais je ne cherchais pas la bataille, alors que me rendant à Saint-Gervais, je n'ai eu que le temps de me réfugier chez ma vieille amie de Chitenay, chez laquelle j'ai la satisfaction de pouvoir être encore utile.

Grâce à son concours, tous les blessés étaient soigneusement pansés, ce qui nous permit, à mon camarade Soubie et à moi, de prendre à notre tour quelques heures de repos dans la superbe chambre mise à notre disposition.

29 *janvier*. — Et je rêvais nouvelle bataille, lorsque, vers cinq heures du matin, l'intendant en chef de l'ambulance vint lui-même me réveiller.

— Il faut, me dit-il, faire hâtivement évacuer tous les blessés transportables, car l'armée, renonçant à l'attaque de Blois, doit, ce matin même, se replier en arrière.

Qu'est-ce que cela signifie? Il y a ici dix mille hommes au moins qui ont conquis de solides positions sur la rive gauche de la Loire, qui savent n'avoir devant eux que deux ou trois mille combattants, et qui, après leur avoir infligé un sérieux échec, renoncent à confirmer la victoire en les chassant d'une ville française qu'ils rançonnent impitoyablement! N'est-ce pas une feinte, peut-être?

Quoi qu'il en soit, plusieurs voitures sont préparées pour une évacuation. Et le bataillon, désigné pour protéger l'arrière-garde, se met lui-même en route, vers neuf heures du matin.

Plusieurs officiers s'attendent à être **attaqués** d'un moment à l'autre. Cependant la ville de Blois demeure impassible. Les chemins sont difficiles; la neige et le verglas rendent très laborieuse la circulation de l'artillerie et du convoi. Les anciens sont tristes et s'en vont tête baissée; les mobilisés chantent à tue-tête; quelques-uns hurlent péniblement *la Marseillaise*. Est-ce le présage de quelque nouveau désastre? On se le demande, et la route s'achève dans une mortelle anxiété.

Vers quatre heures du soir seulement, en arrivant à Cour-Cheverny, nous apprenons la signature d'un armistice. « Le gouvernement de la Défense nationale, dit une dépêche que me communique en pleurant l'excellent M. Royer, a obtenu un armistice de 21 jours, pendant lequel devront se faire les élections constitutives d'une Assemblée nationale, qui doit se réunir à Bordeaux le 15 février prochain. »

30 *janvier*. — Comment et pourquoi cette suspension d'armes? Hélas ! elle est la conséquence d'un nouveau désastre, et le plus grand de tous : Paris a capitulé ! La sortie de Montretout a complètement échoué, et la ville, impuissante contre le bombardement qu'elle subit depuis plusieurs jours déjà, affamée et incapable de se ravitailler, a dû se soumettre. Il a fallu remettre à l'ennemi tous les forts, et l'armée a été déclarée prisonnière de guerre !

Sans doute, la capitale, abandonnée à ses seules ressources, désespérée des défaites de l'armée de la Loire qui seule pouvait la délivrer, et sachant les inutiles efforts des armées du Nord et de l'Est, a vaillamment résisté. Les Parisiens ont fait leur devoir. Mais est-il possible d'en dire autant des trop nombreux cosmopolites qui s'y étaient donné rendez-vous, sous prétexte de patriotisme, et qui n'ont pas craint d'y déchaîner la révolution, de cracher l'injure à ceux qui se dévouaient, et d'obliger ainsi les véritables patriotes à combattre l'insurrection, alors qu'ils eussent dû ne s'occuper que de défendre les remparts? Ah! qu'ils soient honnis, ces misérables, l'opprobre de tous les partis, qui ont profité de la plus terrible de épreuves pour surexciter les mauvaises passions d'un mauvais peuple, et n'ont pas craint ainsi de paralyser les efforts de la lutte pour la patrie !

La Providence a permis l'abaissement de la France. Elle lui tiendra compte, quelque jour, du courageux dévouement des braves qui ont donné leur sang pour son salut. L'ennemi peut temporairement incliner notre drapeau national, il est et sera toujours impuissant à l'abattre. Nos soldats paraissent parfois inconscients du devoir ; ils sauront l'accomplir sans hésitation, alors qu'ils en auront nette conception. Ils ne savent aujourd'hui que hurler pour assommer leur douleur dans l'ivresse. Ils veulent dormir et oublier ; demain ils se réveilleront pour l'action qui sera le salut.

31 *janvier*. — J'ai dû, ce matin, par ordre du commandant, demander un sauf-conduit afin de visiter, à Saint-Gervais et dans quelques maisons du faubourg de Vienne, plusieurs malades et quelques blessés intransportables. L'officier d'état-major, un improvisé de la veille, à qui je me suis adressé, a brutalement refusé.

— Voyez l'intendance, m'a-t-il répondu. Elle seule a mission d'assurer des secours aux blessés.

— Cela, répondis-je, est peut-être dans le règlement, mais assurément pas dans la pratique. Quel que soit son bon vouloir, l'intendance est impuissante à faire ce que seul un médecin peut et doit pouvoir faire. Du reste, je suis médecin régimentaire, et n'ai rien à demander à l'intendance.

Alors l'officier, sur un ton plus élevé :

— Assez, dit-il, je n'ai pas à discuter, vous m'em...bêtez ; je rendrai compte au général que vous méconnaissez l'autorité de vos chefs ; attendez des ordres.

J'allais vivement riposter quand un autre officier du même bureau, le capitaine Thoumenet :

— Patience, me dit-il, en me faisant comprendre d'un geste la cause probable d'une aussi bizarre attitude.

Nous sortîmes ensemble. Et le soir même, j'appris que les camarades de cet étrange officier d'aventure, outrés de sa manière d'être, lui en firent très vertement sentir l'incorrection.

1er *février*. — Le général commandant, dans un ordre du jour, exalte la brillante conduite au feu du 7e bataillon de chasseurs, et signale la déplorable faiblesse de quelques bataillons mobilisés. C'est juste; car, dans cette affaire, le succès est dû, bien certainement, surtout aux chasseurs. Mais, en vérité, une telle victoire démontre plus de faiblesse que de virilité. Et la fanfare, si utile qu'elle puisse être, est au moins exagérée.

Dans la soirée, le général X... visite les blessés soignés chez les habitants.

— Ah! dis-je, mon général, j'ai grand besoin de votre influence pour décider un malheureux à subir une grave opération qui est sa seule chance de salut. C'est un nommé Périgaud, des mobilisés du Cher. Il a reçu dans l'épaule une balle qui a réduit en débris tous les os de l'articulation du bras, et déterminé des délabrements considérables. La désarticulation s'impose, mais il la refuse, et déjà son bras présente des menaces de gangrène; il y a urgence d'agir.

— Croyez-vous? dit le général. Est-ce bien certain ?

— Oui certes; si ce malheureux n'est pas opéré aujourd'hui, demain, j'en suis convaincu, il sera trop tard; l'infection marche vite.

— Baste! répond le général. Vous êtes sujets à erreur, vous autres, les médecins, et la nature fait de grandes choses.

— Oui certes, la nature est bien puissante, mais il faut l'aider, et tous nos efforts doivent tendre à demeurer ses intelligents interprètes.

— Soit; mais ce garçon est son maître, il est

robuste, d'un bon sang, et vous pouvez vous tromper.

Et s'adressant au malheureux blessé, qui l'écoutait avidement :

— Vous êtes un courageux soldat, mon ami, vous souffrirez beaucoup, mais vous conserverez votre bras ; vous avez raison, ne vous laissez pas amputer.

Il n'y avait pas à insister. Je me retirai.

Et je complète à la date du 2 février : « Périgaud, soldat du 3ᵉ bataillon des mobilisés du Cher... La gangrène a envahi tout le membre, diarrhée, frissons répétés, pouls misérable... » Puis, à la date du 3 : « Mort dans la nuit. »

Je m'abstiens de tout commentaire.

2 février. — Le désastre est plus grand encore qu'on le pourrait imaginer ! L'armée de Paris prisonnière, les forts occupés, le matériel de défense livré à l'ennemi et la ville imposée de 200 millions... telles sont les conditions qu'à dû subir J. Favre pour obtenir un armistice. Bismarck a hurlé le *Væ victis !*

Et pour comble, le général Bourbaki, toujours tenu en suspicion par un gouvernement plus soucieux de dominer le pays que de le servir, a tenté de se suicider. L'armée de l'Est en déroute, Faidherbe repoussé jusqu'à Lille, Chanzy et l'armée de la Loire immobilisés, la division Barry, actuellement à Rennes, comptant à peine quinze cents soldats. Désorganisation générale !

Et cependant plusieurs estiment que nous pouvons lutter encore et lasser le vainqueur !

Oui, sans doute ; mais il faudrait, pour cela, faire le vide autour de lui, détruire ses ravitaillements, attaquer ses convois, le harceler sans cesse et lui échapper dès qu'il apparaît en nombre ; faire, en un mot, ce qu'ont fait l'Espagne et la Russie contre Napoléon Ier. Telle est, de l'avis des énergiques, la seule tactique qui pourrait peut-être nous sauver. Mais une telle campagne nécessite une organisation, une action et une abnégation dans le sacrifice qui semblent n'être plus dans notre caractère. Notre génération n'a pas l'idéal sacré de la patrie ; elle subit, résignée, la loi du plus fort. Si dures que soient les conditions de la paix, elle les acceptera !

Dieu veuille que les criminels agissements des imbéciles et des gredins qui ont empêché la réorganisation de notre armée en temps utile, après les évidentes menaces de l'Allemagne au lendemain de Sadowa, ne soient pas oubliés ! Si nous savons vouloir, la fortune nous reviendra. Et notre féroce vainqueur apprendra, à ses dépens, que la modération dans la victoire est la seule garantie d'un durable succès.

3 *février*. — A l'occasion du combat de Blois,

le 7ᵉ bataillon de chasseurs reçoit plusieurs promotions d'officiers, deux croix de la Légion d'honneur et cinq médailles militaires. L'affaire lui a coûté 5 tués et 21 blessés, parmi lesquels le lieutenant de Villebois-Mareuil, les sous-officiers Collin et Boussard, les chasseurs Jarrot, Cardines, Cler, Kast et Cordier sont seuls gravement atteints. Il était de toute justice de les récompenser. On s'accorde cependant à dire que le nombre des récompenses est en disproportion avec l'importance de l'action. A Coulmiers, le bataillon a été également cité à l'ordre; il avait perdu plus de deux cents hommes, tués ou blessés ; et cependant, seuls, un capitaine (le capitaine Campion) et quelques blessés ont été récompensés. Mais alors le général d'Aurelle commandait, et sans doute il estimait superflu de battre la grosse caisse.

Il faut avouer que certains médecins du nouveau cadre, bien rares, j'imagine, comprennent singulièrement leur devoir. Dans la soirée, je suis appelé dans une maison particulière où se trouvent plusieurs malades, dont deux mobilisés atteints de la variole. Or, dans la même maison, je trouve un aide-major fumant un cigare auprès du feu.

— C'est par erreur que j'ai été appelé, lui disje ; vous avez sans doute vu les malades qui se trouvent ici ?

— Non, répond-il, je n'ai pas reçu d'ordre et ne m'en suis pas occupé.

Et de même, au château de la Cystière se trouvent près de quarante malades, exclusivement soignés, jusqu'à ce jour, par deux jeunes femmes qui ne redoutent ni la contagion ni les fatigues, et mériteraient d'être citées en exemple.

Ce soir, pendant le dîner, notre excellent hôte à Cour-Cheverny, M. Royer, entreprend la conversion de mon collègue le républicain Soubie. C'est un homme du vieux temps, et je retrouve en lui l'exquise politesse de mon père accompagnant bien loin, jusqu'au bas de l'escalier, tous ses visiteurs, même les plus modestes. Très instruit, érudit même, il admire l'idéale beauté de la République, mais il estime sa réalisation impossible en France, parce que les hommes qui l'acclament n'ont en vue, pour la plupart, que leur intérêt personnel, et pas du tout les besoins réels du pays.

— Assurément, dit-il, il y a de très honnêtes républicains, mais ils sont en petit nombre ; et, ne l'oubliez pas : quelle que soit l'époque de son apparition en France, la République n'y a jamais été qu'un remède illusoire, parce que toujours ce remède a été servi par des charlatans, aussi dénués de scrupules que de convictions, et n'ayant d'autre but qu'exploiter la crédulité publique. L'histoire en fait preuve : il faut à la France un

gouvernement assez fort pour démasquer l'hypocrisie et maintenir les honteuses convoitises. Notre
Monarchie héréditaire le peut seule, parce qu'elle
a fait la France, parce que seule elle sait ses traditions et ses véritables aspirations. Est-ce donc
servir son pays que vouloir lui imposer, même
par la force, un mode de gouvernement dont
l'expérience a démontré les dangers et les
mécomptes? Le gouvernement de la Défense
nationale a reçu mission de sauver la patrie. Il a
échoué. De quel droit pourrait-il, aujourd'hui,
lui imposer la République ?

Et mon fougueux camarade est obligé de
reconnaître que la République n'est assurément
pas la panacée rêvée.

4 février.— Une des clauses de l'armistice nous
oblige, paraît-il, à évacuer tout département dont
le chef-lieu est occupé par l'ennemi. Nous nous
sommes arrêtés devant Blois. Il faut donc abandonner le département de Loir-et-Cher pour nous
réfugier aux environs de Vierzon, dans le Cher.
Ce soir même, nous devons coucher à Romorantin,
où les Prussiens nous concèdent de passer la
nuit.

Je fais route avec le capitaine Thoumenet, de
l'état-major général. C'est un homme de cœur
que j'ai pu apprécier en diverses circonstances
déjà. Nous dinons ce soir au même hôtel, échan-

geant nos impressions, et bien tristement préoc-
cupés l'un et l'autre.

En vérité, que faut-il attendre des hommes
qui détiennent actuellement le pouvoir, de ces
hommes qui, sous l'Empire, se posaient en défenseurs indignés des libertés méconnues, et qui
prétendent aujourd'hui les restreindre dans
leurs plus indispensables manifestations ? Sous
l'Empire, Gambetta et ses adeptes de l'opposition
protestaient avec véhémence contre la violation
des libertés du vote. Ils deviennent temporairement les maîtres ; et, tout de suite, ils décrètent
l'exclusion absolue, du pouvoir législatif, de tous
les hommes qui, depuis le 2 décembre 1851
jusqu'au 4 septembre 1870, date d'une proclamation de déchéance de l'Empire, ont occupé des
fonctions de ministre, sénateur, préfet, conseiller
d'État, ou même accepté le patronage officiel de
leurs candidatures aux diverses élections.

Gambetta est un patriote, sans doute. Cela
n'est pas suffisant, assurément, pour lui donner
le droit de personnifier la France, et d'écarter du
gouvernement des hommes qui ne pensent pas
comme lui, mais sont assurément aussi patriotes.
Qu'il interroge sa conscience, la réponse ne se
fera pas attendre.

Et cependant, sous ses auspices, les gredins
habituels qui font de la révolution en permanence
leur seul moyen d'existence affluent déjà de Paris

pour empoisonner la province, et imposer des candidats de leur choix. Au nom de la liberté, ils font revivre la loi des suspects. Est-il exemple d'un despotisme plus éhonté, et pourquoi ne pas décréter d'emblée : « Sont exclus des fonctions législatives tous ceux qui ne pensent pas comme moi ou ne s'engagent pas à soutenir le gouvernement de mon choix... » Un tel décret eût été plus logique, plus vrai et surtout plus courageux.

5 *février*. — Le bataillon se replie aujourd'hui jusqu'à Méry-sur-Cher. Nous sommes logés, le commandant Dubois, l'adjudant-major d'Ussel, mon collègue Soubie et moi, chez un riche éleveur, aussi antirépublicain que l'était notre hôte de Cour-Cheverny. Au dîner, chacun discute vivement mon camarade, un garçon de grand cœur, persuadé qu'il n'y a en France que d'honnêtes républicains, que par conséquent la République est le seul gouvernement acceptable, et qu'il appartient aux patriotes de l'imposer. Que de désillusions l'attendent, si jamais ses espérances sont réalisées?

Et toujours le télégraphe enregistre de nouveaux désastres. Voici que l'armée de l'Est, déloyalement exclue de l'armistice, a été, à l'improviste, attaquée par le général Manteuffel qui a profité de son ignorance, et qu'elle a dû, pour échapper à la capitulation, se réfugier tout entière en Suisse.

Le général Clinchant, appelé à remplacer le général Bourbaki après sa tentative de suicide, avait, paraît-il, cantonné ses troupes aux environs de Pontarlier. L'ennemi n'en tint aucun compte et vint lui barrer toutes les issues vers Bourg et le sud, ne lui laissant d'autre alternative que capituler ou passer en Suisse. Sous les ordres du général Pallu de la Barrière, l'arrière-garde lutta pendant toute une journée au défilé de la Cluse, sous le fort de Joux, et réussit, au prix d'un immense sacrifice, à sauver la plus grande partie de l'armée et toute son artillerie. Mais combien de nos malheureux soldats, à bout de forces, démoralisés, sans vivres et sans vêtements, sont demeurés impuissants à franchir la frontière de glace au delà de laquelle ils devaient trouver un abri ! Les Suisses, paraît-il, se montrent absolument dévoués. Dans notre isolement, sous l'abandon de tous, eux seuls, défiant les représailles de l'ennemi, nous témoignent de la sympathie. Puisse l'avenir les en récompenser !

Devant Belfort, le général de Treskow poursuit son sauvage bombardement, sans réussir, du reste, à soumettre l'énergique résistance du brave colonel Denfert-Rochereau, chargé de la défense. A Bitche, également, la résistance demeure insurmontable avec le colonel Tessier. Enfin notre armée du Nord, concentrée sous les ordres du général Faidherbe aux environs d'Arras et de Lille, s'efforce, malgré sa glorieuse retraite de Saint-Quentin, de se reconstituer pour une nouvelle action. Il n'est plus question ni de Garibaldi ni de son chef d'état-major, le pharmacien Bordonne, ni des bandes de toutes nationalités qui, sous leurs ordres, devaient opérer dans le Morvan.

De tels éléments sont-ils suffisants pour poursuivre utilement la guerre? Oui, peut-être, mais en faisant abstraction absolue de nous-mêmes, de nos familles, de nos propriétés, de nos fortunes, qu'il faut temporairement sacrifier dans l'intérêt général. Qu'ils soient donc les premiers à s'armer et à combattre, tous ces amateurs de guerre à outrance qui pérorent dans les clubs et dans les cafés! Qu'ils viennent donc réveiller nos énergies! Alors nous pourrons lutter encore, et peut-être libérer la patrie.

Mais il est loin d'en être ainsi; les bandes indisciplinées qui demeurent encore sous les armes non seulement ne possèdent plus les ressources, mais surtout n'ont plus l'énergie nécessaire; il n'y a plus de troupes régulières, l'ennemi détient la moitié du pays, et l'Europe nous abandonne à ses exactions. Sachons donc, s'il le faut, temporairement nous incliner, pour nous permettre de **guérir nos blessures, si profondes et si cruelles,** pour renaitre bientôt à la vie et à l'espérance. Si redoutable qu'il soit, l'ennemi ne saurait prétendre l'anéantissement de la France.

Mais le vainqueur consentira-t-il à traiter avec les hommes qui détiennent actuellement le pouvoir ? C'est peu probable ; car voici que déjà Bismarck proteste contre le décret de Gambetta, déclare hautement ce décret aussi attentatoire aux libres manifestations de la volonté nationale qu'aux clauses réciproquement consenties dans la convention d'armistice, et refuse tous pourparlers, en vue de la paix, avec des députés élus sous un régime d'arbitraire, impuissants par conséquent à représenter la volonté du pays.

Assurément, cette autoritaire déclaration de Bismarck est faite pour blesser la dignité nationale. Mais, en vérité, bien plus répréhensible encore celui qui l'a provoquée par sa déplorable intransigeance.

Et de fait, voici que la délégation de Bordeaux est obligée de se soumettre, et que le décret de Gambetta est complètement désavoué par J. Favre et le gouvernement de la Défense nationale.

« Le pays, dit J. Favre, veut des élections libres ; elles le seront, et nulle entrave ne sera apportée à l'expression de sa volonté souveraine. »

Gambetta, paraît-il, a donné sa démission. C'est un moyen commode d'échapper à la réprobation très légitime de son attentat à la liberté !

7 *février*. — Le bataillon, arrivé depuis hier à Mehun-sur-Yèvre, est cantonné dans le quartier ouvrier de la ville. Mehun possède de vastes usines, et le parti communiste y compte de nombreux adhérents qui prêchent ouvertement la guerre aux patrons.

« Les ouvriers ont été les esclaves, il est temps qu'ils deviennent les maîtres. Alors, il n'y aura plus de guerres ; les peuples sont des frères. La patrie n'est qu'un mot vide de sens !... »

Tel est, notamment, le langage de notre hôte, le sieur Moïse, un aimable citoyen chez lequel nous sommes reçus par des grognements, sinon par des insultes. Ancien ouvrier de la fabrique Assy, ardent démagogue devenu propriétaire à son aise, il nous déclare qu'après sept heures du soir sa porte sera fermée, qu'il ne se dérangera pas pour nous ouvrir, et que nous aurons à nous pourvoir d'éclairage ; il est tenu seulement de nous loger, et c'est assez !

Mon camarade Soubie est consterné. Notre hôte se dit, en effet, un ardent républicain, grand ami de Pyat, et proche parent d'un certain Bazille, que sa haine de l'armée et sa haute conception de la fraternité des peuples ont temporairement, paraît-il, éloigné de Vierzon, dont il était l'élu.

De tels hommes, cependant, osent se présenter aux suffrages de leurs concitoyens. On les sait lâches et malhonnêtes. Mais ils pérorent, ils crient fort, et réussissent ainsi toujours à tromper, souvent à entraîner. Nos pauvres soldats, si cruellement éprouvés, en sont parfois les victimes.

« On les a trahis, les officiers les font tuer dans le seul but d'arriver ; il est temps de s'en débarrasser.... » Et plusieurs, appelés à voter pour des candidats qu'ils ignorent absolument, ne le pouvant pas pour ceux de leur pays dont ils savent au moins les antécédents, acclament d'indignes exploiteurs.

Voici que *le Moniteur* m'apprend l'occupation, le 5 février, à quatre heures du matin, de ma ville natale. J'espérais que mon cher Jura échapperait, au moins en partie, à la souillure de l'étranger. Mais l'armée de l'Est ayant été, paraît-il, intentionnellement oubliée dans la convention d'armistice, le général Manteuffel s'est montré sans pitié. Mes compatriotes, mes parents, mon vieux père, ma sainte mère vont, à leur tour, subir les sauvages exigences d'un féroce vainqueur. Que Dieu les protège !

8 *février*. — Le vote a commencé ce matin, à sept heures. La pluie est incessante et bien des individus paraissent s'abstenir. Est-il cependant, aujourd'hui surtout, plus impérieuse obligation ?

Au bataillon, 367 votants sont inscrits. Le dépouillement commence à sept heures du soir, et plusieurs bulletins témoignent de l'ignorance des votants. Dans le même bulletin, le comte Jaubert est associé à Félix Pyat, le marquis de Vogüé à Bazille. Néanmoins, le dépouillement est manifestement favorable au parti de l'ordre ; les Pyat et Bazille ne doivent, assurément, qu'à l'influence du cantonnement, les quelques voix obtenues chez nous.

9 *février*. — Malgré leurs intrigues, les agitateurs révolutionnaires paraissent en minorité dans tous les départements. Cela fait espérer que les conditions de la paix pourront être utilement discutées, que les complications seront évitées, et que les exigences du vainqueur seront moins cruelles.

Ce soir, un ordre du général en chef inflige à certains officiers de la garde nationale mobilisée, et même de la mobile, un blâme si sévère qu'il dénote une indignation profonde.

— Nommés, dit-il, à l'élection, ils se croient les obligés de leurs électeurs et fraternisent avec eux ; ils manquent d'instruction, d'éducation, de zèle et de patriotisme ; ils traitent à la légère les devoirs du soldat et même en détournent leurs hommes....

Dures vérités, sans doute, mais aussi, dites bien tardivement.

11 *février*. — Le temps épouvantable qu'il fait

ajoute encore du noir à mes sombres préoccupations. Point de lettres des miens, et Lons-le-Saunier occupé par dix mille Prussiens. Point de nouvelles de ma sœur et de mes nièces, obligées de se réfugier en Suisse. Rien de mon frère Henri, que je sais en action avec les mobilisés de l'Yonne et le brave colonel de Chapdelaine. Rien de mon frère Adolphe, que la convention de Genève, malgré qu'il soit médecin chef d'une ambulance sédentaire dans l'Oise, n'a pas protégé contre les exactions de l'ennemi. Quelles idées noires me poursuivent! Ah! mon Jura, est-ce donc à toi maintenant de subir les atrocités de la guerre?

J'ai, du moins, cet allégement de pouvoir échanger mes impressions, confier mes tristesses à un camarade, lui-même très préoccupé du sort de sa famille.

Le capitaine Thoumenet est un ancien aide de camp du roi de Naples, sous les ordres duquel il a lutté contre les bandes de Garibaldi. Marié, père de famille et dans une belle situation de fortune, il eût pu s'abstenir. Mais la patrie avait besoin de tous ses fils. Il n'a pas hésité. Son père est un ancien médecin de marine. Nos traditions devaient nous rapprocher; nos sentiments, nos impressions furent d'accord, et j'ai bon espoir de conserver avec lui les relations amicales qui s'établissent, si rapidement parfois, alors qu'on se rencontre sur un champ de bataille.

12 *février soir.* — Le bataillon reçoit, ce soir, l'ordre de partir immédiatement pour Bordeaux. Les élections d'une partie de la France sont connues; il semble que tous les partis sont représentés. On s'accorde à dire que si les élus divergent d'opinions, ils sont généralement honnêtes et consciencieux.

Quelques noms, acclamés par les agitateurs habituels des grandes villes, viennent malheureusement souiller cette liste des hommes qui devront décider la paix ou la continuation de la guerre. Dieu nous préserve de la guerre civile; qu'il nous épargne la douleur d'une lutte sanglante entre Français, et puisse du moins l'immensité du désastre nous unir tous dans un immense effort, pour échapper à l'abîme !

Nous devions partir ce soir même, mais le convoi n'est pas prêt ; les wagons manquent à la gare ; il faut attendre, surveiller les hommes, les empêcher de s'éloigner. Et, vers trois heures du matin seulement arrivent enfin les fourgons. Nos soldats y sont hâtivement parqués, mais encore pour attendre jusqu'à sept heures du matin. Enfin nous sommes en route.

13 *février.* — Dans la soirée seulement, après une attente de trois heures à la gare de la Bastide, le bataillon fait son entrée à Bordeaux et se rend directement au petit séminaire pour y prendre ses cantonnements. Pas de manifestations. Seul un peloton de gardes mobiles acclame notre passage des cris de : Vive la République ! Le bataillon passe sans répondre. La ville est toute pleine de mouvement, mais l'expression générale est sombre. Chez tous on devine l'anxiété. L'Assemblée nationale se réunit au Grand-Théâtre. Elle a tenu déjà deux séances pour la vérification des pouvoirs. Dans l'une d'elles, Garibaldi a été acclamé par des républicains révolutionnaires, beaucoup plus soucieux du mode de gouvernement que du salut de la patrie.

On assure même que l'un des plus ardents n'a pas craint de dire en pleine Chambre :

— De tous nos généraux, et bien qu'il ne soit pas Français, Garibaldi seul a fait son devoir; il est, à ce titre, le meilleur des Français.

Cette odieuse prétention en faveur du célèbre aventurier qui, s'il a mis son épée au service de la France, lui a été presque certainement plus gênant qu'utile, a soulevé l'indignation générale. Garibaldi l'a compris sans doute, et s'est déclaré démissionnaire, ce qui lui a évité d'être invalidé d'office. Jules Favre est reparti pour Versailles afin d'obtenir une prolongation de l'armistice.

14 *février*. — L'Assemblée nationale a terminé sa vérification des pouvoirs.

Elle paraît représenter toutes les opinions poli-

tiques et comprend, en outre d'un certain nombre
de combattants qui ont su faire leur devoir et ont
été témoins aussi bien des tristesses de l'invasion
que des défections de notre organisation militaire,
beaucoup de républicains, de bonapartistes et de
royalistes de toutes nuances.

Les députés de l'Alsace, parmi lesquels mon
vieux maître le professeur Küss, maire de Strasbourg, et ceux de la Lorraine ont été acclamés
dans leur protestation contre une cession possible
de leur territoire à l'Allemagne.

— Ils sont Français, disent-ils; ils l'ont prouvé
au prix de leur sang, sans reculer devant aucun
sacrifice ; ils veulent demeurer Français.

Et leur énergique protestation appuie très utilement les nombreux partisans de la guerre à
outrance.

Soit, si nous comptons encore assez d'hommes
capables de tout sacrifier pour relever l'honneur de la patrie, la maintenir une et indépen-
dante. Mais il faudrait pour cela n'avoir qu'un
but exclusif, il faudrait n'être pas divisés en partis
hostiles, avoir enfin un gouvernement assez fort
pour imposer la confiance et le respect. Et malheureusement, il n'en est rien encore, si l'on en
juge du moins par les misérables agitateurs, toujours en quête de tapage, qui, tels que les citoyens
Royanet et Calvignac, pérorent dans les cafés et
jusque dans les rues de Bordeaux. Faudra-t-il en

venir aux mains pour obliger ces malpropres gredins à rentrer dans l'ordre?

Victor Hugo, en képi de garde national, se fait acclamer, à sa sortie de l'Assemblée, par des bandes sinistres de hurleurs. C'est triste autant qu'écœurant. Et son génie doit en souffrir.

16 *février*.— Mon bataillon est chargé de garder l'Assemblée nationale. Les troupes sont consignées On s'attend, paraît-il, à quelque manifestation tapageuse. A la Chambre, la majorité semble acquise à la paix. La minorité, qui soutient la continuation de la guerre à outrance, avec Gambetta et le général Chanzy, estime qu'une action énergique qui ferait le vide autour de l'ennemi, empêcherait ses ravitaillements et le harcèlerait sans cesse sans jamais lui livrer de grandes batailles, pourrait l'affaiblir assez pour l'obliger à céder. Les timorés protestent que ce serait la dévastation systématique et la ruine de la France, qu'il n'y a pas à espérer la moindre intervention en notre faveur, et que nos forces ne sont pas suffisantes.

Et la discussion se poursuit, ardente, aussi bien dans les réunions privées qu'à l'Assemblée.

Nous avons, mon camarade Soubie et moi, l'hospitalité dans une excellente famille de vieille bourgeoisie qui nous a très gracieusement engagés à vivre à sa table. Les Hollagray, père, mère, fils et filles, gendres et belles-filles, riches négociants en fer, demeurant tous ensemble, dans un vaste immeuble du cours du Chapeau-Rouge, constituent une véritable république où les opinions les plus contradictoires sont présentées, discutées et soutenues avec énergie. Quel charme que celui d'une jeune et jolie femme, instruite autant que spirituelle, et qui s'efforce, sans rien perdre de son sexe, d'entraîner les convictions ! C'est ici le cas de Mme Paul Hollagray. La haute considération dont elle jouit tient presque de l'enthousiasme.

17 février. — J'ai, ce matin, rencontré à l'Assemblée nationale un des zouaves pontificaux qui, à Loigny, ont si généreusement donné leur sang pour le salut de la patrie, le caporal de Cazenove de Pradines, actuellement député de la Loire-Inférieure, portant fièrement, sur son uniforme, la médaille militaire qu'il a si bravement conquise. La très grave blessure qui m'a obligé à une longue résection des os de l'avant-bras droit est actuellement cicatrisée. Il me remercie avec effusion, espérant bien, comme je l'espère moi-même, qu'il conservera l'usage au moins partiel de la main. Son affectueuse reconnaissance m'a vivement touché.

A l'Assemblée, la discussion se poursuit ardente entre les partisans de la paix immédiate et ceux de la continuation de la guerre. Les députés de l'Alsace et de la Lorraine, protestant de leur indéfectible attachement à la France, font bondir les cœurs. La froide raison s'impose cependant. M. Thiers rappelle que l'armistice expire le 21, qu'il y a urgence de prendre un parti, paix ou guerre, et nécessité de s'en remettre, pour en décider avec le vainqueur, à la sagesse et au patriotisme des négociateurs. Sa proposition est adoptée, et lui-même est acclamé chef du pouvoir exécutif. M. Grévy, député du Jura, est nommé président de l'Assemblée.

18 février. — La Commission spéciale désignée pour négocier avec l'ennemi est composée de quinze députés sous la présidence de M. Thiers, assisté de J. Favre, que l'opinion rend cependant complètement responsable, par son imprévoyance dans la conclusion de l'armistice, du désastre de notre armée de l'Est. Elle doit partir prochainement pour Versailles.

A l'Assemblée, le citoyen Rochefort proteste contre le déploiement des forces militaires ; il veut que la Chambre soit exclusivement sous la protection de la garde nationale.

La ville de Belfort, par ordre du gouvernement, a été remise à l'ennemi.

Il a fallu cette nouvelle concession pour obtenir l'extension de l'armistice et la cessation com-

plète des hostilités. La garnison, colonel et officiers en tête, est sortie avec armes et bagages,
affirmant ainsi qu'elle n'a pas été réduite, et que
seul le gouvernement a décidé de son sort.

M. Hollagray père nous communique la pénible
lettre adressée par un mobile à ses parents à
Bordeaux. Ce malheureux déclare qu'il est légitime de fuir, qu'il n'y a que cela à faire, et
que plusieurs de ses camarades pensent, à cet
égard, absolument comme lui.

— Tels sont, ajoute-t-il, les hommes avec lesquels des ambitieux éhontés, des charlatans prétendent qu'il faut continuer la guerre !

Heureusement, et malgré la démoralisation
actuelle, de tels soldats sont l'exception dans
notre armée. Le courage et le dévouement patriotique animent encore les plus nombreux. Néanmoins, chacun cherche un nouveau motif de paix,
et l'esprit public se laisse facilement impres-
sionner.

19 *février*. — Dans son discours d'aujourd'hui,
M. Thiers remercie l'Assemblée de sa confiance en
lui.

— La charge est bien lourde, dit-il. Oui, nous
désirons la paix, mais nous la voulons honorable,
si le vainqueur veut nous garder du désespoir et
de la lutte sans répit !

Sa voix est faible, coupée de douloureuses réticences. On comprend en lui le patriote qui voudrait arracher à l'abîme sa patrie entrainée déjà dans la chute, et qui sait ne le pouvoir qu'au prix d'un immense sacrifice. Veuille Dieu lui accorder la persuasive ténacité dont il aura besoin ! L'empereur et le kronprinz seraient, dit-on, bien disposés ; mais Bismarck est intraitable, et c'est lui qui commande.

Le ministère est ainsi constitué : J. Favre aux affaires étrangères, général Le Flô à la guerre, amiral Saisset à la marine, Dufaure à l'intérieur, J. Simon à l'instruction et Lambrecht aux travaux publics.

Dans une proclamation datée de Wilhelmshöhe, du 8 février, l'empereur Napoléon III paraît faire acte d'abdication.

« Quand à moi, dit-il, meurtri par tant d'injustices et d'amères déceptions, je ne viens pas aujourd'hui réclamer les droits que, quatre fois en vingt ans, vous m'avez librement conférés. En présence des calamités qui nous accablent, il n'y a pas de place pour une ambition personnelle. Que le peuple fasse acte de souveraineté pour constituer un gouvernement qui, s'élevant au-dessus de l'égoïsme des partis, ait la force de cicatriser nos blessures, de rouvrir nos cœurs à l'espérance comme les églises profanées à nos prières, et de ramener au sein du pays, le travail, la concorde et la paix ! »

Ce langage est celui d'un honnête homme,
mais incapable d'une virile décision. L'histoire
dira, quelque jour, sa part réelle de responsabilité
dans le désastre. La passion ne permet pas de le
dire aujourd'hui. L'empereur a, du moins, ce
mérite de rappeler qu'en présence du danger,
tous les partis politiques, qu'ils se disent légiti-
mistes, orléanistes, républicains ou bonapartistes,
doivent faire taire leurs préférences, pour seulement constituer l'union des Français. On peut
discuter un parti, on ne discute pas la France !

22 février. — Les pourparlers se poursuivent
à Versailles, et la France attend, anxieuse, le résultat des négociations. Pour les uns, les conditions
imposées sont tellement dures que la continuation
de la guerre est inévitable. Selon d'autres, le vainqueur se montrerait généreux, exigeant une
énorme indemnité, mais sans cession de territoire,
et la paix serait certaine. Chacun, dans son impatience, colporte une nouvelle plus ou moins fan-
taisiste, sans réfléchir aux graves conséquences
qu'elle peut avoir. L'armistice expire le 26,
dimanche à minuit. Notre sort sera décidé d'ici
là ; l'anxiété nous étreint !

Des statistiques établissent que nous avons,
actuellement encore, plus de neuf cent mille
hommes sous les armes. Soit ; mais combien de soldats parmi ces hommes, et comment sont-ils armés?

Il vaudrait mieux, assurément, n'en compter que la moitié, mais alors exclusivement formés de véritables soldats, disciplinés, faits à la guerre, bien équipés et largement pourvus. Nous en sommes loin, malheureusement, car nos mobilisés ne sont pas des soldats.

Les mêmes statistiques accusent soixante-quinze mille blessés et quatre-vingt mille morts. Si douloureux qu'ils soient, ces chiffres sont, assurément, au-dessous de la réalité.

23 février. — *Le Courrier de la Gironde* reproduit, aujourd'hui, une lettre adressée le 12 octobre, par le maréchal Bazaine au prince Frédéric-Charles. Dans cette lettre, Bazaine accuse violemment le gouvernement, reconnaît la supériorité des armées allemandes, et déclare que l'armée de Metz, consciente de l'estime de ses adversaires, peut seule rétablir l'ordre et protéger la société, dont les intérêts sont communs avec ceux de l'Europe entière.

« Elle en donnerait, dit-il, une garantie et des gages à la Prusse, en contribuant au rétablissement d'un pouvoir régulier et légal, avec lequel les relations de toute nature pourraient être reprises sans secousse, et tout naturellement. »

Cette lettre, si elle est confirmée, prouverait péremptoirement que le maréchal avait longuement médité et voulu l'inaction qui devait fatalement le conduire à la capitulation.

Le même journal reproduit le rapport du colonel de Charette relatif à l'action des zouaves pontificaux pendant la bataille de Loigny.

Le colonel rappelle son arrivée à Patay, le 2 décembre, à sept heures du matin, avec un bataillon des mobiles des Côtes-du-Nord, l'ordre qu'il y reçut, à midi, du général de Sonis, d'y laisser ses bagages et de suivre l'artillerie pour venir, avec elle, prendre position sur une hauteur près du château de Villepion, et la protéger pendant son attaque des batteries ennemies de Guillonville. Il raconte qu'après avoir imposé silence aux batteries prussiennes, le général de Sonis, au galop, vint lui-même lui donner l'ordre de le suivre avec son premier bataillon, une batterie de mitrailleuses et les compagnies des francs-tireurs de Tours et de Blidah, laissant deux compagnies des Côtes-du-Nord comme soutien à l'artillerie de Villepion. Il signale l'inertie du 45ᵉ de marche, montre son bataillon, superbe de calme et de sang-froid, le dépassant sous une grêle d'obus et de balles, abordant à la baïonnette tout un régiment prussien embusqué dans un petit bois d'acacias, l'en chassant, le poursuivant l'épée dans les reins jusqu'au village de Loigny, s'emparant d'une vingtaine de maisons, s'y barricadant et ne se décidant à la retraite qu'assailli de tous les côtés par des forces vingt fois supérieures.

« Jamais, dit-il, troupe n'a montré au feu plus de calme, d'intrépidité, de sang-froid. L'attaque a été faite régulièrement, tranquillement, sans presque tirer un coup de fusil : la retraite s'est opérée de même. Si nous avions été soutenus par mille hommes, la victoire était à nous. »

Et le colonel ajoute :

« Je ne puis terminer mon rapport sans vous parler du dévouement avec lequel les docteurs Challan, du 7ᵉ bataillon de marche de chasseurs, et Beaumetz du 31ᵉ, ont organisé deux ambulances, l'une à Villepion, l'autre à Loigny. Sans eux, plus de deux mille blessés français mouraient littéralement de faim, et c'est à grand'peine, et en disputant aux Prussiens le peu de pain qu'on pouvait recueillir dans les villages voisins, qu'ils sont parvenus à nous porter des secours. »

De son côté, le général Barry veut bien m'écrire : « L'extrait ci-joint du rapport du général de Charette est pour vous un précieux témoignage ; je suis heureux de reconnaître moi-même, ainsi que je l'ai fait déjà, du reste, les très précieux services que vous avez rendus à nos malheureux blessés de l'armée de la Loire, tant à Coulmiers qu'à Loigny. »

Je suis, je l'avoue, fier de cette citation. L'estime, je crois même pouvoir dire l'affection du général de Charette et du général Barry sont, assurément, la meilleure récompense du devoir accompli.

28 *février*. — Les préliminaires de la paix sont signés. Ordre est donné aux troupes françaises et allemandes de cesser toute hostilité.

Cession de l'Alsace moins Belfort, cession d'une partie de la Lorraine, y compris Metz. Cinq milliards d'indemnité. Entrée de trente mille Allemands dans Paris !

Telles sont les effroyables conditions ! Malgré leurs efforts, Thiers et la députation n'ont obtenu que Belfort, sauvée par l'énergique résistance du colonel Denfert. `

Bismarck a prononcé le *Væ victis* dans un féroce ultimatum !

L'œuvre de Henri IV, de Richelieu, de Mazarin anéantie, le code des nations, le traité de Wesphalie déchiré, les conquêtes de Turenne et de Condé perdues, les forteresses de Vauban arrachées à la France ! Et le féroce vainqueur, jetant son épée dans la balance, réclame en outre cinq milliards d'indemnité et nous impose l'humiliation d'une occupation passagère de Paris ! *Væ victis !*

1ᵉʳ *mars*. — Malgré la douloureuse protestation des députés de l'Alsace et de la Lorraine, il faut subir le joug.

« S'il y avait une chance, une seule chance de soutenir la lutte heureusement, jamais, a dit Thiers, je ne me serais imposé cette grande douleur de signer ce traité. Je me résigne à plier sous la force. Par la paix, c'est l'avenir et la future grandeur du pays que nous sauvons. Je me suis imposé la plus cruelle douleur de ma vie. Pas de faux patriotisme, pas de faiblesse ! ayons le courage de notre malheur. »

« Sanctionnez ce traité, a dit, de même, le vieux général Changarnier, l'exilé de 1852 ; il est très douloureux, mais j'ai le ferme espoir que nous verrons des jours meilleurs, si, dans nos infortunes imméritées, où notre honneur n'a pas péri, nous restons calmes, dignes et unis, surtout unis. Méfions-nous des entrainements d'un patriotisme dramatique, désireux d'une fausse popularité ! »

Et de même M. Buffet, le député des Vosges : « En subissant ce traité, dit-il, la patrie ne répudie pas son devoir de protection vis-à-vis de l'Alsace et de la Lorraine ; elle constate l'impossibilité où elle est actuellement de le remplir par suite de la désorganisation de ses forces. Un tel traité ne crée donc, dans notre conviction, en ce qui concerne la cession territoriale, aucun lien pour l'avenir. Ce lien ne pourrait résulter que du libre consentement des populations... »

A quelques voix près, l'Assemblée, sur la proposition d'un député de l'Alsace, M. Bamberger, appuyé d'une déclaration de Thiers, a confirmé la déchéance de Napoléon III et de sa dynastie ; elle l'a déclaré responsable de l'invasion, de la ruine et du démembrement de la France.

Puis, le président Grévy a mis aux voix la résolution suivante, silencieusement acceptée par 546 députés sur 654 votants :

« L'Assemblés nationale, subissant les conséquences de faits dont elle n'est pas l'auteur, ratifie les préliminaires de paix signés à Versailles le 26 février. »

Et le drapeau noir, arboré aux maisons de la ville, marque le deuil de la patrie !

J'en excepte les députés de l'Alsace, de la Lorraine et des Vosges ; j'en excepte encore les quelques soldats, tels que le général Chanzy, qui, plutôt que de se soumettre, eussent voulu renouveler, en France, ce que firent les Espagnols et les Russes de 1808 à 1813. N'ont-ils pas déserté le strict devoir, ces mandataires qui, par crainte des responsabilités, n'ont pas eu le courage de s'incliner?

Il faut, hélas! se rendre à l'évidence; la France n'a plus à opposer que des bandes sans force morale, sans instruction ni discipline, aux deux millions de soldats aguerris qui sont les maîtres de la moitié du pays. Et les événements ont prouvé qu'elle n'a pas à espérer une seule intervention favorable. Il lui faut donc, pour la garantie de son avenir, consentir aujourd'hui le terrible sacrifice.

Oui, le devoir impose la soumission. Mais, toujours, nous aurons dans le cœur et dans l'esprit ces éloquentes paroles du député Keller :

« J'en appelle à Dieu, vengeur des justes causes, j'en appelle à la postérité qui nous jugera, j'en appelle à tous les peuples qui ne veulent pas se laisser vendre comme un vil bétail, j'en appelle enfin à l'épée des hommes qui voudront, le plus tôt possible, déchirer ce détestable traité ! »

Non, certes, il n'aura jamais l'adhésion d'une âme française, cet odieux traité qui nous est imposé par la force, à la manière du voleur qui, lui mettant le couteau sous la gorge, dépouille avidement sa victime. Il n'est pas la paix, parce qu'il nous met, avec la haine dans le cœur, le légitime besoin d'une terrible revanche. Il faut cependant le subir.

La France, épuisée de ressources, sinon d'énergie, s'affaisse sanglante et mutilée sous l'épée du vainqueur. L'honneur est sauf. Sachons le conserver indemne. Soyons unis. Ayons conscience de notre tradition, de notre droit et de notre devoir. Sachons vouloir ! Et bientôt elle aura cicatrisé sa blessure. Bientôt elle aura réparé sa défaillance. Elle pourra, dès lors, se reconstituer assez forte pour être toujours la première d'entre les nations ! La France ne meurt pas ! Que Dieu protège la France !

1er *mars* 1902. — Il y a trente et un ans de cela ! La France, sournoisement amenée par

Bismarck à accepter la République, sous le problématique prétexte, donné par Thiers, « qu'elle est le gouvernement qui nous divise le moins, » demeure épuisée de forces agissantes. Elle entend conserver le pur idéal d'une République honnête, et se laisse ainsi misérablement exploiter par des charlatans éhontés autant que criminels.

Malgré les efforts timides des braves gens, malgré son armée, malgré l'alliance russe, elle incline encore, temporairement affaissée sous le poids de l'infiltration étrangère, de la puissance juive et du théorique internationalisme franc-maçon. Elle a dû subir la Commune, Kiel et Fachoda, Wilson, Dreyfus et le Panama. Et son soleil qui, jadis, éclairait le monde, est encore voilé d'un épais et puant brouillard, mais d'où s'échappent sans cesse de fulgurants éclairs qui témoignent de sa vitalité et annoncent le prochain retour de son énergie native. Elle écoule, dans un pus fétide, les derniers débris de ses pourritures. Et voici qu'elle fait appel à l'honneur et à la conscience de ses enfants ; à cette conscience qui dévoue la volonté au devoir, à cet honneur qui enchaîne la volonté au droit, à ces deux puissances qui font les peuples forts ! Et ses enfants l'entendent !

Ils ont souvenance de cet arbre de Fribourg, né de la branche qu'agitait un soldat mourant venu en toute hâte, malgré sa mortelle blessure, annoncer à ses compatriotes la victoire de Morat !

L'arbre, devenu vieux, semblait épuisé; des branches pourries s'en détachaient sans cesse. Il parut nécessaire de l'abattre; et malgré de timides protestations, des enfants se décidèrent, un jour, à l'envelopper de feu.

Et le géant allait périr quand de sages anciens, enfin arrachés à leur léthargique torpeur, crièrent au sacrilège! Alors, dans son élan, la foule l'inonda d'une telle quantité d'eau qu'il fut sauvé.

Le feu l'avait purifié; il ne tarda pas à fournir de nouveaux bourgeons; et bientôt il devint plus verdoyant que jamais.

N'est-ce point l'image de notre bien-aimée patrie?

Des misérables ou des fous la disent épuisée, dorénavant impuissante à vivre. Mais nos femmes font encore des enfants! Et leurs enfants peuvent l'arroser, toujours, d'assez de sang généreux pour l'imposer au respect du monde, pour la maintenir, ainsi purifiée par le sacrifice, dans l'accomplissement graduel de sa glorieuse destinée, qui est celle de l'humanité dans la civilisation chrétienne.

Dieu ne veut pas la mort de la France. Vive la France!

FIN

ANNEXES

ÉTAT NOMINATIF

DES SOUS-OFFICIERS ET SOLDATS DU 7ᵉ BATAILLON DE CHASSEURS A PIED TUÉS OU BLESSÉS LE 9 NOVEMBRE A LA BATAILLE DE COULMIERS

Il est impossible de certifier l'orthographe des noms ni la nature exacte des blessures, ces notes ayant été généralement écrites au crayon, et pendant la pratique des pansements ou opérations.

TUÉS

Jubin, sergent, éclat d'obus dans la poitrine, mort sur le champ de bataille.

Lahay, chasseur, balle dans la tête, mort sur le champ de bataille.

Duchiron, chasseur, balle dans la tête, mort sur le champ de bataille.

André, chasseur, balle région cardiaque, mort sur le champ de bataille.

Jartoux, chasseur, balle région cardiaque, mort sur le champ de bataille.

Sébire, chasseur, balle dans la tête, mort sur le champ
de bataille.

BLESSÉS GRAVEMENT ATTEINTS

Lefranc, évacué le 10 sur Orléans.
Gestin,   —
Duhen,   —
Barth,   —
Bonaventure, balle dans le ventre.
Hélo, évacué le 10 sur Orléans.
Saint-Germé,   —
Sundhac,   —
Bordes,   —
Millet, plaie pénétrante à la poitrine par balle.
Laurencin,   —
Malézet,   —
Legras,   —
Villoger, fracture du bras par balle.
Gravelle, plaie pénétrante à la poitrine par balle.
Dupont, séton à la cuisse.
Vanstein, plaie pénétrante à la poitrine par balle.
Paillet,   —
Hayère, évacué sur Orléans.
Terrier,   —
Canali,   —
Bourges,   —
Figuier,   —
Jaume, balle dans la figure.
Guyon, évacué sur Orléans.
Guerry,   —
Cranelle,   —
Amalvy,   —
Soubrié,   —

Scerise, évacué sur Orléans.
Aubineau,   —
Dutter,   —
Gerbaud,   —

ÉTAT NOMINATIF

DES BLESSÉS ÉVACUÉS SUR LES AMBULANCES
A PATAY APRÈS LE COMBAT DE VILLEPION

(1er décembre 1870)

Minier, mobile, séton dans la jambe, Loir-et-Cher.

Duval Jean, mobile, séton à la cuisse, Loir-et-Cher.

Chevalier François, mobile, balle dans l'avant-bras, Maine-et-Loire.

Legrand Ferdinand, mobile, séton à la cuisse, Loir-et-Cher.

Fouché Henri, mobile, arrachement de l'index, Maine-et-Loire.

Chauvelon Victor, caporal, séton à la cuisse, Loir-et-Cher.

Lueck, soldat, plaie contuse à la jambe, 39e régiment de marche.

Dersoir Auguste, soldat, balle dans le coude, Maine-et-Loire.

Verger Jean, soldat, plaie déchirée (obus) sus-malléolaire, Maine-et-Loire.

Tailler, soldat, plaie déchirée du genou, légère, Maine-et-Loire.

Chavier, soldat, éclat d'obus à l'avant-bras droit, 39ᵉ régiment de marche.

Paquier Casimir, soldat, éraflure au genou droit, Loir-et-Cher.

Royer, soldat, séton cuisse droite, Maine-et-Loire.

Gauthier, caporal, balle dans la région cardiaque, mort le 2.

Lamotte, artilleur, brûlure étendue de la face.

Pariset, soldat, éclat d'obus dans le genou, séton à la fesse, 39ᵉ de marche.

Gemeau, soldat, plaies contuses, 39ᵉ de marche.

Poignard E., soldat, fracture de l'avant-bras par balle, 39ᵉ de marche.

Berneux, soldat, balle dans la main, Loir-et-Cher.

Gaulier François, soldat, balle dans la tête, mort le 2.

ÉTAT NOMINATIF

DES BLESSÉS SOIGNÉS AUX AMBULANCES
DE FOUGEU ET DE VILLEPION
APRÈS LA BATAILLE DE LOIGNY

(2 au 17 décembre)

7ᵉ BATAILLON DE MARCHE DE CHASSEURS A PIED

Gallimard, commandant, plaie déchirée par éclat d'obus à la jambe, guérison.]

Demarle, capitaine, plaie déchirée par éclat d'obus à la
tête, abondante hémorragie, guérison.

Touhant de Hautvilliers, lieutenant, fracture esquilleuse des os du pied droit par balle, broncho-pneu-
monie, guérison.

Harincthe, lieutenant, séton par balle au mollet gauche,
guérison.

Brica, sergent, séton par balle à la jambe, guérison.

Riballier, sergent, éclat d'obus à la cuisse droite, guérison.

Geffrotin, caporal, balle dans la région cardiaque, mort
à Fougeu le 3.

Chastagnon, chasseur, séton par balle à la cuisse
gauche, guérison.

Enault François, chasseur, séton par balle creux
poplité, hémorragie considérable, ligature de l'artère,
guérison.

Merle, chasseur, séton à la cuisse droite, guérison.

Meunier, chasseur, éclat d'obus au pied, évacué à Bonneval.

Monet, chasseur, séton par balle, mollet gauche, guérison.

Challier, chasseur, éclat d'obus région axillaire, plaie
pénétrante de la poitrine, évacué à Bonneval.

Berland, chasseur, balle dans le genou droit, extraction, guérison.

Rebousin, chasseur, séton au mollet gauche, évacué à
Bonneval.

Boquet, chasseur, fracture des os de l'avant-bras droit
par balle, évacué à Bonneval.

Goury, chasseur, fracture des os du pied droit, guérison.

Exanda Marie, chasseur, balle dans le ventre, mort
le 11.

Passé Jacques, chasseur, séton à la cuisse, guérison.

Fourier, caporal, éclat d'obus à la tête, mort le 3 à Fougeu.

Hérauval, chasseur, séton au cou, guérison.

Briquet, chasseur, plaie déchirée par éclat d'obus région temporale, guérison.

Barrau, chasseur, éclat d'obus dans la fesse gauche, plaie pénétrante de la vessie, mort le 20 à Orléans.

Cailly, chasseur, plaie déchirée, éclat d'obus région occipitale, guérison.

Frémont, chasseur, fracture des os de l'avant-bras droit, amputé le 5, guérison.

Gaillard, chasseur, éclat d'obus au pli de l'aine, guérison.

Herel, chasseur, plaie déchirée côté droit, guérison.

Liseu, chasseur, séton au mollet par balle, guérison.

Couderc, chasseur, séton à la cuisse droite, guérison.

Bouquet, chasseur, éclat d'obus (plaie déchirée) au pied gauche, guérison.

Kreutz, chasseur, éclat d'obus (plaie déchirée), côté gauche, guérison.

Orsini, chasseur, séton cuisse gauche, guérison.

Bronit Auguste, chasseur, plaie déchirée région axillaire, guérison.

Harinthe Auguste, chasseur, séton mollet gauche, guérison.

Lanesson, chasseur, séton au genou gauche, guérison.

Guichardon, chasseur, séton au bras, guérison.

Boter, chasseur, séton à la cuisse, guérison.

Henry Jules, chasseur, séton au mollet, guérison.

Bauche, séton, fracture esquilleuse des os de la main, guérison.

Bazler, chasseur, éclat d'obus, épaule droite, guérison.

Durand, chasseur, fracture esquilleuse du fémur gauche par balle, amputé le 6, guérison.

Courmont, chasseur, séton à l'avant-bras, guérison.

Bucharelle, chasseur, séton cuisse droite, guérison.

Casette, chasseur, séton cuisse droite, guérison.

Gérôme, chasseur, fracture du fémur par éclat d'obus, amputé le 6, guérison.

Frégou, chasseur, plaie déchirée, guérison.

Luin, chasseur, séton cuisse gauche, guérison.

Lorencin, chasseur, séton mollet gauche, guérison.

Marche, chasseur, séton au poignet droit, guérison.

Mathieu, chasseur, éclat d'obus, fracture cuisse gauche, amputé le 6, guérison.

Maillard, séton à la cuisse, guérison.

Fleurier, chasseur, plaie déchirée à la face, guérison.

Leduc, caporal, séton au bras, guérison.

Peautès, chasseur, éclat d'obus main droite, guérison.

Perrin, chasseur, fracture des os de la jambe par éclat d'obus, amputé à Loigny (?).

Prudomme, chasseur, séton jambe gauche, guérison.

Salomon, chasseur, plaie déchirée côté droit, guérison.

Crutuchien, chasseur, plaie région mastoïdienne gauche, guérison.

Rebière, chasseur, plaie déchirée à la main, guérison.

Schmitt, chasseur, séton cuisse gauche, guérison.

Briffert Jules, sergent, éclat d'obus pied gauche, guérison.

Pécot, chasseur, plaie déchirée par éclat d'obus au mollet, guérison.

Bertrand, chasseur, balle dans le genou, guérison.

Lamotte, chasseur, séton à la jambe gauche, guérison

Parent, chasseur, séton à la cuisse, guérison.

Gilbert Félix, chasseur, fracture des os de l'avant-bras par balle, résection, guérison.

Giraudet, chasseur, séton cuisse gauche, guérison.

Garus, chasseur, plaie déchirée, éclat d'obus cuisse gauche, guérison.

Orsini, chasseur, séton cuisse gauche, guérison.

Biton, — — droite, —

Laurent, chasseur, séton cuisse gauche, guérison.

Voulgre, chasseur, fracture de la jambe gauche, éclat d'obus, amputé le 3, guérison.

Prat, chasseur, séton cuisse droite, guérison.

Patura, chasseur, plaie déchirée région abdominale, guérison.

Gallet, clairon, plaie côté droit, guérison.

Rozé, chasseur, plaie contuse à la cuisse, guérison.

Talon, chasseur, plaie région occipitale, guérison.

Dondois, chasseur, plaie côté droit, guérison.

Goulin, — — —

Privat, chasseur, plaie à l'avant-bras, guérison.

Gibert, chasseur, séton jambe droite, évacué à Reversaut, guérison.

Brun, chasseur, séton jambe droite, évacué à Voves, guérison.

Becherelle, chasseur, plaie déchirée à la face, évacué à Voves, guérison.

Gourre, chasseur, plaie déchirée, évacué à Voves, guérison.

Berthelage, chasseur, plaie déchirée, évacué à Voves, guérison.

Marche, chasseur, plaie déchirée à la tête, évacué à Voves, guérison.

Bouvier, chasseur, séton à la cuisse, évacué à Voves, guérison.

Malfilatre, chasseur, plaie déchirée à la cuisse, évacué à Voves, guérison.

Fréville, chasseur, plaie déchirée (?), évacué à Voves, guérison.

Monnot, chasseur, plaie déchirée (?), évacué à Voves, guérison.

Arthus, chasseur, séton à la cuisse, évacué à Voves, guérison.

Maudin, chasseur, séton au bras droit, plaie contuse et congélation pied gauche, évacué à Voves, guérison.

Pouchicot, chasseur, séton main droite, évacué à Voves, guérison.

Seux, chasseur, séton cuisse gauche, évacué à Voves, guérison.

Campagni, chasseur, contusions multiples, évacué à Voves, guérison.

Barthélemy, chasseur, contusions multiples, évacué à Voves, guérison.

Moresse, chasseur, contusions multiples, évacué à Voves, guérison.

Tourrit, chasseur, contusions multiples, évacué à Voves, guérison.

Schmitt, chasseur, contusions multiples, évacué à Voves, guérison.

Jolivet, chasseur, contusions multiples, évacué à Voves, guérison.

Geffretin, chasseur, balle région du cœur, mort le 3.

Pirelle, chasseur, balle dans le ventre, hémorragie, mort le 2.

Labbé, chasseur, contusions multiples, évacué sur Voves, guérison.

Demogé, chasseur, séton cuisse gauche, guérison.

Benoit, chasseur, plaie pénétrante de la poitrine par balle, mort le 10.

Couvert, chasseur, contusions multiples.

Bulle,   —   —

Valtet,   —   —

Groult,   —   —

Renard,   —   —

Gilard,   —   —

Jouve, chasseur, contusions, séton à la cuisse.

Delord, chasseur, séton au bras droit.

Copolani, chasseur, plaies contuses.

Gille, — —

Malaquin, — —

Bernelis, — —

Duchiran, — —

Peaslerr, — —

Maraud, lieutenant, séton à la cuisse droite, évacué à Orléans le 3 décembre.

Pascal, chasseur, séton à la cuisse droite, évacué à Orléans le 3 décembre.

3ᵉ BATAILLON DE CHASSEURS A PIED

Mathe, sous-lieutenant, balle dans les reins, mort le 4.

Mercier Edouard, sergent, éclat d'obus au pied, guérison.

Klein, sergent-major, séton à la cuisse gauche, guérison.

Bleu, sergent, éclat d'obus au pied, guérison.

Borsier, caporal, séton à la jambe, guérison.

Bringard, chasseur, séton à la joue droite, guérison.

Barraud, chasseur, séton à la cuisse, guérison.

Brouet, chasseur, séton à l'épaule droite, guérison.

Desnet, chasseur, éclat d'obus, plaie déchirée à la tête, guérison.

Coterot, séton à l'avant-bras droit.

Cruvellier, chasseur, plaie déchirée, éclat d'obus à la main.

Yugue, chasseur, fracture des os de la jambe par éclat d'obus, amputé le 5 à Loigny.

Gayeux, chasseur, fracture des os de la cuisse, amputé le 5 à Loigny.

Fleurier, chasseur, éclat d'obus à la joue, guérison.

Hébert, chasseur, plaie déchirée par balle, guérison.

Préville, chasseur, fracture de l'humérus par balle, guérison.

Gagneur, chasseur, fracture du fémur par éclat d'obus, amputé le 6 à Loigny.

Gauthier, chasseur, séton dans le cou, guérison.

Laguerre, chasseur, séton dans l'épaule, guérison.

Martin, chasseur, plaie déchirée de la face, guérison.

Letalner, chasseur, plaie épaule gauche, guérison.

Malfilatre, chasseur, double séton au bras et à l'épaule, guérison.

Lecornu Yves, chasseur, séton à la cuisse, guérison.

Prodone, chasseur, séton à la poitrine, guérison.

Sarducci, chasseur, plaie déchirée, éclat d'obus au pli de l'aine, guérison.

Ouillon, chasseur, séton au genou gauche, guérison.

Peret,   —   —   —

Segaux, chasseur, fracture des os de l'avant-bras par balle, résection du cubitus, guérison.

Perrin, chasseur, séton au cou, résection du cubitus, guérison.

Sallier, chasseur, arrachement d'un doigt par balle, résection du cubitus, guérison.

Pascal, chasseur, plaie déchirée par éclat d'obus, guérison.

Viernot, chasseur, fracture comminutive du fémur par balle, amputé le 6.

Ségou, chasseur, séton à l'avant-bras, fracture, guérison.

Petit, chasseur, plaie déchirée du pied, éclat d'obus, guérison.

Crestin, chasseur, plaie déchirée du pied, éclat d'obus, guérison.

Millot, chasseur, plaie déchirée du pied, éclat d'obus.
Lorrain,   —   —
Vigneral, éclat d'obus dans le genou.
Le Flot, chasseur, séton à la poitrine.
Fillot, chasseur, séton à la cuisse.
Besson Henri, chasseur, balle dans le pied.
Rivierre,   —   —
Mercier, chasseur, plaie déchirée au pied.
Dardon, chasseur, séton à la cuisse.
Sorbier Eugène, chasseur, séton au scrotum.
Ferras Claude, chasseur, éclat d'obus à la cuisse.
Foucaut Emile, chasseur, séton à la cuisse.
Vaillat, chasseur, éclat d'obus dans le genou.
Landan Henri, chasseur, séton région lombaire.
Sarrazin, chasseur, séton à la jambe.
Chapendard, chasseur, éclat d'obus au pied.
Pommery, chasseur, séton à la cuisse gauche.
Montélimar, chasseur, éclat d'obus à la jambe gauche.
Marguerie, chasseur, séton au teton droit.
Feuillolet, chasseur, séton au ventre.
Vibert, chasseur, séton à la cuisse gauche.
Guyot, chasseur, double séton, fracture à l'avant-bras
     gauche.
Ricard André, chasseur, fracture esquilleuse de la
     jambe, plaie articulaire, amputé le 7, guérison.
Deflou, chasseur, séton à la jambe droite, guérison.
Rogé, chasseur, éclat d'obus dans la cuisse gauche,
     extraction, guérison.

État arrêté le 25 décembre 1870.

39e RÉGIMENT DE MARCHE

Sarthe, sergent-major, fracture esquilleuse du maxillaire supérieur par obus, résection, état satisfaisant.

Flayeux, soldat, amputé de la jambe gauche, éclat d'obus, état satisfaisant.

Boisset Louis, sergent, amputé de la jambe droite, 9 décembre, état satisfaisant.

Gobet Emile, soldat, amputé de la jambe droite, éclat d'obus, 8 décembre, état satisfaisant le 29.

Verrier Philippe, soldat, amputé de la jambe gauche, 10 décembre, résorption putride, mort le 24.

Bonnard, soldat, amputé de la cuisse gauche, 7 décembre, état satisfaisant le 29.

Lemoine, soldat, amputé du bras droit, 7 décembre, état satisfaisant le 29.

Vasseur, lieutenant, résection des os de l'avant-bras droit et séton cuisse gauche, guérison, évacué Reversaut.

Benedière Jean, soldat, amputé bras gauche, 9 décembre, mort le 18, hémorragie capillaire résorption putride.

Jaladeau Paulin, soldat, amputé jambe droite, 9 décembre, état satisfaisant.

Causse Louis, sergent-major, amputé cuisse droite, 8 décembre, mort le 21, résorption putride.

Chassagneu A., soldat, amputé cuisse gauche, gangrène, mort le 27.

Gibert, soldat, arrachement du pouce droit, désarticulation, état satisfaisant.

Cadet, lieutenant, fracture des os de la jambe, résection, amputation secondaire, état satisfaisant, évacué à Reversaut.

Popelin, sergent-major, fracture esquilleuse du maxillaire supérieure, résection, guérison.

Magnin, sergent, arrachement de l'avant-bras gauche, amputé le 10, guérison.

Meulet, soldat, fracture double des deux avant-bras,

obus, 3 décembre, amputation du bras droit, mort le 6.

Beaugrand, capitaine, balle dans le ventre, déchirure de l'intestin, mort le 7 à Fougeu.

Jocome, lieutenant, séton région abdominale, état satisfaisant.

Bozon, capitaine, balle dans la poitrine, hémoptysie, mort le 6 à Fougeu.

Cambesy, caporal, plaie déchirée du pied, éclat d'obus guérison.

Dinat François, soldat, plaie déchirée à la tête, éclat d'obus, guérison.

Luech, soldat, plaie déchirée à la jambe, guérison.

Clavier, soldat, fracture de l'avant-bras droit par obus, évacué sur Patay.

Pariset, soldat, éclat d'obus dans le genou, séton à la fesse, guérison.

Poignand, soldat, fracture de l'avant-bras gauche par balle, évacué sur Patay.

Bouillé Emile, soldat, balle dans la vessie, mort le 5 à Fougeu.

Pierre Charles, soldat, balle dans la tête, mort le 4 à Fougeu.

Pot Célestin, soldat, séton au mollet, guérison à Reversaut.

Tantas, soldat, séton à la cuisse gauche, évacué sur Illiers, guérison.

Thomas, soldat, séton à la face, évacué sur Illiers, guérison.

Millière, soldat, séton genou droit, évacué sur Reversaut, état satisfaisant.

Strelle, soldat, séton cuisse gauche, évacué sur Illiers, guérison.

Mermet, soldat, séton creux poplité, hémorragie, ligature de l'artère, évacué Reversaut, guérison.

De Cludt, sergent-major, séton mollet gauche, évacué
Reversaut, guérison.

Lombart François, soldat, séton jambe droite, évacué
Illiers, guérison.

Barbedienne, soldat, séton jambe droite, évacué Reversaut, guérison.

Chevousert Eloi, plaie déchirée de la jambe par obus,
évacué Reversaut, guérison.

Hufler, soldat, séton jambe gauche, évacué Reversant.

Gilles François, soldat, séton région scapulaire droite,
évacué Reversaut.

Chartier, soldat, séton cuisse droite, évacué Reversaut.

Longet Désiré, soldat, séton jambe gauche, évacué
Reversaut.

Belloc, soldat, double séton jambe et cuisse, évacué
Reversaut.

Muller, soldat, éclat d'obus dans la cuisse gauche,
extraction, état satisfaisant.

Rosand, soldat, double séton, fistule vésico-anale,
évacué Reversaut, état satisfaisant.

Regnaud Louis, soldat, séton cuisse droite, évacué
Reversaut.

Clément, soldat, plaie par arrachement du talon, obus,
évacué Reversaut.

La Florentine, soldat, éclat d'obus dans la cuisse
gauche, évacué Reversaut.

Bellier, soldat, séton sous-claviculaire, guérison.

Chanabé, soldat, arrachement du cuir chevelu par
balle, guérison.

Drevel, soldat, arrachement du nez par balle, rappro-
chement, suture, guérison.

Foissac, soldat, séton à la jambe, guérison.

Quellerie, soldat, arrachement d'un testicule par balle,
guérison.

Marie, soldat, plaie déchirée, région temporale, guérison.

Duriche, soldat, éclat d'obus dans la cuisse, évacué sur Illiers.

Baudrille Louis, séton creux poplité, évacué sur Illiers.

Josse, soldat, séton mollet gauche, évacué sur Illiers.

Combette, soldat, éclat d'obus à la main, évacué sur Illiers.

Jouve, soldat, séton cuisse gauche, évacué sur Illiers.

Lemaire, soldat, plaie déchirée de la joue, évacué sur Illiers.

Dantenis Léopold, soldat, séton cuisse droite, évacué sur Illiers.

Pellerin, soldat, plaie articulaire du genou droit, appareil plâtré, état satisfaisant, Illiers.

Mercier, soldat, balle dans l'articulation coxo-fémorale, immobilisation, état satisfaisant, Illiers.

Bouvier, soldat, séton genou gauche, éclat d'obus pied droit, état satisfaisant, Illiers.

Paylat, soldat, séton mollet droit, état satisfaisant.

Trélu, soldat, éclat d'obus cuisse droite, état satisfaisant.

Péchier, soldat, double séton au-dessus des genoux, état satisfaisant, Illiers.

Herot, soldat, éclat d'obus pied gauche, état satisfaisant.

Vullière, soldat, séton creux poplité, état satisfaisant.

Albertini Jean, soldat, séton cuisse droite, état satisfaisant.

Duval Aristide, soldat, séton cuisse droite, état satisfaisant.

Gémeau, soldat, plaies contuses, état satisfaisant.

Déclat, soldat, séton mollet gauche, état satisfaisant.

État arrêté le 25 décembre 1870.

38ᵉ RÉGIMENT DE MARCHE

Dupin, lieutenant, séton par balle région lombaire, mort le 3 décembre.

Boyer, sous-lieutenant, balle dans la tête, mort le 3 décembre.

Eberlin, sergent, plaie par arrachement du talon gauche, état satisfaisant.

Magniens, sergent, fracture comminutive du bras gauche par obus, amputé le 3, état satisfaisant.

Sougnac André, soldat, séton cuisse droite, état satisfaisant.

Potier, soldat, plaie déchirée de la main droite, état satisfaisant.

Rollin Philippe, soldat, séton à la joue droite, état satisfaisant.

Menier Émile, caporal, séton cuisse gauche, évacué Reversaut.

Berlot, soldat, séton cuisse droite, évacué Reversaut.

Freisch, soldat, arrachement d'un doigt par balle, évacué Reversaut.

Praunisson, soldat, séton mollet droit, évacué Reversaut.

De Saint-Martin, soldat, plaie déchirée côté gauche, évacué Reversaut.

Monceau, soldat, balle dans la fesse, fistule vésico-anale, évacué Reversaut.

Michaud Louis, soldat, éclat d'obus dans la main droite, évacué Reversaut.

Foret, soldat, séton dans la cuisse gauche, évacué Reversaut.

Piol, soldat, arrachement de l'indicateur droit, état satisfaisaut.

Ribard, soldat, plaie déchirée au côté, **guérison**.

Brousset, soldat, séton à la fesse gauche, guérison.

Heberland, soldat, plaie déchirée éclat d'obus au talon, guérison.

Larcher, soldat, séton cuisse gauche, guérison, évacué Illiers.

Brunot, soldat, arrachement de l'indicateur par balle, amputé, guérison, évacué Illiers.

Pfeiffer, soldat, fracture des os de la jambe gauche, amputé le 6, état satisfaisant.

Grappin Denis, soldat, amputé du bras gauche le 4 décembre, état satisfaisant.

Gibert Alfred, soldat, arrachement du pouce, désarticulation le 5 décembre, état satisfaisant.

Malassier Francis, soldat, balle région cardiaque, mort le 3 à Fougeu.

Fropenat, soldat, plaie pénétrante de la poitrine par balle, hémoptysie, mort le 4 à Fougeu.

Ardet Pierre, soldat, fracture esquilleuse de l'humérus gauche, amputé le 7, éclat d'obus dans l'articulation coxo-gémorale, résorption putride, mort le 11.

Cassagne, soldat, fracture esquilleuse de l'humérus, amputé le 8, résorption putride, mort le 27.

État arrêté le 30 décembre 1870.

31ᵉ RÉGIMENT DE MARCHE

Malga, soldat, séton creux poplité, hémorragie, ligature, état satisfaisant, Illiers.

Bouvier Laurent, soldat, fracture esquilleuse du tibia et du pied, double séton genou, amputé le 5 décembre, état satisfaisant.

Golfer, soldat, séton jambe gauche, état satisfaisant.

Moreau, soldat, fracture des os du pied gauche par balle, état satisfaisant.

Frappart, soldat, fracture comminutive de l'humérus droit.

Hanieth, soldat, coup de feu à la tête.

Bramez, soldat, plaie déchirée par balle région frontale, commotion.

Saunier, soldat, séton à la jambe gauche, état satisfaisant, Bonneval.

Very François, soldat, plaie déchirée de la main droite, état satisfaisant, Bonneval.

Bicus Bertrand, soldat, fracture comminutive du coude gauche par balle.

Brousset, soldat, séton à la fesse gauche.

Perrin Antoine, soldat, éclat d'obus région temporale.

Alezon, soldat, séton cuisse gauche.

Lecerf Maxime, caporal, amputation de la jambe gauche, 10 décembre, état satisfaisant le 25.

Perrot, soldat, amputation de la jambe gauche, 10 décembre, état satisfaisant le 25.

Castagnier, soldat, fracture du maxillaire, balle dans le cerveau, mort le 5 décembre.

Henry Fortin, soldat, blessure légère, évacué sur Bonneval le 6.

Finance Pierre, blessure légère, évacué sur Bonneval.

Paul Amédée, caporal, blessure légère, évacué sur Bonneval le 6.

Minon Alexandre, soldat, blessure légère, évacué sur Bonneval le 6.

Astagnière Jean, soldat, blessure légère, évacué sur Bonneval le 6.

Gellin, soldat, blessure légère, évacué sur Bonneval le 6.

Urien Joseph, soldat, blessure légère, évacué sur Bonneval le 6.

Pradel Vital, soldat, blessure légère, évacué sur Bonneval le 6.

Demès Baptiste, soldat, blessure légère, évacué sur Bonneval le 6.

Doquelot, soldat, blessure légère, évacué sur Bonneval le 6.

Minislon, soldat, blessure légère, évacué sur Bonneval le 6.

Rouppe, soldat, blessure légère, évacué sur Bonneval le 6.

Henry Charles, soldat, blessure légère, évacué sur Bonneval le 6.

Villemond Louis, soldat, blessure légère, évacué sur Bonneval le 6.

Bourdet Claude, soldat, blessure légère, évacué sur Bonneval le 6.

Hague Jules, soldat, blessure légère, évacué sur Bonneval le 6.

Besson Pierre, soldat, blessure légère, évacué sur Bonneval le 6.

Depost, sergent, blessure légère, évacué sur Bonneval le 6.

Goupil, soldat, blessure légère, évacué sur Bonneval le 6.

Bironneau Auguste, soldat, blessure légère, évacué sur Bonneval le 6.

Arbellot Charles, soldat, blessure légère, évacué sur Bonneval le 6.

Roussel Henri, soldat, blessure légère, évacué sur Bonneval le 6.

Cieris Constant, soldat, blessure légère, évacué sur Bonneval le 6.

Meunier, soldat, blessure légère, évacué sur Bonneval le 6.

Argillier, soldat, blessure légère, évacué sur Bonneval le 6.

Duhen, caporal, blessure légère, évacué sur Bonneval le 6.

Gestin Maurice, soldat, blessure légère, évacué sur Bonneval le 6.

Lefranc Célestin, soldat, blessure légère, évacué sur Bonneval le 6.

Pérusse Jean, soldat, blessure légère, évacué sur Bonneval le 6.

Guéry Louis, soldat, blessure légère, évacué sur Bonneval le 6.

Bonaventure, caporal, blessure légère, évacué sur Bonneval le 6.

Aubinot Auguste, chasseur, blessure légère, évacué sur Bonneval le 6.

Duchiron, chasseur, blessure légère, évacué sur Bonneval le 6.

Saint-Germain, chasseur, blessure légère, évacué sur Bonneval le 6.

Barthe, chasseur, blessure légère, évacué sur Bonneval le 6.

Villager Henry, chasseur, blessure légère, évacué sur Bonneval le 6.

Gravelle Louis, chasseur, blessure légère, évacué sur Bonneval le 6.

Lelièvre, soldat, balle dans la poitrine, mort le 8.

Diolard, soldat, éclat d'obus à l'avant-bras gauche, évacué Illiers, état satisfaisant.

37ᵉ RÉGIMENT DE MARCHE

Crélat François, soldat, éclat d'obus, fracture articulaire coxo-fémorale, désarticulation le 6, mort le 8.

Valence Joseph, soldat, fracture comminutive du tibia par balle, extraction des esquilles, état satisfaisant.

Lenoir, soldat, plaie déchirée par balle région temporale, état satisfaisant.

Bourriau, soldat, coup de feu intraarticulaire genou
droit, état satisfaisant.

Les blessés du 37ᵉ de marche ont été soignés à Loigny.

45ᵉ RÉGIMENT DE MARCHE

Bertrand Lucien, sergent, fracture de la cuisse, amputé
le 10, mort le 21, résorption putride.

Fourquier Louis, soldat, amputé de la jambe gauche
le 9, pneumonie, état satisfaisant le 25.

Maridey Nicolas, soldat, amputé cuisse gauche le 9,
gangrène, mort le 29.

Garcia Joseph, soldat, séton jambe droite, état satisfaisant.

Les autres blessés du 45ᵉ ont été évacués sur Bonneval.

300 VOLONTAIRES. BATAILLON DES ZOUAVES PONTIFICAUX
67 tués, 130 blessés.

De Charette, colonel, séton à la cuisse par balle, état
satisfaisant.

De Charette, lieutenant, double séton aux deux cuisses,
état satisfaisant.

De Ferron, capitaine, double séton aux deux cuisses.

De Cazenove de Pradines, caporal, fracture esquilleuse
des os de l'avant-bras droit, résection, état satisfaisant.

De Richemond, balle dans la poitrine.

Du Réau, capitaine, séton à la jambe.

De Ferron Paul, sergent, séton à la jambe.

De Lesparda, zouave, séton à la cuisse, plaie déchirée
à la main.

Houdet, zouave, séton intraarticulaire du coude,
amputé le 16, mort le 20 janvier à Orléans.

Chaix-Bryan, zouave, double séton.

De Grille Henri, zouave, fracture de l'avant-bras.

Du Bourg, sergent, balle dans la poitrine.

Laurier, sergent, séton au bras, état satisfaisant.

De Pontourny, balle dans la région inguinale, mort le 10.

Thiébaut, fracture du fémur, amputé le 5 à Loigny, mort le 7.

De Villeboy.

Chottard, arrachement d'un doigt.

Chauveau, séton à la cuisse.

Fauchard, zouave, tué.

De Forestat, balle dans la poitrine.

De la Selle, sergent, fracture du bras par balle.

Garnier Auguste, zouave, séton au bras gauche.

Defois, zouave, fracture du coude.

Portal Jean, zouave, double séton aux cuisses.

Céré, zouave, séton au bras.

Foly, fracture du maxillaire par balle.

Gaslouis, séton à la jambe.

De Suze, balle dans le ventre, mort.

De Kersabiec, coup de feu, région lombaire.

Lory, zouave.

Cetorier.

Lecomte, zouave.

Gabory, zouave.

Artège, zouave, séton à la cuisse.

Castex, zouave, balle dans la poitrine, mort le 5.

Rénaud, zouave, séton à la cuisse.

Artège, zouave.

De la Brosse, zouave, tué.

De Tourmigny, sergent, séton à la poitrine.

Baurens, zouave, plaie déchirée obus à la main.

Courty, zouave.

Lombard, zouave, amputation du bras, séton dans la poitrine, mort le 5.

Porte, zouave.

Bello, zouave, balle dans le ventre, mort le 4.

De Barry, zouave, tué.

Baillon, zouave, balle dans la tête, mort le 3.

Rembault, zouave.

Lelièvre de la Touche, zouave.

Deshayes du Portal, zouave.

De Villemarest, sergent.

Delplanque, sergent, séton à la jambe.

Saulnier, zouave, amputé du bras à Loigny.

De Champeau, zouave.

Le Lavalette, sergent, séton à l'épaule.

Gaslouis Pierre, zouave, coup de feu à la hanche.

De Bellevue, sergent, balle dans la poitrine, mort le 3.

De Moncuit, commandant, tué.

Trélat, zouave, séton à la jambe.

Duquest, zouave, séton à la cuisse.

Trulat, zouave, séton à la jambe.

Legal, caporal, séton au côté.

Pécuchet, zouave, tué.

Léon, zouave, séton à la hanche.

De Ferron, sergent, coup de feu à l'épaule, mort.

De Traversay, sergent séton, à la poitrine.

Thulasne, clairon, balle dans le coude.

De la Pyrade, sergent, plaies déchirées occipitale et de la main.

De la Bégassière, lieutenant, tué.

De Mauduit Paul, zouave, balle dans la poitrine, mort le 3.

De Mauduit Albert, tué.

Neyron, caporal, tué.

De la Touche.

Catherin, zouave, tué.

Gentilhomme Emile, zouave, balle dans le cou.

De Trousuure, commandant, fracture de la jambe, coups de crosse à la tête, mort le 3 sur le champ de bataille.

De Gasteboy, lieutenant, tué.

De Lalande, zouave.

De Vogué, sergent, balle dans la poitrine, mort le 3.

Vetch, sous-lieutenant, mort le 4.

Maunier, zouave, tué.

Chas, zouave, tué le 3.

Mallet, caporal, tué.

Prévot, zouave, tué.

Wagner, sergent, tué.

Legas, zouave, séton au ventre.

Querey, sergent, tué.

Girard, zouave, séton au côté.

Lemaitre, sergent, tué.

Desnard, zouave, fracture de la jambe.

De Foy.

Saudret, zouave, blessé.

De Beauchesne, zouave, coup de feu à l'épaule.

Séré, zouave, séton.

De Boischevallier, lieutenant, tué.

De Verthamont, fracture de la colonne vertébrale, mort le 5.

De Bellevue, sergent, balle dans la tête, mort le 3.

De Bouillé Jacques, balle dans la poitrine, mort à Orléans le 28 décembre.

De Bouillé Fernand, zouave, tué.

ARTILLERIE

Paysan, maréchal des logis, éclat d'obus à la jambe gauche, état satisfaisant.

Brunel, maréchal des logis, balle dans le scrotum, état satisfaisant.

Lamotte, canonnier, brûlure de la face et des mains, état satisfaisant.

Patey Jean, canonnier, fracture des os de la jambe par éclat d'obus, résection, état satisfaisant le 29.

Dubosc Pierre, canonnier, fracture esquilleuse du fémur par balle, amputé le 5, mort du tétanos le 11.

Caritoux, canonnier au 7ᵉ régiment, amputation de la jambe droite, deuxième amputation, gangrène, mort le 21.

Fournier Jean, 12ᵉ régiment, fracture esquilleuse du fémur, amputé le 8, état satisfaisant le 29.

Remosset, 2ᵉ régiment, éclat d'obus à la jambe droite.

Labry, maréchal des logis, fracture par arrachement du bras et du pied droit, double amputation le 7, tétanos, mort le 11.

Lefort Joseph, 7ᵉ régiment, plaie déchirée, obus jambe droite, état satisfaisant.

Burnier Angel, train d'artillerie, séton au bras gauche, état satisfaisant.

Regnier Léon, 7ᵉ régiment, amputé de la jambe gauche le 10 décembre, état satisfaisant le 29.

MOBILES DE LA DORDOGNE

Dupouy, sergent-major, éclat d'obus à la cuisse gauche.

Fressange, sergent-major, fracture du fémur.

Clanet, sergent, plaie contuse.

Chabarache, soldat, 2ᵉ bataillon, plaie contuse au bras.

Blavet, soldat, 1ᵉʳ bataillon, fracture de la jambe gauche par obus.

Garinaud, soldat, 1ᵉʳ bataillon, amputation de la cuisse.

Gaillard Jean, soldat, séton à la cuisse.

Jeannot, soldat, 1er bataillon, fracture du col du fémur, mort.

Marvy, 4e bataillon, séton.

Lacombe, 1er bataillon, séton à la jambe droite.

Lagarde, amputé de la jambe.

Marchiers, amputé de la cuisse.

Larenodo, 4e bataillon, amputé de la jambe.

Lavau, balle dans le genou.

Mailladon, 4e bataillon, séton à la cuisse droite.

Lachaud, 4e bataillon, séton à l'épigastre.

Trébier, 1er bataillon, séton à la cuisse.

Rabus, balle dans la tête.

Timon, 4e bataillon, amputé de la cuisse.

Gros Jean, fracture de la jambe et balle dans le ventre, mort le 9 par péritonite.

Couturier, 4e bataillon, fracture de la jambe, tétanos, amputé le 4, mort le 9.

Elignac, sergent, amputé de la cuisse droite le 7 décembre, état satisfaisant le 29.

Armandi Germain, sergent, amputé cuisse gauche le 9, état satisfaisant le 29.

Peyrot, sergent, balle dans la poitrine, mort le 19.

Chaudoux, sergent, séton mollet gauche, état satisfaisant.

Bourmassel, séton à la cuisse, état satisfaisant.

Delaplume-Hardy, coup de feu au cou-de-pied, état satisfaisant.

Breton, balle région temporale, bras gauche, plainco, état satisfaisant.

Delcrot, arrachement de l'indicateur.

Faure, balle dans la tête, mort le 6.

Clairegouri, plaie déchirée cuisse gauche, état satisfaisant.

Picaubasson, séton au genou, état satisfaisant.

Gorgon, éclat d'obus au côté droit, état satisfaisant.

Ramon Isaac, séton à la cuisse droite, état satisfaisant.

Debrea Guillaume, séton à la jambe, état satisfaisant.

Escut Jean,   —   —

Borde Jean,   —   —

Couprier, séton à la hanche droite,   •   —

Frachet, plaie contuse,   —

Hapt, plaie contuse au menton,   —

Madelpex Jean, plaie contuse au côté droit, état satisfaisant.

Beaumartin, 1er bataillon, amputé de la jambe.

Beau,   —   —

Royer, 2e bataillon, plaies contuses.

Péduron, 4e bataillon, séton susmalléolaire.

Trobieu, 1er bataillon, séton à la cuisse.

Lainé, 1er bataillon, plaies contuses.

Bregier Jean, 2e bataillon, plaie déchirée talon gauche.

Cimier, 1er bataillon, fracture du genou droit, amputé le 5, mort le 11.

X..., fracture du crâne, mort le 3.

Mazalviel, 2e bataillon, arrachement de la jambe par obus, mort le 3.

MOBILES DE MAINE-ET-LOIRE

Chevalier, soldat, séton à l'avant-bras, état satisfaisant.

Fouché Henri, soldat, arrachement de l'index, état satisfaisant.

Chauvelon, soldat, séton à la cuisse, état satisfaisant.

Dersoire, soldat, coup de feu avant-bras, état satisfaisant.

Verger, soldat, éclat d'obus sous-claviculaire droit, état satisfaisant.

Taillé, soldat, plaie déchirée genou droit, état satisfaisant.

Royer, soldat, séton cuisse droite, état satisfaisant.

Simier, soldat, balle dans le ventre, région inguinale, mort le 6.

Poirier Louis, soldat, balle dans la région lombaire, état satisfaisant.

MOBILES DE LOIR-ET-CHER

Minier Aristide, soldat, séton à la jambe.

Legrand Ferdinand, soldat, séton à la cuisse.

Paquier Casimir, soldat, plaie déchirée genou droit.

Gauthier Jules, caporal, balle dans la région du cœur, mort le 2 décembre.

Beument, soldat, plaie déchirée de la main.

Gaulier François, soldat, balle dans la tête, mort le 2 décembre.

Delalain, soldat, éclat d'obus dans le ventre, mort le 5 décembre.

Rambourg, soldat, balle dans les reins, mort le 6 décembre.

X..., soldat, coup de feu à la tête, mort sur le champ de bataille.

MOBILES DE LA MAYENNE

Thuot Émile, soldat, amputé de la jambe gauche le 7 décembre, état satisfaisant le 29.

Ruault Arsène, soldat, arrachement du bras par obus, désarticulation le 9 décembre, tétanos, mort le 13.

Le Frenney, soldat, plaie déchirée de la jambe gauche, état satisfaisant.

MOBILES DE LA SARTHE

Millet Jean, soldat, amputation jambe gauche, 10 décembre, gangrène hémorragique, mort le 15.

Picoulot Léon, soldat, amputation jambe gauche le 7 décembre, état satisfaisant.

Teissier, soldat, amputation cuisse droite, 10 décembre, gangrène hémorragique, mort le 13.

Bonnard, soldat, amputation jambe gauche.

Dupont, caporal, balle dans la poitrine, mort le 5 décembre à Fougeu.

Lemoine, caporal, amputation bras droit.

Beauclerc, caporal, plaies contuses, évacué sur Illiers, état satisfaisant.

Magis Irène, caporal, arrachement d'un doigt, évacué sur Illiers, état satisfaisant.

Jarry, caporal, éclat d'obus genou gauche, évacué sur Illiers, état satisfaisant.

Carteron, caporal, plaie déchirée du pied, évacué sur Illiers, état satisfaisant.

Barbier, soldat, balle dans la poitrine, mort le 6 décembre à Fougeu.

Camus, sergent, séton dans la région lombaire balle, mort le 6 décembre à Fougeu.

Grignier Auguste, soldat, plaie contuse au pied, mort le 6 décembre à Fougeu.

Rochet A., soldat, plaie déchirée, obus jambe droite, mort le 6 décembre à Fougeu.

Coutal François, soldat, plaie contuse région sternale, mort le 6 décembre à Fougeu.

MOBILES DE LA HAUTE-VIENNE

Constant, lieutenant, fracture comminutive du tibia

par obus, amputation secondaire, état satisfaisant.
Geandot, soldat, plaie contuse à la poitrine, état satisfaisant, Bonneval.

HABITANTS DU PAYS, CIVILS

Pichard Louis, Fougeu, fracture esquilleuse de l'humérus gauche par balle, résection, état satisfaisant.

SOLDATS PRUSSIENS LAISSÉS A FOUGEU

Huen, soldat, fracture du bras obus, amputé le 4,
évacué le 7, état satisfaisant.
Adioc, soldat, arrachement de la cuisse, amputé le 4,
tétanos, mort le 8.
Harcinberg, soldat, balle dans le bras gauche, paralysie,
évacué le 7, état satisfaisant.
Kleintz, soldat, amputé de la cuisse gauche le 6, évacué
le 9, état satisfaisant.
Nerbach, soldat, amputé de la jambe gauche le 6,
évacué le 9, état satisfaisant.

*Rapport du service aux ambulances de Fougeu
et Villepion après la bataille de Loigny.*

MONSIEUR LE MINISTRE,

Le 1er décembre, vers midi, le 7e bataillon de marche
de chasseurs à pied partait de Gémigny pour se porter
au canon qui se faisait entendre dans la direction de
Gommiers. Le combat touchait à sa fin quand arriva le
bataillon, mais déjà les fermes avoisinantes contenaient
un certain nombre de blessés auxquels je m'empressai
de donner les premiers soins. Dans la soirée, je par-
courus le champ de bataille autour du bataillon, relevai
quelques blessés abandonnés, et les mis en état de sup-
porter le transport jusqu'à Patay, où je les fis évacuer
dès le matin du 2, à l'aide de voitures réquisitionnées
dans les fermes.

Je pus alors rejoindre mon bataillon qui s'avançait
dans la direction de Loigny. Bientôt, nos tirailleurs
engagèrent une vive fusillade avec les tirailleurs
ennemis, et les blessés affluèrent autour de moi. L'action s'étant généralisée, je cherchai, à quelques pas en
arrière de mon bataillon, un pli de terrain qui pût
abriter quelque peu les blessés, et m'occupai aussitôt
de leur donner les soins urgents que réclamait leur
état.

A plusieurs reprises, me parut-il, nos lignes, repoussées par les forces écrasantes de l'ennemi, purent se
reformer et reprendre l'offensive ; mais vers une heure
et demie, elles étaient débordées et battaient en retraite.

J'étais alors entouré de plus de deux cents blessés, n'ayant avec moi qu'un médecin des mobiles de la Dordogne, le Dr Barraud, qui venait de me rejoindre. Le devoir me parut nettement tracé : il fallait demeurer au milieu des blessés, non seulement pour les soigner, mais surtout pour les protéger. Tous, en effet, se trouvaient alors dans une position des plus critiques : d'une part, notre armée qui battait en retraite, d'autre part, l'ennemi dont les feux paraissaient converger vers nous.

Je m'empressai de réunir les blessés dans une ferme voisine, dite ferme de Fougeu, et de les abriter sous un fanion improvisé de la Croix de Genève. Cependant, l'ennemi envahit la ferme et, crénelant les murs, dirigea sur nos colonnes en retraite un feu meurtrier, auquel répondait activement notre artillerie. Vainement, je protestai.

Un des officiers prussiens qui commandait fut lui-même atteint d'un éclat d'obus. Je m'empressai auprès de lui, lui fis remarquer que les bâtiments qu'il avait envahis contenaient plus de trois cents blessés, qu'un grand nombre d'Allemands, parmi lesquels quatre officiers, s'y étaient également abrités et réclamaient mon assistance ; qu'un tel asile, sous le couvert du drapeau de Genève, doit être interdit aux combattants ; que, de fait, le feu dirigé contre l'armée française attirait nécessairement représaille ; que déjà plusieurs blessés avaient été atteints de nouveau, et que tous étaient actuellement exposés à l'incendie dans un bâtiment d'où il serait impossible de les sortir. L'officier ne se rendit pas immédiatement ; cependant, peu de temps après, le feu cessa. Le soir, du reste, approchait et la bataille paraissait alors concentrée vers Loigny, à un kilomètre au plus de Fougeu.

Vers neuf heures du soir, tous les blessés réunis à

Fougeu, au nombre de 311, avaient reçu les premiers soins. Je m'occupai aussitôt de parcourir le champ de bataille et arrivai ainsi jusqu'à Loigny, centre de l'action. Le village était en feu ; l'église, le presbytère et plusieurs maisons, déjà atteintes par l'incendie, étaient encombrés de blessés. Les habitants du village avaient fui ; il n'y avait là ni ambulance française, ni ambulance allemande. Et les quelques soldats envoyés au secours des blessés ne ramenaient, à quelques exceptions près, que des Allemands, abandonnant généralement, dépouillant même parfois nos malheureux compatriotes, malgré le froid intense qu'il faisait et qui devait leur être si préjudiciable. Je m'efforçai, assisté d'un aide-major, M. Babaud, du 38ᵉ de marche, et de l'abbé Lebastard, du même régiment, qui, déjà, s'occupaient sans relâche non seulement de panser, mais surtout d'abriter les malheureux que menaçait plus directement l'incendie, à mettre un peu d'ordre dans cet affreux désordre. Je réussis à faire évacuer une partie de l'église, qui fut ainsi réservée pour les plus gravement atteints.

Il était deux heures du matin. Nos ressources en linges à pansement étaient épuisées, nous n'avions pas de vivres, et nos blessés mouraient de soif ; nous n'avions pas d'hommes, pas de brancards. Il fut convenu que, dès le jour, je m'occuperais d'obtenir, auprès de l'autorité prussienne, le sauf-conduit indispensable non seulement pour évacuer nos blessés, mais encore pour pouvoir circuler dans le pays et nous y procurer les choses de première nécessité, dont nous manquions absolument.

Dès l'aube du 3, pendant que M. Babaud parcourait les environs de Loigny, où il découvrait, en outre de nombreux blessés, le général de Sonis subissant stoï-

quement toutes les tortures de sa blessure, du froid et
de l'abandon, je pus moi-même, vers sept heures du
matin, arriver jusqu'au général Treskow, se rendant en
voiture dans la direction de Terminiers, et lui exposai
rapidement nos besoins. Il était lui-même sans ressources, me répondit-il, et pouvait seulement m'autoriser à parcourir les villages avoisinants, pour m'y
procurer les choses de première nécessité.

Inutilement, je m'adressai, de même, aux ambulances prussiennes. Elles étaient obligées, dirent-elles,
de suivre immédiatement l'armée, et ne pouvaient rien
pour nous.

Je réussis cependant, non sans peine, à obtenir un
seul brancard qui nous permit enfin de relever le
général de Sonis, atteint d'une fracture comminutive
de la cuisse avec congélation des pieds, et de l'apporter
jusqu'au presbytère.

Je dois reconnaitre que, dans la journée, plusieurs
de nos soldats furent de la part des médecins prussiens
de passage l'objet de soins consciencieux.

Mais le temps pressait. Je confiai à M. Babaud les
blessés réunis à Loigny, à M. Barraud ceux de Fougeu,
et m'en fus, accompagné du curé de Loigny, M. l'abbé
Theuré, implorer les secours des villages avoisinants.
J'obtins ainsi de quoi nourrir nos blessés, quelques
linges, notamment, qui nous permirent d'achever les
premiers pansements.

Le lendemain 4, vers cinq heures du soir, M. le médecin-major Dujardin-Beaumetz, du 31e de marche, retenu
jusqu'alors à la ferme de Morale, vint prendre la direction générale du service. Et de suite, après attentif
examen, il procéda à l'amputation de la cuisse chez le
général de Sonis. Puis il fut convenu qu'il se réser-
verait le service de Loigny, où affluaient constamment

de nouveaux blessés, et que j'assurerais, de mon côté, avec l'assistance de MM. Babaud et Barraud, le service de Fougeu et de Villepion, où je m'installai le soir même pour procéder aussitôt aux opérations urgentes.

Dès la veille, j'avais écrit aux maires de Bonneval, d'Orgères et d'Illiers, les priant de venir bien vite à notre secours, et de préparer dans leurs communes respectives des asiles pour les blessés transportables. Orgères, occupé par l'ennemi, ne put rien pour nous. Mais, dans la nuit du 4 au 5, mon ordonnance, le soldat Lancelot, à qui j'avais confié mes lettres pour le maire de Bonneval, revenait accompagné de plusieurs voitures. A Orgères, et malgré ses protestations, l'ennemi s'était emparé d'une partie de son convoi. Cependant, près de cent blessés furent, dans la journée du 5, évacués sur Bonneval.

De son côté, et dès le 4 décembre, après une première visite dans la soirée du 3, Mme la marquise de Gouvion-Saint-Cyr venait elle-même jusqu'à Fougeu, et pouvait emmener à son château de Reversaut trente blessés, dont six officiers. Mme de Gouvion-Saint-Cyr avait eu, elle aussi, à souffrir de la brutalité prussienne. L'ennemi s'était emparé d'une partie de son convoi, et même un officier avait osé la menacer de sa cravache. Pour la seconde fois, je dus énergiquement protester et m'indigner de l'insulte faite par un officier à la petite-fille d'un maréchal de France.

Enfin le 7, dans la journée, Lancelot revint d'Illiers, ramenant vingt-deux voitures conduites par un pharmacien, M. Barroi, et nous permit ainsi d'évacuer encore 140 blessés.

Je demeurai à Fougeu jusque dans la soirée du 7, procédant, avec l'assistance de mes collègues Barraud et Babaud, à toutes les opérations nécessaires Trente-

deux amputations furent ainsi pratiquées. Cela fait, et
les evacuations sur Reversaut, Bonneval et Illiers ayant
permis de donner aux opérés un asile acceptable, je me
transportai, avec le personnel de l'ambulance, au vieux
château de Villepion, où M. le Dr Hème prodiguait,
depuis le jour même de la bataille, ses soins à plus
de 600 blessés. M. Hème, venu de Vendôme pour voir
son fils, chasseur au 7e de marche, n'avait pas craint,
malgré son grand âge, d'abandonner son pays et ses
intérêts menacés par l'ennemi pour se consacrer aux
soins de nos soldats. Couchant au milieu d'eux, vivant
de leur misérable vie, il s'abaissait au modeste rôle
d'infirmier pour soulager leurs souffrances. De tels
hommes méritent d'être honorés, et nos soldats abandonnés ont à acquitter vis-à-vis du Dr Hème une véritable dette de reconnaissance. Le fils de cet excellent
homme a été tué, il y a quelques jours à peine, au
combat de Beaugency.

Aussitôt installé à Villepion, je m'occupai de faire
évacuer tous ceux de nos blessés susceptibles de sup-
porter le transport, et ne conservai au château que
ceux dont l'état nécessitait une grave intervention
chirurgicale. Vingt-cinq amputations y furent pratiquées du 8 au 10. Nous manquions de chloroforme ;
je dus en demander à M. Dujardin-Beaumetz pour pratiquer les dernières.

Je me rendis alors au village de Terminiers, où se
trouvaient également de nombreux blessés abandonnés.
Une ambulance internationale y arrivait en même
temps que moi, sous la direction de M. le Dr Lucas-
Championnière. Et nos soldats, réunis au nombre d'une
centaine dans la salle d'école du village, étendus sur
de la paille infecte, y reçurent alors seulement les premiers soins. Non sans avoir, au préalable, manifesté au

maire de l'endroit notre indignation de l'abandon presque complet de ces malheureux blessés par les habitants du village, le Dr Lucas-Championnière prit immédiatement les dispositions pour l'organisation des soins, et en demeura chargé avec l'assistance de ses collègues de la Croix-Rouge, parmi lesquels mon homonyme, M. Challan, un jeune étudiant en médecine venu de Lausanne.

La bataille de Loigny, précédée du combat de Gommiers-Villepion, avait été livrée les 1er et 2 décembre, et le 11 décembre seulement, en l'absence de toute ambulance militaire, avait pu arriver jusque-là un détachement d'une ambulance internationale de la Croix-Rouge !

Cette constatation se passe de commentaires ; et je ne puis m'empêcher de flétrir une organisation réglementaire qui a permis que plus de 2,000 blessés français fussent abandonnés aux soins de trois médecins régimentaires et de cinq étudiants, n'ayant aucune des ressources dont disposent habituellement les ambulances militaires accompagnées de leurs convois.

Je ne crains pas de dire qu'il a fallu à chacun de nous un zèle incessant pour arriver à trouver, dans un pays ravagé par l'ennemi et peu hospitalier, les ressources indispensables au soulagement d'un si grand nombre de misères.

J'ai dû toujours faire appel au bon vouloir des habitants. Dans quelques maisons, j'ai trouvé très bon accueil ; mais, j'ai l'obligation de le dire, d'autres n'ont pas répondu à mon pressant appel. Je signale, notamment, les villages de Gommiers et de Terminiers, où malgré les efforts du maître d'école, M. Dureau, et du fermier de Villepion, M. Desforges, je pus à peine obtenir assez de matelas ou paillasses pour coucher convenablement les opérés abrités dans les chambres, depuis longtemps abandonnées, du vieux donjon de Villepion.

Il fallut créer une foule d'objets et d'ustensiles de première nécessité. Je n'y suis arrivé que grâce à l'actif concours de mes collègues, en profitant des débris ramassés sur le champ de bataille.

Aujourd'hui, 14 décembre, l'ambulance de Villepion fonctionne régulièrement et d'une manière suffisante pour donner à nos opérés les soins indispensables.

J'ai pu même, avec le concours du fermier Desforges, cacher à l'ennemi plus de 300 fusils, des sabres, des gibernes et huit caissons d'artillerie.

Je résume :

Après la journée du 2 décembre, je m'occupai, avec le concours de mes collègues Barraud et Babaud et de l'abbé Theuré, d'abriter, de panser et de nourrir les blessés réunis à Fougeu et à Loigny. Je ne quittai ce dernier village qu'après l'arrivée, le 4 au soir, de M. le médecin-major Dujardin-Beaumetz.

Je me rendis alors à Fougeu, puis à Villepion, pour procéder aux évacuations et opérations chirurgicales. Soixante et une (61) amputations furent pratiquées à Fougeu et à Villepion. A la date du 19 décembre, huit étaient morts. D'autres, sans doute, succomberont encore. Parmi les amputés, trois succombèrent à des accidents tétaniques. Je pose en fait que ces accidents ont eu pour cause déterminante le froid glacial, parfois suivi de congélation des extrémités, auquel furent soumis ces malheureux, abandonnés sur le champ de bataille pendant la nuit du 2 au 3. D'autres furent emportés par des hémorragies capillaires, par la gangrène ou par des manifestations de résorption putride dénotant un véritable empoisonnement du sang.

En terminant ce rapport, je crois devoir signaler le dévouement du Dr Hème, de MM. Barraud et Babaud, du chasseur Lancelot du 7e bataillon et du sergent Léo-Testu des mobiles de la Dordogne.

Bordeaux, le 15 janvier 1871.

TABLE DES MATIÈRES

CHAPITRE PREMIER

DU 15 JUILLET AC 20 AOUT. — ARMÉE DU RHIN. — 5ᵉ CORPS.

CHAPITRE II

ARMÉE DE LA LOIRE (16ᵉ CORPS), GÉNÉRAL D'AURELLE DE PALADINES.
(Du 24 octobre 1870 au 29 janvier 1871.)

Le 7ᵉ bataillon de marche de chasseurs à pied. — La forêt de Marchenoir. — La capitulation de Metz. — Gambetta et l'esprit de l'armée. — Combat de Saint-Léonard. — Victoire de Coulmiers. — Reprise d'Orléans. — La messe à Saint-Péravy. — Les fortifications autour d'Orléans. — Combat de Neuville-aux-Bois. — Le 17ᵉ corps d'armée. — Combat de Terminiers. — Dépêche officielle : la sortie de Paris. — Bataille de Loigny. — Les ambulances de Loigny, Fougeu, Villepion. — Le général de Sonis et les zouaves pontificaux. — Retraite de l'armée de la Loire. — Évacuation d'Orléans. — Les paysans de la Beauce et les médecins militaires prisonniers. — A Orléans. — Les Prussiens et les Bavarois. — Le colonel de Charette, évasion. — L'armée de l'Est et le général Bourbaki. — Vierzon, Bourges, Bordeaux. — Le docteur Robin,

CHAPITRE III

2ᵉ ARMÉE DE LA LOIRE. — 25ᵉ CORPS.

(Du 19 janvier au 1ᵉʳ mars 1871.)

PARIS. TYP. PLON-NOURRIT ET Cⁱᵉ. 8, RUE GARANCIÈRE. — 3104.